U0556881

“十三五”国家重点图书出版规划项目
中国社会科学院创新工程学术出版资助项目

列国志

GUIDE TO
THE WORLD
NATIONS
新版

马胜利
编 著

BELGIUM

比利时

社会科学文献出版社
SOCIAL SCIENCES ACADEMIC PRESS (CHINA)

比利时国旗

比利时国徽

皇宫

布鲁塞尔欧盟总部大厦

国家海运博物馆

布鲁塞尔皇家军队博物馆

圣米歇尔教堂

圣心大教堂

柯登堡圣雅格伯教堂

布拉博喷泉

布鲁塞尔凯旋门

撒尿小童

伯爵城堡

布鲁日钟楼

安特卫普古城区

根特建筑

布鲁塞尔广场

布鲁塞尔

安特卫普

出版说明

《列国志》编撰出版工作自1999年正式启动，截至目前，已出版144卷，涵盖世界五大洲163个国家和国际组织，成为中国出版史上第一套百科全书式的大型国际知识参考书。该套丛书自出版以来，受到社会各界的广泛好评，被誉为“21世纪的《海国图志》”，中国人了解外部世界的全景式“窗口”。

这项凝聚着近千学人、出版人心血与期盼的工程，前后历时十多年，作为此项工作的组织实施者，我们为这皇皇144卷《列国志》的出版深感欣慰。与此同时，我们也深刻认识到当今国际形势风云变幻，国家发展日新月异，人们了解世界各国最新动态的需要也更为迫切。鉴于此，为使《列国志》丛书能够不断补充最新资料，更好地服务于社会各界，我们决定启动新版《列国志》编撰出版工作。

与已出版的144卷《列国志》相比，新版《列国志》无论是形式还是内容都有新的调整。国际组织卷次将单独作为一个系列编撰出版，原来合并出版的国家将独立成书，而之前尚未出版的国家都将增补齐全。新版《列国志》的封面设计、版面设计更加新颖，力求带给读者更好的阅读享受。内容上的调整主要体现在数据的更新、最新情况的增补以及章节设置的变化等方面，目的在于进一步加强该套丛书将基础研究和应用对策研究相结合，将基础研究成果应用于实践的特色。例如，增加了各国有关资源开发、环境治理的内容；特设“社会”一章，介绍各国的国民生活情况、社会管理经验以及存在的社会问题，等等；增设“大事纪年”，方便读者在短时间内熟悉各国的发展线索；增设“索引”，便于读者根据人名、地名、关键词查找所需相关信息。

顺应时代发展的要求，新版《列国志》将以纸质书为基础，全面整合国别国际问题研究资源，构建列国志数据库。这是《列国志》在新时期发展的一个重大突破，由此形成的国别国际问题研究资讯平台，必将更好地服务于中央和地方政府部门应对日益繁杂的国际事务的决策需要，促进国别国际问题研究领域的学术交流，拓宽中国民众的国际视野。

新版《列国志》的编撰出版工作得到了各方的支持：国家主管部门高度重视，将其列入“‘十二五’国家重点图书出版规划项目”；中国社会科学院将其列为创新工程学术出版资助项目，王伟光院长亲自担任编辑委员会主任，指导相关工作的开展；国内各高校和研究机构鼎力相助，国别国际问题研究领域的知名学者相继加入编辑委员会，提供优质的学术咨询与指导。相信在各方的通力合作之下，新版《列国志》必将更上一层楼，以崭新的面貌呈现给读者，在中国改革开放的新征程中更好地发挥其作为“知识向导”、“资政参考”和“文化桥梁”的作用！

新版《列国志》编辑委员会

2013 年 9 月

前　言

自1840年前后中国被迫开关、步入世界以来，对外国舆地政情的了解即应时而起。还在第一次鸦片战争期间，受林则徐之托，1842年魏源编辑刊刻了近代中国首部介绍当时世界主要国家舆地政情的大型志书《海国图志》。林、魏之目的是为长期生活在闭关锁国之中、对外部世界知之甚少的国人"睁眼看世界"，提供一部基本的参考资料，尤其是让当时中国的各级统治者知道"天朝上国"之外的天地，学习西方的科学技术，"师夷之长技以制夷"。这部著作，在当时乃至其后相当长一段时间内，产生过巨大影响，对国人了解外部世界起到了积极的作用。

自那时起中国认识世界、融入世界的步伐就再也没有停止过。中华人民共和国成立以后，尤其是1978年改革开放以来，中国更以主动的自信、自强的积极姿态，加速融入世界的步伐。与之相适应，不同时期先后出版过相当数量的不同层次的有关国际问题、列国政情、异域风俗等方面的著作，数量之多，可谓汗牛充栋。它们对时人了解外部世界起到了积极的作用。

当今世界，资本与现代科技正以前所未有的速度与广度在国际间流动和传播，"全球化"浪潮席卷世界各地，极大地影响着世界历史进程，对中国的发展也产生极其深刻的影响。面临不同以往的"大变局"，中国已经并将继续以更开放的姿态、更快的步伐全面步入世界，迎接时代的挑战。不同的是，我们所

面临的已不是林则徐、魏源时代要不要“睁眼看世界”、要不要“开放”问题，而是在新的历史条件下，在新的世界发展大势下，如何更好地步入世界，如何在融入世界的进程中更好地维护民族国家的主权与独立，积极参与国际事务，为维护世界和平，促进世界与人类共同发展做出贡献。这就要求我们对外部世界有比以往更深切、全面的了解，我们只有更全面、更深入地了解世界，才能在更高的层次上融入世界，也才能在融入世界的进程中不迷失方向，保持自我。

与此时代要求相比，已有的种种有关介绍、论述各国史地政情的著述，无论就规模还是内容来看，已远远不能适应我们了解外部世界的要求。人们期盼有更新、更系统、更权威的著作问世。

中国社会科学院作为国家哲学社会科学的最高研究机构和国际问题综合研究中心，有11个专门研究国际问题和外国问题的研究所，学科门类齐全，研究力量雄厚，有能力也有责任担当这一重任。早在20世纪90年代初，中国社会科学院的领导和中国社会科学出版社就提出编撰“简明国际百科全书”的设想。1993年3月11日，时任中国社会科学院院长胡绳先生在科研局的一份报告上批示：“我想，国际片各所可考虑出一套列国志，体例类似几年前出的《简明中国百科全书》，以一国（美、日、英、法等）或几个国家（北欧各国、印支各国）为一册，请考虑可行否。”

中国社会科学院科研局根据胡绳院长的批示，在调查研究的基础上，于1994年2月28日发出《关于编纂〈简明国际百科全书〉和〈列国志〉立项的通报》。《列国志》和《简明国际百科全书》一起被列为中国社会科学院重点项目。按照当时的计划，首先编写《简明国际百科全书》，待这一项目完成后，再着手编写《列国志》。

1998年，率先完成《简明国际百科全书》有关卷编写任务的研究所开始了《列国志》的编写工作。随后，其他研究所也陆续启动这一项目。为了保证《列国志》这套大型丛书的高质量，科研局和社会科学文献出版社于1999年1月27日召开国际学科片各研究所及世界历史研究所负责人会议，讨论了这套大型丛书的编写大纲及基本要求。根据会议精神，科研局随后印发了《关于〈列国志〉编写工作有关事项的通知》，陆续为启动项目拨付研究经费。

为了加强对《列国志》项目编撰出版工作的组织协调，根据时任中国社会科学院院长李铁映同志的提议，2002年8月，成立了由分管国际学科片的陈佳贵副院长为主任的《列国志》编辑委员会。编委会成员包括国际片各研究所、科研局、研究生院及社会科学文献出版社等部门的主要领导及有关同志。科研局和社会科学文献出版社组成《列国志》项目工作组，社会科学文献出版社成立了《列国志》工作室。同年，《列国志》项目被批准为中国社会科学院重大课题，新闻出版总署将《列国志》项目列入国家重点图书出版计划。

在《列国志》编辑委员会的领导下，《列国志》各承担单位尤其是各位学者加快了编撰进度。作为一项大型研究项目和大型丛书，编委会对《列国志》提出的基本要求是：资料翔实、准确、最新，文笔流畅，学术性和可读性兼备。《列国志》之所以强调学术性，是因为这套丛书不是一般的“手册”“概览”，而是在尽可能吸收前人成果的基础上，体现专家学者们的研究所得和个人见解。正因为如此，《列国志》在强调基本要求的同时，本着文责自负的原则，没有对各卷的具体内容及学术观点强行统一。应当指出，参加这一浩繁工程的，除了中国社会科学院的专业科研人员以外，还有院外的一些在该领域颇有研究的专家学者。

现在凝聚着数百位专家学者心血，共计141卷，涵盖了当今世界151个国家和地区以及数十个主要国际组织的《列国志》丛书，将陆续出版与广大读者见面。我们希望这样一套大型丛书，能为各级干部了解、认识当代世界各国及主要国际组织的情况，了解世界发展趋势，把握时代发展脉络，提供有益的帮助；希望它能成为我国外交外事工作者、国际经贸企业及日渐增多的广大出国公民和旅游者走向世界的忠实“向导”，引领其步入更广阔的世界；希望它在帮助中国人民认识世界的同时，也能够架起世界各国人民认识中国的一座“桥梁”，一座中国走向世界、世界走向中国的“桥梁”。

《列国志》编辑委员会

2003年6月

前比利时驻华大使万德斯序

马胜利教授这本著作的出版恰逢其时，它展示了比利时真实的状况，并将其置于一个充满变动的国际环境中加以考察。

本书作者的博学多识是不容置疑的。我非常感谢他能够如此深入浅出地阐明比利时现状的复杂性。比利时虽然在面积上是个小国，但它在世界舞台的众多领域，如经济、文化、国际政治和生活质量等方面都具有非凡的表现。

实际上，作者在字里行间也试图回答这样一个问题，即如何评价比利时的实力表现及其影响力。

显然，比利时和中国之间的关系源远流长。古代中国的神秘至今依然留在比利时大众的集体记忆中。

前不久，中国政府总理在2004年5月访问了具有“欧洲首都”之称的布鲁塞尔。此次访问不仅加深了比中两国的现有关系，尤其为双边关系的未来描绘了宏伟蓝图。一个无可争议的事实是：欧洲和中国在对待当今世界所关注的一些基本问题时持有同样的观点和立场。

正因为如此，中国政府总理选定在比利时首都提出促进世界多元化和多极化的倡议。

我诚挚地希望读者能够借助这本有益之作来了解和熟悉比利时——这个新世纪曙光中培育未来之欧洲的实验室。

比利时驻华大使万德斯

2004年6月

CONTENTS

目录

CONTENTS

目录

CONTENTS

目录

CONTENTS

目 录

CONTENTS

目 录

CONTENTS
目 录

自 序

比利时位于欧洲西北部，北邻荷兰，东接德国，东南与卢森堡交界，南和西南与法国接壤，西北濒北海，隔多佛尔海峡与英国相望。全国陆地面积3万多平方公里，人口1000余万。比利时虽为西欧小国，但其人口密度极高，为每平方公里333人，是世界上人口密度最高的国家之一。比利时属海洋性温带阔叶林气候。冬季潮湿多雾，夏季凉爽。比利时煤蕴藏量37亿吨，森林面积约60万公顷，占全国面积的20%。

比利时国名由克尔特族比利时部落得名。“比利时”在克尔特语中有“勇敢”“尚武”之意。10世纪前，比利时是一片沼泽地。公元前57年，成为罗马帝国一个行省。从8世纪起，当地逐步进入封建社会。9～14世纪各诸侯国割据。979年，下洛塔林吉亚公爵查理在此兴筑要塞和码头，称“布鲁奥克塞拉”，意为“沼泽上的住所”，布鲁塞尔因此得名。从12世纪起，当地居民在弗兰德平原和沿海低地筑圩垦田，建立排水渠和防洪堤，精耕细作。14世纪末起成为勃艮第王朝版图的一部分。当时比利时贸易、学术、艺术和建筑兴旺，弗拉芒地区和布拉班处在发展中心，为历史上的辉煌时期。此后，比利时先后被西班牙（1516年至18世纪初）、奥地利(1714～1792年）和法国（1795～1814年）统治。1815年并入荷兰。1830年11月，比利时脱离荷兰宣告独立，成立比利时王国。1831年英、法、俄、奥、普签订《伦敦条约》，确定其中立国地位。从19世纪30年代中期起，工业突飞猛进，持续发展达半个世纪之久，在铁路、采煤和工业建设等方面均居欧洲领先地位，成为最发达的工业化国家之一。与此同时，比利时开始向海外进行殖民扩张，1876年占领非洲刚果

（金），1885 年将其变为殖民地。比利时在两次世界大战中均被德国占领，经济蒙受了巨大损失。1944 年 9 月，流亡政府返回本国，组织了联合政府。第二次世界大战后，比利时接受马歇尔计划，加入北大西洋公约组织。1944 年与荷兰、卢森堡结成关税同盟，1958 年发展成比利时、荷兰、卢森堡经济联盟，同年加入欧洲经济共同体，越来越显示出欧洲中心国家的地位。

比利时国内长期存在着民族和语言的纠纷。比利时主要有两大民族：弗拉芒人和瓦隆人。一条语言分界线把国家一分为二。分界线以北为弗拉芒语区，弗拉芒语为荷兰语旧称。分界线以南为法语区，主要居住着瓦隆人。首都布鲁塞尔被划为双语区。在靠近德国的列日省东部边境，居住着少量讲德语的德意志人。

语言争端表现在政治、经济、文化和社会生活的各个方面。国家规定法语和荷兰语同为官方语言。所有官方文件、出版物、广播、电视，以及公告、路标等，都要使用两种语言。内阁文化教育部门设有两位大臣，分别由瓦隆人和弗拉芒人担任。语言线南、北各有一所国立大学。在政治生活中，主要政党均分为两个党，并设两个主席，而实际上两者除在民族地区问题上有分歧外，内外纲领基本一致。20 世纪 60 年代后，随着弗拉芒民族运动的崛起，国家陷入民族分裂的危机。

为缓解民族矛盾，扩大地方自治权和加强全国统一，比利时从 1970 年至 2015 年进行了六次重大的政治改革。1993 年 2 月 17 日，比利时参、众两院通过宪法修正案，决定比利时由中央集权的君主立宪制改为联邦政体。国家权力机构包括众议院、参议院、联邦政府。国王仍为国家元首。但主要立法权在众议院，主要行政权在政府。在联邦政府下的弗拉芒、瓦隆和布鲁塞尔三个地区政府的权力进一步扩大。四个语言区政府，即法语区、弗拉芒语区、布鲁塞尔双语区、德语区主要负责本区的文化、教育等；联邦制的实行部分满足了地方分权的要求，地区间、语言区间的矛盾有所缓解。尽管比利时全国性的文化尚未形成，但在娱乐、体育和习俗等方面的文化却开始超越语言界限，使比利时文化逐渐成型。

比利时自然资源匮乏，但却属于经济最发达的国家。其经济高度依赖国际经济环境，80% 的原料靠进口，50% 以上的工业产品供出口。2013 年人均国内生产总值为 3.54 万欧元。比利时主要工业部门有钢铁、机械、有色金属、化工、纺织、玻璃、能源等。外贸是比利时经济的命脉，进出口总额自 1973 年以来一直接近或超过国民生产总值。

比利时的交通以公路为主，公路总长 15 万余公里，高速公路设施完善，这令比利时人感到自豪。据比利时人说："从太空看地球，白天能看到中国的长城，晚上能看到比利时高速公路的灯光。"此外，比利时的铁路、航运和空运交通也十分发达。铁路总长为 3500 多公里，内河航道总长 2000 多公里，最大的安特卫普港年吞吐能力超过 1 亿吨，空中运输网络联系 49 个国家，年客运量 2300 多万人次。

比利时第三产业发展迅速，2013 年占国民生产总值的 68% 以上；就业人数占总劳力的 71.3%。比利时的旅游业也十分发达，有许多历史名城，如布鲁塞尔、布鲁日、根特和安特卫普。濒海的奥斯坦德等城镇及森林覆盖的阿登地区每年都吸引成千上万的游客。首都布鲁塞尔为全国政治中心、经济中心、文化中心和交通枢纽。欧盟、北约和 700 多个国际机构设在这里，有"欧洲首都"之称。这里还经常召开各种各样的国际会议，定期或不定期举行的各种国际博览会每年多达 30 多个，布鲁塞尔世界发明博览会是最受世人瞩目的博览会之一。

在外交上，比利时与卢森堡和荷兰的关系尤为密切，它主张欧洲联合，赞成实现欧洲经货联盟和实施欧洲共同的外交与防务政策，反对大国垄断欧洲事务，支持北约东扩。它还主张减轻发展中国家的债务，加强联合国的政治作用。比利时外贸的主要伙伴为欧盟其他成员国，同时重视发展同非洲国家、阿拉伯国家及亚太国家的关系。1971 年 10 月 25 日，比利时与中国建立外交关系。此后，中比领导人曾多次互访，为两国关系的健康发展打下了坚实的基础。2014 年 3 月，习近平主席对比利时的正式访问揭开了中比友好交往的新篇章。

总之，比利时虽然在国土和人口方面属于小国，但却是一个高度发达的强国。勤劳、勇敢、锐意改革的比利时人民经过长期的非凡努力，终于把比利时建设成了一个统一的现代化国家，并使它在政治、经济、文化、外交等方面发挥出非同寻常的国际作用。

2015 年 10 月

第一章

概　　览

第一节　国土与人口

一　地理位置和国土面积

比利时位于欧洲西北部，地处北纬 49.5°～51.1°（相当于我国黑龙江省爱辉县的纬度），东经 2.5°～6.5°。在时区方面，比利时位于东一区，我国位于东八区，所以北京时间比该国时间早 7 小时。由于比利时实行夏时制，所以夏令时两国时差为 6 小时。比利时西北部临北海，隔英吉利海峡与英国相望，北部与荷兰接壤，东部与德国、卢森堡为邻，南部和西部与法国相邻。比利时的边界线总长为 1444.5 公里，其中海岸线 65.5 公里，与荷兰交界 449.5 公里，与德国交界 161.5 公里，与卢森堡交界 148 公里，与法国交界 620 公里。

比利时国土总面积 30528 平方公里。在欧盟各国中，除卢森堡之外，比利时是国土面积最小的国家。

二　地形与气候

比利时地势东南高西北低，西北部是低地平原，中部是丘陵，东南部是阿登山，平均海拔 250～260 米。地形以平原、丘陵为主，约占国土面积的 3/4。全境地形大致可分为三部分。

沿海及内陆低地。包括北海沿岸及北部地区。基岩由白垩纪和第三纪

沉积岩构成，地势向西北平缓下倾，上覆未固结的河成、海成和冰川沉积物，海拔0～50米。由海向内陆呈带状分布：海滨沙丘带，沿海岸线延伸，宽1.5～2.5公里，高9～18米，最高达30米，潮涨受淹，潮退时最宽达3.5公里；沙丘带内侧是圩田带，略高于海平面，原为泥炭沼泽、潮湿黏土，后经围海排水，辟为农田，最宽达20公里左右；圩田带东接弗兰德沙质平原，系河流冲积而成，海拔50米以下，中世纪以来便被开垦，平原上散布着蚀余丘陵，海拔150～170米；与蚀余丘陵相连的东北部肯彭沙质丘陵地，过去是沼泽地和灌木丛生的荒原，现在大片土地已被辟为牧场、农田，有些地区种植了速生针叶林。20世纪发现煤矿，随着采煤业的兴起，该地区发展为工矿区。

中部平原、丘陵区。在沙质平原和阿登高原之间，被斯海尔德河及其支流切割，地表呈波状起伏，北部海拔为80～100米，往南渐递升高达180～200米，土壤肥沃，是全国农业最富饶的区域。桑布尔－默兹河谷地则组成中部平原的南缘地带。

东南部高原。位于桑布尔－默兹河谷以南，是海洋运动形成的孙德罗兹高原和阿登高原。前者由坚硬砂岩组成的山岭与石灰岩和页岩构成的谷地交错分布，波状起伏，海拔200～350米；后者久经侵蚀，被河川纵横分割很深，呈断块桌状高原地貌，海拔360～460米，森林密布。邻近德国边境的博特朗日山海拔694米，为全国最高点。

比利时境内河网稠密，属大西洋水系。埃斯考河（Escaut）、默兹河（Meuse）和伊泽尔河（Yser）是流经比利时的三条主要河流，均源于法国。埃斯考河流经国境西北部，境内流程200公里，流域面积占国土面积的一半；主要支流有莱厄河、登德尔河、鲁珀河；干流沿途地势低平，河岸筑堤防潮，可通航，涨潮时，大型海轮可上溯安特卫普，年平均流量约100立方米/秒，主要靠雨水补给。默兹河由法国蜿蜒北流穿越阿登高原，至那慕尔接纳桑布尔河，转为东北流向，过列日，经荷兰入北海，境内流程183公里，流域面积占国土面积的42%；河道较浅，辅以堤坝和水闸，可通航。伊泽尔河流经比利时北部，注入北海，境内流程50公里。埃斯考河和默兹河支流众多，共有50多条，遍布全国各地。

比利时地处中纬度大陆西岸，属温带海洋性气候。气候温和湿润，年平均气温为10℃，年降水量为750～1000毫米，霜冻期约60天。1月份平均气温为2.6℃，7月份平均气温为17.1℃，四季多雨。由于距海远近、不同海拔高度不同，比利时的气候有地区差异。西北半部深受大西洋影响，海洋性气候明显，冬季温湿多雾，沿海1月、2月平均气温为3℃，中部为0℃左右；夏季稍暖，7月平均气温为19℃左右；年降水量为700～900毫米，全年霜期有50多天，降雪日有10天左右。东南半部海洋影响减弱，气温的季节变化较大，阿登地区位居内陆，海拔高，1月平均气温为-1℃；夏季凉爽，7月平均气温在14℃左右；年降水量达1200～1500毫米，为全国降水最多的地区，雨日为200天，霜期为100～120天，降雪日有30～35天。

三 行政区划

由于语言和民族的原因，比利时的行政区划较为复杂，全国分为4个语言区（布鲁塞尔市为双语区）、3个行政大区、10个省，辖589个市镇。其中语言区与行政大区有相互重叠之处。首都为布鲁塞尔。

4个语言区包括法语区、弗拉芒语区及德语区，布鲁塞尔市则为双语区。语言区政府主要负责本区的文化、教育事务。

3个行政大区是主要的行政区划，分别是：北部荷兰语族聚居的弗拉芒大区，南部法语居民聚集的瓦隆大区，布鲁塞尔首都大区则位于中部偏北，为法语和荷兰语的双语区。

全国共分为10个省，分别是：东弗拉芒省、西弗拉芒省、安特卫普省、林堡省、荷语布拉班省、法语布拉班省、列日省、卢森堡省、埃诺省、那慕尔省。

除首都布鲁塞尔外，主要城市有：安特卫普、列日、根特、沙勒罗瓦、那慕尔、布鲁日、蒙斯市等。

四 人口与民族

1. 人口

比利时的人口为1115万人（2014年统计）。全国平均人口密度为333

人/平方公里，是欧洲人口最稠密的国家之一。在安特卫普－布鲁塞尔－根特经济发达的三角地带，人口密度达600人/平方公里以上。三个大行政区的人口分别为：弗拉芒大区641万人，瓦隆大区357.6万人（包括讲德语的7.5万人），布鲁塞尔首都大区116.3万人（见表1－1）。10个省的人口分别为：东弗拉芒省136.1万人，西弗拉芒省112.8万人，安特卫普省164.3万人，林堡省79.1万人，荷语布拉班省101.4万人，法语布拉班省34.9万人，列日省101.9万人，卢森堡省24.6万人，埃诺省127.9万人，那慕尔省44.3万人。

表1－1　比利时全国及大区人口

单位：人，%

年份和比例	1991年	百分比	2001年	百分比	2014年	百分比
比利时全国	9986975	100	10263414	100	11150516	100
布鲁塞尔首都大区	960324	9.6	964405	9.4	1163486	10.4
弗拉芒大区	5767856	57.8	5952552	58.0	6410705	57.5
瓦隆大区	3258795	32.6	3346457	32.6	3576325	32.1

资料来源：比利时经济信息统计总署。

比利时人口地理的特点是人口密度大、城市化程度高、城乡差别不明显。农村人口密度也超过100人/平方公里，但各项服务设施完善，离城市不远。与其他欧洲国家相比，比利时的城市规模比较小，其相互间的差距也不大。

关于人口增长的趋势，1856年比利时全国人口调查结果为452.9万人，到1956年达895.1万人，在100年里几乎增长一倍。但近30年来，比利时人口增长缓慢，加之外来移民数量有限，人口增长率已接近于零。此外，比利时的人口年龄结构趋向老龄化，65岁以上的老人在2014年已占全国人口的17.9%。另外，人均期望寿命有所增加，2000年为77.8岁，2013年上升到80.5岁（见表1－2）。

随着工业的发展和城市化进程的加速，比利时城市人口比例不断增加，20世纪80年代已占全国总人口的85%。比利时全国20万人以上的城市有布鲁塞尔（95.9万人）、安特卫普（46.5万人）、根特（23万人）、沙勒罗瓦（21万人）和列日（20万人）。10万人以上的城市有10个，其人口占全国人口的1/4。

表1－2　比利时人的平均寿命

单位：岁

男女平均		男子		女子	
1997年	2011年	1997年	2011年	1997年	2011年
77.41	80.35	74.15	77.75	80.57	82.85

资料来源：比利时经济信息统计总署。

2. 民族

比利时居民主要由弗拉芒族和瓦隆族构成，其划分主要以语言为标准，其中弗拉芒族占57%，瓦隆族占32%，分别讲荷兰弗拉芒语和法语，此外还有约1%的居民是讲德语的日耳曼族。弗拉芒族主要分布在北部和西北部四省；瓦隆族居住在西南四省。居中的布拉班省为两大民族混居区，被分为荷语布拉班省和法语布拉班省。少数日耳曼族分布在东南部边境地区。

弗拉芒族（Flamands），亦称“弗兰德人”，因居住在弗兰德（亦称“弗拉芒地区”）而得名。约有710万人，在比利时有630万人；其余分布在荷兰和法国等国。属欧罗巴人种。使用弗拉芒语，属印欧语系日耳曼语族，信奉天主教。弗拉芒人的族源与荷兰人基本相同，主要由弗里斯人、法兰克人、撒克逊等古代日耳曼部落和克尔特人结合而成，为中世纪尼德兰南部居民。16世纪尼德兰资产阶级革命中，北部居民由天主教改宗基督教加尔文派，脱离西班牙，建立荷兰共和国，发展成为荷兰人。尼德兰南部的居民仍处于西班牙统治下，继续信奉天主教，逐渐发展为弗拉芒人。在西班牙之后，弗拉芒人又相继遭受奥地利、法国的统治。1815年拿破仑失败后，归属荷兰。1830年，大部分弗拉芒人与瓦隆人共同建立了比利时王国，但仍有部分弗拉芒人留在荷兰和法国境内。弗拉芒人所在地区的经济比较发达，历史上以生产呢绒、麻纺、陶瓷著称，现今主要有造船、炼油、冶金、采煤、热带产品加工、机械和电气设备等。该地区的文化也十分发达，尤以文艺复兴时期的绘画艺术驰名。

比利时的瓦隆族（Walloons）有350万人，分布在布鲁塞尔以南地区。另有约20万瓦隆人散居在法国东北部，以及美国、加拿大和扎伊尔等国。属欧罗巴人种，使用法语，属印欧语系罗曼语族，信奉天主教。

瓦隆人的族源与法兰西人相近，其先民主要是罗马化的别尔格人，并吸收有法兰克人的成分。公元前5世纪前后，在现今比利时地域上居住着属于克尔特部落群的别尔格人。公元1世纪后，在罗马帝国的统治下，他们和法国地域上亦属克尔特部落群的高卢人一起，接受了罗马文明，被完全罗马化。公元3世纪以后，他们同化了进入当地的法兰克人，同时也受到法兰克人的影响，因此在语言和文化上，瓦隆人和法兰西人大体一样。瓦隆语是法兰西语北部方言中的一种。17世纪一度得到发展，后来逐渐被标准的法语取代。

公元5世纪后，瓦隆人所在地区臣属法兰克王国。9世纪查理曼帝国分裂后，长期处于封建割据状态。14世纪末，大部分地区为勃艮第公国所统一。此后，该地区辗转处于西班牙、奥地利和法国的统治之下。拿破仑一世被打败后，该地区于1815年划归荷兰。1830年，瓦隆人与弗拉芒人联合，终于建立独立的比利时王国。瓦隆人所在地区的制造业比较发达，他们中的95%是城镇居民，多从事采煤、冶金、机器制造、化工等行业。畜牧业占农业总产值的3/4，以养牛、猪为主。农作物有小麦、大麦、马铃薯等。

此外，生活在比利时的少量德意志人系古代日耳曼人的后裔，根据《凡尔赛协约》，于1919年并入比利时的恩庞和圣维茨地区。

五　语言纠纷

比利时是平等均衡地使用两种官方语言的国家。比利时的语言问题不仅在欧洲，而且在全世界都显得非常特殊。一个多世纪以来，由于受到语

言问题的影响，比利时经常出现动荡，政府多次陷入危机。比利时通过多次修改宪法和调整语言政策，基本平息了社会政治危机，最终使国内局势转为平稳，国家统一得以维护。

1. 语言状况和语区划分

比利时东部和东南部与德国和卢森堡相邻，西部和南部与法国交界，北部与荷兰接壤，西北隔多佛尔海峡与英国相望。在全国1000多万人口中，讲荷兰语的弗拉芒地区630万人；讲法语的瓦隆区330万人（其中包括讲德语的69万人）；使用法、荷两种语言的布鲁塞尔区110万人，其中约75%以讲法语为主，约25%以讲荷兰语为主，多数人能使用法、荷双语（见表1－3）。比利时讲荷兰语的主要是弗拉芒人，讲法语的主要是瓦隆人，讲德语的是德意志人。官方语言为法语和荷兰语。

表1－3 比利时民族、语言、信仰状况

主要民族	使用语言	宗教信仰	比例或人数
弗拉芒族	弗拉芒语	天主教	55%
其中法兰西化者	法语		3%
瓦隆族	法语和瓦隆方言	天主教	37%
德意志人	德语和法语	天主教、路德教	1.5%
其中卢森堡人	卢森堡方言		60000人
南欧人	意大利、葡萄牙、西班牙语	天主教	3%
北非人	阿拉伯语和柏柏尔语	伊斯兰教	2%
安纳托利亚人	土耳其语和库尔德语	伊斯兰教	1%
犹太人	意第绪语、弗拉芒语、法语	犹太教	15000人
其他族群	多种	多种	1%

资料来源：http：//ethnisme. ben－vautier. com/analyses/stat/belgiquetab. html。

弗拉芒人和瓦隆人是比利时主体民族。弗拉芒语实际上是一种荷兰语，因分布在不同的政治实体中，所以习惯用不同的名称。弗拉芒语属印欧语系日耳曼语族西支，原是比利时北部弗拉芒地区的方言。17世纪，荷兰北方七省独立，并成为欧洲最具实力的殖民国家。留在尼德兰南部的居民仍在西班牙统治之下，逐渐发展成弗拉芒人。由于长期的独立发展，加上两地经济、文化和宗教的不同，最终形成弗拉芒人和荷兰人之间的差异。在比利时能讲规范荷兰语的人较少，而讲弗拉芒语即荷兰语南部方言的人很多。弗拉芒语还有东、西两种方言或土语的差别。随着弗拉芒语在比利时地位的提高，以及本身规范化的要求，加上比、荷两国之间的频繁交往和传统联系，弗拉芒语和荷兰语的差别越来越小。从20世纪30年代起，弗拉芒语逐渐规范为荷兰语。

瓦隆人主要使用法语，有时也叫瓦隆语。瓦隆法语属于印欧语系罗曼语族，系法国北部的一种方言。瓦隆人与法兰西人同源且宗教、文化基本一致。瓦隆法语曾是比利时的唯一官方语言，主要分布在比利时南部四省和首都布鲁塞尔地区。

生活在恩庞和圣维茨地区的少量德意志人讲德语。德语属印欧语系日耳曼语族。比利时的德语属低地德语。德语区成为比利时法定的四大语区之一，重要的法律文件等都有德文译本。法律上保证了德语是该国德语区教学和行政用语。

此外，一些比利时人在某些地区和场合还使用一些地方语言。比利时的地方语言主要有西部弗拉芒语、布拉班森语、林堡语、卢森堡语、瓦隆语、皮卡德语、洛林语和尚普努瓦语8种。其中前四种属于日耳曼语族，主要分布于北部的弗拉芒语区；后四种属于罗曼语族，分布于南部的瓦隆语区。地方语言主要在家庭、亲朋好友、小社区及非正式场合使用。

按照语言划分行政区域并用法律形式将其固定下来，这是比利时国家语言政策的一个重要特点。从宏观上看，比利时的语区可分为南北两大部分，即北方的荷兰语区和南方的法语区。这条语言分界线东起林堡省的马斯特里赫特，西至西弗拉芒的伊伯尔。从微观上可分为四部分，除了上述两大语区外，还有布鲁塞尔双语区和德语区。布鲁塞尔双语区位于南北语言分界线北侧中部，即荷兰语区内；而德语区是在该分界线南侧的东部，即法语区列日省的恩庞和圣维茨地区。

1970年的宪法修正案规定：比利时分为四个语区，即法语区、荷兰语区、布鲁塞尔的双语区和德语区；王国的每个市镇分属上述四种语区之一；四大语区境界的变更须经议会两院各语言集团的多数票通过，而且两个语言集团的赞成票总和须达有效票的2/3。

2. 语言使用情况

作为官方语言，法语和荷兰语使用范围较广，通用于议会、行政、司法和地方政府的各个部门。在议会，各种法规的表决、批准、颁布和出版均用法、荷两种语言。参、众两院各党派席位中，法、荷两种语言集团的党派人数占多数。国家公务员处长或处长以上的官员，包括首相、大臣，主要来自法、荷两种语言集团，并都使用法、荷两种语言，而且使用两种语言人员的比例应是均等的，如现任政府大臣均来自两个语言集团，各占一半。另外，来自两个语言集团的公务员的比例也是基本相等的。军队中的官兵以及军队的教育、指挥、行政和管理均使用法、荷两种语言。随着荷兰语地位的提高，军队尤其重视使用标准的荷兰语，避免使用地方语。德语是受到一定限制的官方语言，但宪法以及有关重要法规亦均译成德文。

比利时最高法院和布鲁塞尔的上诉法院进行的上诉、审判、裁决等法庭程序均使用法、荷两种语言，其他司法机构则使用所在地区的语言。如弗拉芒地区使用荷兰语，瓦隆地区使用法语，德语地区使用德语。

语言均衡原则在社会和文化生活中也有充分体现。在比利时，货币、邮票、商标、路标等均使用法、荷两种文字。在宗教活动中，布道、讲经、礼拜等宗教活动也是如此。教育系统从小学到大学形成法、荷双语教学体系。弗拉芒地区的各类学校一般用母语荷兰语授课，但第二语言必须是法语；瓦隆地区则用法语授课，第二语言必须是荷兰语；德语地区的初等教育用德语授课，第二语言必须用法语；布鲁塞尔地区各类学校均用法、荷两种语言。

比利时通讯社使用法、荷两种语言发布新闻。国家广播局的广播电视节目都用法、荷两种语言播放。尽管1960年以后，广播电视台分别隶属地区政府，但仍用法、荷两种语言播放节目。比利时全国30多种日报、1000余种周报和1000余种其他期刊绝大多数用法、荷两种文字出版，有少量用德文出版。

3. 弗拉芒运动

比利时的弗拉芒语（荷兰语）之所以从地方语言上升为官方语言，这是与弗拉芒民族意识的提高以及弗拉芒地区政治、经济各方面的发展密切相关的。

19世纪30~80年代，比利时的经济发展较快，但南北发展不平衡。南方工业化程度远高于北方，发展速度也很快。而在政治上，人口占少数的南方瓦隆人在政府、议会、军队、教育等重要部门一直占绝对多数。瓦隆人讲的法语当时是比利时的唯一官方语言，而人口占多数的弗拉芒人讲的荷兰语却地位低下，使用范围狭窄。弗拉芒地区的精英和上层也都讲法语。当时流行的一种说法是："法语用于客厅，荷语用于厨房。"这反映了两种语言的地位差异。南方瓦隆人在语言和政治上的优势地位越来越引起北方弗拉芒人的不满。于是便兴起了一场旨在争取弗拉芒语（荷兰语）成为国家官方语言的弗拉芒运动。

弗拉芒运动得到广大群众和知识分子的支持，也受到一些弗拉芒民族资产阶级的拥护。1893年建立的普选制度为弗拉芒运动的进一步发展奠定了基础。无论是哪一党派，要想获得足够的选票，就不能不考虑弗拉芒人的要求。随着政治制度的变化，1898年弗拉芒语（荷兰语）终于同法语一样获得了比利时官方语言的地位。

随着弗拉芒人及其语言地位的逐步提高，弗拉芒运动开始向广度和深度发展。20世纪60年代弗拉芒地区经济快速发展，其经济实力超过了瓦隆地区，从而为加强荷兰语地位打下了坚实的基础。几十年来，经过示威游行、罢工罢课、政府危机，以及颁布法令，荷兰语言文字得以在弗拉芒地区并在国家政府、司法、军队和教育等各个部门广泛运用，荷兰语的地位空前提高。与此同时，弗拉芒人在议会、内阁各个重要部门和各级行政部门都得到了相应的席位和职位。

弗拉芒运动在争取平等的过程中也出现过过激行为，对国家统一和国民团结产生了负面影响。此外，随着弗拉芒运动的发展，瓦隆地区曾出现具有自治倾向的所谓"瓦隆运动"。这一运动旨在扭转瓦隆地区衰落的经济，争取实行联邦制。瓦隆运动没有产生像弗拉芒运动那样巨大的影响。

不过该运动提出的争取自治和联邦制的口号，却在弗拉芒地区引起了反响。70 年代瓦隆地区终于得到自治权，90 年代比利时实行联邦制。

4. 语言法规与语言变迁

由于比利时的语言冲突频繁，语言问题非常敏感，国家不得不采用法律手段解决这个问题。比利时制定的语言政策法规的数量堪称世界之最，这些法规涉及语言文字的地位、使用范围，有的还涉及个人的使用。

1830 年比利时独立后，临时政府首次正式确定法语为官方语言，并规定：官方报刊刊登法律条文不得使用荷兰语和德语。这种状况持续了近半个世纪。1873 ~ 1878 年的法律规定，允许在弗拉芒地区的公共事务、法庭程序及中等教育中使用荷兰语。1898 年，议会经过激烈辩论后终于承认荷兰语的官方地位。从此，一切法律均须用法、荷两种语言文字表决、批准、颁布和出版。1923 年规定把早期的法规、法令译成荷兰文。1967 年修订后的宪法承认荷兰文宪法的有效性。从 1878 年承认荷兰语的官方地位到确认它的有效性，经过了近百年的历程。1935 年之前，法语一直是众议院议会辩论的主要用语。1888 年之前没有一个议员在议会用荷兰语辩论。但到 1940 年，讲荷兰语的众议员占到 48.4%，1980 年占 55.4%。1988 年，212 名众议员中讲荷兰语的议员占 58.5%。现在，比利时议会讲法、荷两种语言的议员比例基本均等。

从 1970 年起，法律保证内阁成员均等使用法、荷两种语言文字。除首相外，两个语言集团的大臣名额必须均等。1933 年，政府决定按语种来划分公务员，把讲法、荷两种语言的公务员分别注册。1963 年，有关公务员职位按语种分类的法令条款正式出台。依照语言平等原则，规定处长或处长以上职位的比例：讲法语的人占 40%；讲荷兰语的人占 40%；讲法、荷双语的瓦隆人占 10%；讲荷、法双语的弗拉芒人占 10%。处级以下的公务员职位按每个语区部门工作的重要性来决定，但基本原则还是保持法、荷两种语言基本均衡。这种用语言来划分公务员职位、将语种与职位挂钩的政策，对双语地位的提高和双语的使用产生了重要的促进作用。由于这一法规的影响，从 1963 年起，国民教育和文化部一分为二，分别处理法、荷两种语言和语区的事务。

1878年以前，法语在军队里占统治地位，军官都讲法语。到1964年，讲荷兰语的人只占将军的3%，校官的16%，低级军官的41%。随着议会、政府等部门里讲荷兰语人员的增多，1982年，将军中讲荷兰语的占49%，校官中占57%，低级军官中占60%。随着众多讲荷兰语的弗拉芒军官的提升，荷兰语的地位提高了。

中等以上学校1883年以前的教学语言是法语。1932年7月法律规定荷兰语是弗拉芒地区的教学语言，法语为瓦隆地区的教学语言。1930年以前没有一所大学用荷兰语教学。1930年，根特大学率先使用荷兰语进行教学。1963年7月新的教育法规定，小学五年级可以讲授第二语言，但第二语言在荷兰语区为法语，法语区为荷兰语。德语区比较特殊，德语学校为法语，法语学校为德语。

语言地位变化较大的数布鲁塞尔首都地区，该地区19世纪以前是使用荷兰语的单语区。由于法语在国际上有较大影响，并且是当时比利时的唯一官方语言，导致布鲁塞尔使用荷兰语的人数逐渐减少，讲法语的人数则不断增多，曾一度成为法语占绝对优势的地区。随着弗拉芒运动的发展，荷兰语在首都的使用逐渐恢复。现在，布鲁塞尔地区讲法语的人口占75%，讲荷兰语的占25%。

比利时宪法有关语言问题的修订分为四个阶段。1873～1891年，承认荷兰语是弗拉芒地区的官方语言，继而承认是比利时的官方语言。从此，比利时成为拥有两种官方语言的国家；1921～1938年，开始实行按语区分治，即荷兰语用于弗拉芒地区，法语用于瓦隆地区，法、荷双语用于布鲁塞尔首都地区；1962～1973年，以法律形式确定了语言使用的边界，即明确划分了4个语区，除上述3个地区外再加上德语区。同时实行地区文化自治；1980～1994年，实行地区化和联邦化。

修订后的语言法规主要内容包括以下四个方面。①官方语言与其他语言的关系。其中规定了国家的官方语言和4个语区的地方性官方语言；鼓励使用官方语言，对非官方语言和方言土语的使用采取自愿原则。②语言区域化与跨语言边界地区的关系。其中规定按照4个语区实行地方行政管理，加大语区的自主行政权力，以达到社会语言交际固定化的目的。但承认跨语区的边界市镇的居民享有使用其语言进行行政服务的权利，这些便利条件是有限度的或过渡性的（如夫隆各市镇和布鲁塞尔外围的6个市镇，这里讲法语的居民占多数，但都归到了荷兰语区）。③有关语言使用权利和反对语言歧视的法规。其中规定尊重个人和少数群体使用其语言的权利，反对语言歧视。宪法允许个人把语言歧视案例向仲裁法庭上诉。④有关语言能力的政策。多语化和区域化语言政策使得行政官员的语言能力问题突出起来。有关法规规定，市政官员应熟悉其选区的语言知识，否则将被调离。比利时除了有联邦和大区议会及政府作为语言立法和执行机构外，还建立了专门研究语言政策法规和监督实施的机构。

教育语言是比利时语言政策中最敏感、最重要的部分。在历史上，比利时曾发生过激烈的争论和冲突。目前比利时已经形成了官方语言和地区官方语并举的教育语言政策。

首先，比利时实行以母语为主的教学语言政策，规定按社区分别使用不同的教学语言，即瓦隆地区使用法语，弗拉芒地区使用荷兰语，德语地区使用德语，布鲁塞尔首都地区使用法、荷两种语言进行教学。法规还规定实行双语教育：瓦隆地区教育的第二语言必须是荷兰语，弗拉芒地区教育的第二语言必须是法语，德语地区教育的第二语言必须是法语，布鲁塞尔地区则是法、荷双语教学。此外，关于地方语言和方言土语的使用，比利时规定教学用语一般用标准的法语、荷兰语和德语，但一些学校也可使用地方语言和方言土语进行教学。1982年，法语区行政当局决定，允许在法语学校使用瓦隆语、皮卡德语和洛林语教学。此外，为从组织上保证法、荷语言教育的均衡发展，比利时国民文化教育部实行权力下放后则由语区文化委员会管理。尽管仍有不少比利时人使用地方语言和方言土语，但由于国家和地区政府采取有效措施推广标准语，官方语言的使用范围不断扩大，使用人数逐步增多。

此外，比利时各级政府还十分重视语言的规范和标准化。它们规定以法国的法语、荷兰的荷兰语和德国的德语为标准，规范本国和社区的官方语言。1980年，比利时与荷兰订立《荷兰语联盟》，该项举措促进了弗拉芒语和荷兰语的进一步统一和规范；政府还参照有关国家的语言法规来制定本国法规。军事当局为规范军队语言，提高战斗力，还在军队开展了不使用地方语言和方言土语的活动。

5. 存在的问题

尽管比利时为解决语言矛盾付出了长期和巨大的努力，并取得了显著的成绩，但语言问题的解决并非一劳永逸，它在比利时仍然存在。

首先是荷兰语与法语矛盾的新变化。昔日处于劣势的荷兰语现已成为优势语言。讲荷兰语的人口数及人口出生率均高于讲法语的人口，原来经济落后的荷兰语区现已赶上并超过了法语区。昔日工业最发达的法语区如今则沦为经济落后地区。面对这种优劣大转换，荷兰语集团要求得到更多的权力和优势，法语集团则希望保持昔日的权力和优势。两大语言集团的矛盾形式虽不同以往，但离心倾向却依然存在。

其次是永久性的语言区划分与发展变化的语言之间的矛盾。把语言按地区固定下来的政策取得了很大成绩，但也引发了一些新的问题。例如，夫隆地区的法语人口已经增长，但法规仍将该地区划入荷兰语区的林堡省，而不划入布鲁塞尔双语区，从而给该地区的法语使用带来诸多不便。

再次是强调语言区文化自治不利于国家统一。各语言区在制定语言政策时多强调地方文化，而忽略统一国家的文化。法、荷两个语言集团各自为政，这种倾向不利于比利时的民族和睦、国家统一和国家文化的形成。

六　国旗、国徽、国歌、国花

比利时国旗呈长方形，长与宽之比为 15∶13。旗面从左到右由黑、黄、红三个竖长方形相连构成。黑色是庄重而具有纪念意义的色彩，表示悼念在 1830 年独立战争中牺牲的英雄；黄色象征国家的财富和畜牧业与农业的丰收；红色象征爱国者的生命和热血，还象征独立战争取得的伟大胜利。

比利时国徽分为大小两个版本（见图）。大版本国徽为斗篷式。国徽中心图案是一头站立在黑色盾徽上的雄狮的图样。这头狮子被称为“比利时狮”（拉丁文：Leo Belgicus），是比利时的国家象征。其后为交叉的君王节杖，它象征皇室的威严和权力。盾徽周围是装饰华丽的首任国王利奥波德的勋章裢带环绕；两侧各有一只举着国旗的狮子，另外，在国徽中，有一件象征君主国体的红色上衣。在这件红色上衣的顶端，有一顶皇冠。饰环之下悬挂着一枚利奥波德勋章，后面有标志皇室权位与正义的金色节杖；上面饰有一顶华美的王冠。

国徽顶端的9面旗帜分别代表比利时王国及其各省（1995年后新建的两个省不包括在内）。国徽基部的红色饰带用法语和弗拉芒语书写着民族格言：“团结就是力量”。这个版本的国徽在1837年5月17日开始使用。

比利时的国歌为《布拉班人之歌》，有法语、荷语和德语三种版本。该歌曲产生于1830年8月的布鲁塞尔起义，由于布鲁塞尔属于布拉班省，所以被命名为《布拉班人之歌》。比利时独立后，将这首歌作为国歌，并建立了布拉班人纪念碑，将歌词刻在碑上。

比利时的国花为虞美人。比利时人民喜爱姹紫嫣红的虞美人，把它作为自己的国花。虞美人属罂粟科，一年生或二年生草本观赏植物，原产于欧洲大陆温带地区。

第二节 宗教与民俗

一 宗教

比利时具有不同文化共存的传统。比利时宪法规定了结社、言论、信教自由的原则，禁止实行宗教歧视，同时规定各种宗教活动必须在比利时法律规定的范围内进行，但法律同时规定不得利用宗教自由进行犯罪活动。不管比利时政府是左派还是右派，都能注意满足不同文化群体的要求和渴望。

在比利时，有75%的居民（767.9万人）信奉罗马天主教，其中有

学校使这一传统流传下来。班什的狂欢节是比利时最著名的民间节庆之一，在封斋期到来前举行，历时 3 天。据说，狂欢节上的“吉勒”形象始于 1549 年——为庆祝欧洲人“征服”南美洲的秘鲁，所有参加狂欢的人都装扮成印加人，头上插满各色羽毛，围成圆圈跳舞，并将柑橘抛向人群。

三　饮食习惯

比利时人以喜爱美食著称。早在中世纪，弗拉芒地区的僧侣便“发明”了酿造啤酒的技术。弗拉芒人克吕绪斯（Clusius）以最早将马铃薯的种植引入并传播开来而知名。这使比利时人和欧洲人获益匪浅。古老的烹饪书籍中包括了不少比利时人发明的特色菜。在现代社会的饮食中，也有比利时人的许多贡献。在法国出版的介绍和评价欧洲餐饮业的权威著作《米其林红色宝典》中，比利时餐馆获得了极高的评价。这使比利时在国际上享有美食国度的盛名。比利时人拥有 80 多种不同口味的奶酪，若按人均计算，这比法国、荷兰和瑞士都要丰富。比利时人的菜肴普遍要求清淡，保持原味及营养。原料多以蔬菜为主，果菜用量大；畜类肉品以牛肉为主，禽类则以肉鸡常见；他们对海鲜特感兴趣。一日三餐中晚餐为正餐，菜肴品种丰富，其余两餐多是便餐。饮料以啤酒及白兰地酒为主，咖啡、红茶是平常的热饮料，水果是餐后的必备食品。

比利时人以吃西餐为主，习惯使用刀叉。面食是他们的主食。他们主要吃烤面包和甜面包，早餐习惯喝酸牛奶，吃水果。他们很讲究就餐礼仪，首先是摆一块餐巾在双膝上，然后左手拿刀，右手拿叉，先将食物用刀一块块切下，然后用叉送入口中慢慢品食，吃完后将餐具摆好，否则会被认为是没有教养的表现。比利时是人均拥有餐馆最多的国家。比利时的餐馆一般不大，外表简朴，很多是由古建筑改造而成的，有的将古磨坊改造为餐厅，有的将马厩改成餐厅，甚至还有将银行改建为餐厅的。无论怎么改，外部结构都原封不动，而内部设计却不失现代和前卫，出人意料的精致，二者往往形成强烈的视觉效果。有的餐厅就是百年老店，与周围的古建筑群相得益彰，完好地保留了昔日的风情。

比利时各地都拥有自己的特产，在此基础上形成了各地不同的传统菜肴，如根特的蔬菜炖鸡，栗子、萝卜烩牛肉糜，炭火烤肉和小圆甜点；安特卫普的手形糕点和鳗鱼；弗兰德的芦笋；等等。布鲁塞尔有2000家餐馆，汇集各色菜肴，可满足各地食客的需求，其传统菜肴有啤酒兔肉、莴苣野鸡、铁板烤肉、各色口味的牡蛎以及布鲁塞尔白菜。在阿登山山区，以当地产的鳟鱼制作的菜肴最为著名。此外，迪南的奶酪馅饼、啤酒，那慕尔和默兹河谷的馅饼、肉肠、烩肉块、奶油鳟鱼和炖猪肉也成为当地特色菜。每逢狩猎季节，阿登山山区的餐馆还向顾客献上以野猪、狍子和鹿肉烹制的菜肴，以及野鸡、鹌鹑等山珍。提供美味佳肴的餐馆在比利时到处可见。各地的特色菜尤其令各地食客大饱口福。在沿海地区，最著名的菜肴是以北海鱼类和水产品制作的。上千家餐馆以各自不同的方式向人们提供生猛海鲜。西弗拉芒地区的许多城市则以出产各种美味的糖果、饼干和香肠著称。用土豆制作的菜肴是比利时人餐桌上的必备品。炸薯条据说是比利时人的发明，其方法颇为讲究：把优质土豆切成一厘米见方的柱状，炸时要炸两遍，第一遍用低温油炸，隔一段时间再用高温油炸第二遍，以使土豆外焦里嫩。整个比利时有4000多家卖薯条的店，可谓全国比比皆是。比利时用土豆做的方便食品种类颇多，如炸土豆条、炸土豆片、炸土豆丝、炸土豆球等。比利时可称为“土豆王国”。

啤酒在比利时人的饮食中占有重要地位，被视为比利时的“国饮”。啤酒是比利时修道院里发明的饮料。自中世纪起，比利时就在啤酒酿造上享有盛誉。鉴赏家青睐比利时啤酒的多样、正宗和特色。在比利时王国，几乎有多少种啤酒风格就有多少个啤酒厂。如今，比利时有178家酿酒厂，其数量在世界居前位，其中有国际啤酒巨头，如英博啤酒集团，也有微型酒厂。各地的啤酒酿造厂以及古老的修道院生产2500多个品种的啤酒，从淡色拉格（Lager）到兰比克啤酒（Lambic）、弗拉芒红啤（Flemish red），可谓应有尽有，足以充分满足比利时人和外国消费者的不同需求。

比利时的美食中还包括巧克力、糖衣杏仁、弗兰德糕点。它们不仅受到比利时人的喜爱，同时被外国游客所赞赏。比利时的巧克力与瑞士的巧克力齐名，品种有 400 种之多。比利时每年生产 17.2 万吨的巧克力，在全国共有 2000 多家巧克力店铺。比利时平均每人每年消费巧克力达 8.3 公斤/人。著名的巧克力品牌有金边（Côte d'or）、雅克（Jacques）和嘉勒博（Callebaut）。这些巧克力比糖衣杏仁便宜，在无人售货店和书店均有出售，味道从传统的榛子和易溶的糖衣杏仁口味一直到最有异国情调的香蕉味、草莓味和朗姆酒味，应有尽有。在精美西点屋和超市，人们越来越多地看到手工制作的巧克力。金羊毛牌（Corne de Toison d'or）蛋卷巧克力、高迪瓦牌（Godiva）和诺豪斯牌（Neuhaus）巧克力属于高档巧克力品牌。里奥尼达斯（Leonidas）生产的著名白巧克力则备受人们青睐。喜欢吃甜品的人可以品尝到多种蛋糕、蛋奶烘饼及著名的比利时糖衣杏仁。如今在欧洲，人们一提起糖衣杏仁，便会联想起比利时。

四　节日

比利时的主要节日有 1 月 1 日元旦、复活节、五一劳动节、耶稣升天节、圣灵降临节、7 月 21 日国庆日、8 月 15 日圣母升天节、11 月 1 日万圣节、11 月 11 日第一次世界大战停战日和 12 月 25 日圣诞节。此外，每年 11 月 15 日为“国王日”。它源于比利时首任国王利奥波德一世登基日。每年的这一天，王族成员和众多显贵在圣米歇尔大教堂参加隆重的庆典，政府各部门也休假一天。

比利时各地还有不少自己的节日。在语言文化区方面，9 月 27 日为法语区节，源于 1830 年比利时爱国者在布鲁塞尔战胜荷兰军队的大捷；7 月 11 日为弗拉芒语区节，源于 1302 年的“金马刺战役”。在该次战役中，在弗兰德伯爵带领下，手工业者和城市步兵联合弗拉芒的农民在科特赖克附近打败了法国的骑士军；11 月 15 日为德语区节，与“国王日”为同一天。在大行政区方面，9 月的第三个星期日为瓦隆大区节；4 月的最后一个星期六为布鲁塞尔首都大区节。

比利时当局还规定了其他一些纪念日，如2月17日为已故王室成员纪念日，4月7日是为和平献身的比利时军人纪念日，5月5日为欧洲理事会纪念日，5月8日为第二次世界大战同盟国胜利纪念日，5月9日为欧洲一体化纪念日，6月6日为国王阿尔贝二世诞辰纪念日，6月11日为法比奥拉王后诞辰纪念日，7月2日为阿尔贝二世国王大婚纪念日，9月11日为帕奥拉王后诞辰纪念日，10月24日为联合国日，等等（见表1－4）。

表1－4 比利时的节假日

名称	日期	性质	范围
新年	1月1日	假日	全国
狂欢节	不固定	节日	根据各地传统
复活节	不固定	假日	全国
复活节后的星期一	复活节后头一天	假日	全国
劳动节	5月1日	假日	全国
耶稣升天节	复活节后第6个周四	假日	全国
鸢尾花艺术节	5月8日	假日	布鲁塞尔大区公务员
母亲节	5月第二个周日	节日	全国〔安特卫普为8月15日〕
圣灵降临节	复活节后第7个周日	假日	全国
圣灵降临节的周一	复活节后第8个周一	假日	全国
国王阿尔贝二世诞辰	6月6日	假日	军人
父亲节	6月第二个周日	节日	全国
金马刺战役纪念日	7月11日	假日	弗拉芒大区公务员
国庆日	7月21日	假日	全国
圣母升天节	8月15日	假日	全国
1830年9月起义纪念日	9月27日	假日	法语区公务员
诸圣瞻礼节	11月1日	假日	全国
第一次世界大战休战日	11月11日	假日	全国
德语区节	11月15日	假日	德语区公务员
国王日	11月15日	假日	联邦公务员
圣诞节	12月25日	假日	全国

第三节　城市导览

一　首都和省会

布鲁塞尔（Bruxelles）　比利时王国首都和经济中心、文化中心、交通中心，布拉班省首府。它位于国境中部的埃斯考河的支流森纳（Senne）河畔，面积162平方公里，人口（包括郊区）110多万人，占全国人口的1/10，是比利时第一大城市。地处北部荷语区和南部法语区接合地带，市区街道名称和公共文告均使用这两种文字，社交活动则以法语为主。

布鲁塞尔平均海拔为58米，气候温和湿润，年平均气温10℃；降水量700～750毫米，季节分配比较均匀，年平均降雨日200余天。这里冬无严寒，夏无酷暑，终年绿草如茵。美中不足的是天气多变，阴雨较多，光照时间全年仅1500小时左右，只有6～8月份有较多晴朗日子。环境优美舒适，是欧洲绿化率最高的城市之一。全城面积16000公顷，公园就占了900多公顷。组成绿色空间的有城市公园、私人庭院，还有大片的森林，其中最大的是紧靠市区的康伯尔森林和近郊的索瓦涅森林。整个城市空气清新，到处是鸟语花香。

公元979年，查理公爵选择森纳河上圣热里岛的沼泽地带定居，并筑要塞和码头，称“布鲁奥克塞拉”，意即“沼泽上的住所”，后演化成今天的布鲁塞尔。由于河运便捷，商品容易集散，港口贸易兴起，到13世纪逐渐发展成为有相当规模的手工业城市，所产呢绒、挂毯和花边驰名全欧洲。14世纪下半叶市区扩大。15世纪初人口2.5万人。1430～1477年为勃艮第公国行政中心之一。进入16世纪后的近300年中，先后被西班牙、奥地利、法国和荷兰占领。18世纪进行了大规模城市建设。1815～1830年，布鲁塞尔与海牙先后为荷兰首都。1830年10月4日比利时宣布独立，定都布鲁塞尔，当时拥有人口10万人。1864年拆除城墙辟为街道。随后，为避免河沼瘴气侵袭，防范瘟疫蔓延，市区向森纳河右岸高地发展。第二次世界大战后，城市面貌发生了很大变化，昔日的沼泽地被填平，流经市区的森纳河被宽阔笔直的中央大道所覆盖，成为主要地下排水道。城市几经变迁，逐渐形成今天的格局。

布鲁塞尔不仅是比利时的政治中心和文化中心，也是重要的工业中心。它地处安特卫普－布鲁塞尔－沙勒罗瓦工业地带的轴心部位，也称“ABC工业发展轴心”，是比利时最大的工业中心，拥有全国1/5的从业人员，集中了全国1/4的机械制造工业和化学工业、1/3的服装业、2/5的印刷业和3/5的皮革工业。电气工业以及面粉、榨油、啤酒等食品工业也很发达。布鲁塞尔是比利时服务业中心，其就业人口的65%从事第三产业。布鲁塞尔有1700家外国公司，是世界第七大金融中心，欧洲第五大金融中心。该市有60多家外国银行或外国参股的比利时银行，有20多家保险公司和2000多个各类公司。国际最大债务清算中心（EURO-CLEAR）也设在这里。它聚集了60个国家和2500个国际金融组织，担负着欧洲债务市场近2/3的结算业务。

外国投资在布鲁塞尔占有重要地位。很多外国公司把布鲁塞尔作为欧洲商品分发中心，由200多家跨国公司组成的协调中心也设在这里。布鲁塞尔在贸易方面是相当开放的城市。为发展地区经济和吸引外资，布鲁塞尔成立了有关专门机构，如投资地区协会、地区发展协会、企业联盟、贸易和工业协会等。和巴黎、伦敦一样，布鲁塞尔也有不少高级商店，其成衣、首饰、皮革、装饰品、电器等均很有名。众多各类商场物品丰富，对消费者极为方便。

布鲁塞尔是比利时和欧洲大陆重要的交通枢纽。它通过稠密和多功能的交通网络，与欧洲和世界各国紧密相连。200多条空中航线联系欧洲和世界各地。位于郊区的国际机场是欧洲的门户，每年经过布鲁塞尔的旅客达1000多万人。高速公路从布鲁塞尔通向罗马、柏林、马德里、哥本哈根等欧洲大城市。布鲁塞尔与欧洲大陆其他城市也通过高速火车连接起来，并成为通向北欧和东欧的转运站。布鲁塞尔市区拥有快速地铁和发达的公共电车。另外，布鲁塞尔还拥有河运和海运两种交通方式，有运河与中部工业区相连，并与北海沟通。布鲁塞尔港通过32公里的运河与埃斯考河相连，可停泊4500吨的海轮和船队。

布鲁塞尔是著名的国际城市，被称为“欧洲首都”。欧洲联盟总部、北大西洋公约组织总部，以及比荷卢经济联盟、世界劳工联合会、国际自由工会联合会、欧洲工会联合会、国际大地测量和地球物理联合会等1100多个国际机构，以及160多个外国使馆和600家国际通讯社均设在这里。名目繁多的国际会议常在此召开，各种国际博览会每年达30多个，布鲁塞尔世界发明博览会是最受世人瞩目的博览会之一。该市常年居住的外籍人员占其人口的1/3。这里是多种文化的交会处，人们可以看到欧洲各国的报刊和影视节目，还有一些专为国际组织和外国侨民子弟开设的专门学校。这里是全国文化中心。布鲁塞尔自由大学、皇家科学和医学院、弗拉芒语语言文学院和军事学院等数十所高等院校都建在这里。市艺术宫为开展文学、音乐、戏剧、艺术等活动提供了完善的场所。

布鲁塞尔市区略呈五角形，以中央大道为界，全市分为上城和下城两部分。上城建于森纳河右岸的丘陵高地上，为王宫、议会、政府机关、大商号、大银行所在地，下城建在森纳河河谷里，为闹市商业区。

布鲁塞尔被誉为各种风格建筑汇集的博物馆。其中不少建筑已有700多年的历史。市中心的大广场是意大利巴洛克风格，圣·米歇尔教堂（13~16世纪建）和大萨伯龙教堂（14~16世纪建）是哥特式建筑，司法宫（1866~1883年建）则是巴比伦风格。皇家温室（1876年建成）的金属涡形装饰和皇家植物园的玻璃天棚也各具特色。装有玻璃天棚的圣·于贝走廊（1837~1847年建）则是世界上首创的建筑。此外，还有不少体现和谐与标新立异思想的当代建筑，以及具有东方特色的建筑，如20世纪初建的“日本塔”和“中国楼”。制宪大会圆柱建于1859年，由建筑师波拉尔设计，旨在纪念比利时独立后国民大会制定宪法的功绩。该柱高达47米，其中底座高12米。圆柱下面燃烧着长久不熄的火焰，以纪念两次世界大战中阵亡的无名战士。每年11月11日，即第一次世界大战停战日，都在布鲁塞尔举行有国王和政府高官参加的追悼无名战士的仪式。

布鲁塞尔有各类博物馆约70个，如皇家博物馆、自然博物馆、皇家艺术和历史博物馆、古代绘画与雕刻博物馆，以及汽车博物馆、连环画博物馆等，每年吸引成千上万的参观者。皇家美术馆陈列了众多古代名画和雕塑，其中有对欧洲绘画产生过重大影响的著名艺术大师鲁本斯（1577～1640）的作品。著名的市立博物馆是由旧市政厅改建的，它与大广场周围的行会馆同时作为陈列这个城市历史和文物的场所。皇家艺术和历史博物馆搜集了很多珍贵的历史文物和精美的手织花边。现代艺术博物馆展有浪漫主义时期以来的各种名画。皇家军队和军事历史博物馆藏有18世纪以来众多国家的武器。阿尔贝一世图书馆设有图片收藏部、钱币和纹章收藏部等。在布鲁塞尔的马铃薯博物馆里，人们可了解马铃薯育种栽培的全过程，还可以聆听到著名音乐家巴赫专为马铃薯谱写的神奇歌曲。馆内还备有录像片，介绍各国生产、出口、食用马铃薯的各种方法。皇家中非博物馆拥有中非历史、地质、人类学和文化等方面的展品。皇家自然博物馆向人们展示有29具禽龙。布鲁塞尔社会救助公共中心博物馆陈列有古代和现代的绘画及雕刻。市镇博物馆则展有各种绘画、雕刻、瓷器等。伊拉斯谟之家是文艺复兴时期著名尼德兰人文主义者伊拉斯谟的故居。

布鲁塞尔市中心有闻名于世的“大广场”，这是世界上最具魅力的广场之一。它整体协调统一，周围是早期哥特式的市政厅和晚期哥特式的国王官邸，以及装饰华丽多彩的巴洛克风格的行会大厦。广场上由数十万株鲜花组成美丽图案，每天吸引大量游客。“大广场”面积仅为3000多平方米，建于12世纪，用花岗岩铺成。风格迥异的建筑使大广场四周呈现出不同景致。整个建筑从1402年开始，前后用了近80年时间才建成。高达97米的市政厅塔楼建成于1454年，费时5年，顶端耸立着圣米歇尔的雕像。在17世纪，行会大多集中在市政厅周围。这里也是布鲁塞尔的第一个市场。1695年大广场曾被法国军队炸毁，重建后规模更大，被誉为“建筑艺术的瑰宝”。大广场每天早晨有花市，星期日则有鸟市，每日游人如织，热闹非凡。

小于连塑像是雕塑师捷罗姆·杜克思诺1619年的作品。这尊位于市政厅后面的埃杜弗小巷的小孩铜像，高约50厘米，头发微卷，面带微笑，赤身露体，旁若无人地不断“撒尿”（实为自来水）。小于连被称为布鲁塞尔“第一公民”。据传说，在15世纪中叶的一次反侵略战争中，暗藏在布鲁塞尔的敌人企图炸毁市政厅及其周围的建筑，便偷偷点燃了地下火药库的导火索。在这千钧一发之际，小于连发现了燃烧的导火索，他急中生智，撒尿浇灭了导火索，从而拯救了全城人民。人们为了纪念他的功绩，便雕刻了这座铜像。几百年来，小于连赢得了比利时人民和世界人民的喜爱。许多国家首脑和政府官员纷纷授予他荣誉称号，并赠送他具有民族特色的服装。小于连的500多套服装展示在布鲁塞尔市立博物馆。中国赠送的服装包括一套中国人民解放军军装和一套汉族对襟裤褂。每到某国国庆日时，小于连就穿上该国的民族服装，以示庆祝。小于连俨然成为促进各国人民友谊的小使者，因而备受人们的宠爱。

天鹅咖啡馆，又称“天鹅之家”，过去为旅馆。它位于大广场东侧，与市政厅毗邻，是一座六层楼房，正门上方饰有一只展翅欲飞的白天鹅。这是一座具有历史意义的建筑。19世纪时，这里曾是德国工人协会的活动场所。马克思在1845年被法国驱逐后，携夫人和女儿来到布鲁塞尔并在此居住，直到1848年3月。在此期间，马克思撰写了《德意志意识形态》、《哲学的贫困》和《共产党宣言》（与恩格斯合著）三部著作。第一国际的比利时支部也曾设在这里，比利时社会党的前身——工人党于1885年在此诞生。由于该饭店的这一历史，不少宾客慕名而来。

原子塔博物馆位于布鲁塞尔西北郊易多明市立公园内。原子塔于1958年为原子能研究的发展和纪念布鲁塞尔万国博览会而建。设计者是比利时的著名工程师昂德雷·瓦特凯恩。他根据α铁的晶体结构放大而设计，以此表达和平利用太阳能的愿望。该塔是一个巨大的钢管构成的正方形，大小相当于α铁正方晶体结构的1650亿倍。塔由9个巨大的银白色金属球构成，每个圆球是一个铁分子的2000亿倍大，直径18米。这9个大球用钢管连接。这些钢管每根长16米，直径3米。整个塔高102米，从地面通到最高圆球的电梯和通往各个圆球的自动楼梯都设在钢管内。原子球总重量为2200吨。每个球体分为两层，平面面积240平方米，分布着太阳能、和平利用原子能、宇宙航行和比利时气象发展史等不同展厅。球内装有照明设备，夜间球内的灯光犹如闪烁的群星。参观者乘电梯只需20秒钟即可从底部球体升至最高球体。他们可站在最高的圆球里透过玻璃窗饱览布鲁塞尔的风光，或可沿金属管道进入其他球内参观。

比利时国家植物园位于布鲁塞尔和梅瑟附近。建于 1870 年，当时处在布鲁塞尔市中心，占地 7 公顷。自 19 世纪 60 年代中期起，逐渐移至梅瑟一处占地 93 公顷的庄园，规模不断扩大。园中占地 1 公顷的植物宫是世界上最大的温室，内设 15 个展厅，展出千姿百态的各种热带植物，尤其注重展示那些商业价值较高的热带植物。植物园的标本室收藏了近 200 万个植物标本。园中图书馆藏书达 15 万多册，植物园一贯重视对植物的科学研究，园中共设有 22 个科研大厅。其研究重点除比利时植物外，还包括非洲的热带植物。

比利时皇家自然历史博物馆是一座欧洲自然历史博物馆，隶属于比利时皇家自然科学学会，位于布鲁塞尔沃蒂埃街。全馆分动物学、古生物学、矿物学、古植物学、人类学以及史前时代等 10 个部门。该馆虽然在规模和现代化设备方面不如美国自然历史博物馆，但该馆的每一件收藏品都极具学术价值，所以驰名世界。该馆陈列有猛犸象的完整骨骼，形态奇异的大型鱼龙，1 亿年前繁盛一时的巨大的斯氏雕龟、霍氏异侧龟等的甲壳，以及穴狮与穴熊，还有早期人类的骨骼和使用的工具等。禽龙大厅的收藏举世瞩目。10 具紧排在一起的完整蒙氏禽龙骨骼标本是 1878 年在伯尼撒尔煤矿发掘出来的，它们是活跃于侏罗纪的大型食草性恐龙。这些禽龙骨骼的发掘及成功组合，使恐龙学有了突飞猛进的发展，它们是比利时王国的国宝，因而受到严密的安全保护。

滑铁卢古战场在布鲁塞尔市区以南 18 公里。1815 年 6 月 18 日，由惠灵顿公爵统率的英、荷军队和由布吕歇尔指挥的普鲁士军队，共 6.7 万名官兵，在这里与拿破仑统率的 7.4 万名法军进行了一场决定欧洲命运的战役。拿破仑因雨后道路泥泞，援军未能及时赶到而延误进攻时机。布吕歇尔率领的英军援兵 4 万人却先期赶到战场。经过一场激战，拿破仑全军溃败，2.7 万名将士被歼，8000 名官兵被俘。称雄一时的法兰西帝国从此覆灭，叱咤风云 15 年的拿破仑也结束了自己的政治生涯。由此欧洲历史揭开了新的一页，默默无闻的滑铁卢小镇也因而举世闻名。

古战场的主要纪念物有：山丘雄狮、全景画馆、电影馆、蜡人博物馆

和拿破仑的司令部。1862 年，人们在盟军奥伦治亲王受伤的地方堆成一座高 40.5 米、底部面积 169 平方米的小山丘。山顶上安放着一只长 4.5 米、高 4.45 米、重 28 吨的铁质巨狮。据说这是用拿破仑军队丢弃在战场上的枪炮铸成。狮头面对法国，以示联军将时刻警惕着法国东山再起。沿 226 级陡峭的石阶登上山丘，当年滑铁卢古战场尽收眼底，布鲁塞尔市也遥遥在望。山丘下纪念馆内有一幅高约 7 米、长约 100 米的滑铁卢战争主体全景壁画，生动逼真地再现了当年的战争场面。在油画的前面，还有实物场景雕塑，如战死的人马、丢弃的兵器，皆与实物大小一样，令人仿佛回到了那人呼马嘶、刀光剑影的战场。附近的卡佑农庄是拿破仑当年的司令部，这是一座普通的红顶二层黄色小楼。滑铁卢一带还有英国、法国、比利时、德国等国家竖立的各种纪念碑。镇上有一家小电影院，专向参观者放映影片《滑铁卢之战》，守门的查票员身穿 1815 年的戎装。

安特卫普（Antwerpen） 位于布鲁塞尔以北 42 公里，是比利时第二大城市、最大的港口及重要的工业城市，又是安特卫普省的首府。安特卫普市面积 140 平方公里，市区人口 46.7 万人，加上郊区为 80 万人。居民大多数用荷兰语，工商界主要使用法语。该城属温带海洋性气候，冬温夏凉。1 月平均气温 3.1℃，7 月为 18℃。年降雨量 710 毫米，分配较均匀，阴雨日多达 200 天左右。

安特卫普市地处埃斯考河 - 摩泽尔河 - 莱茵河三角洲平原，地形平坦，河道纵横。它横跨埃斯考河两岸，由两条河底隧道连接。埃斯考河由东南穿越市区，向西北流 88 公里注入北海。安特卫普通过天然河道、阿尔伯特运河与全国内河水网和西欧部分水网相接，兼具海港和河港之利。

安特卫普是一座著名的古城。早在公元 2～3 世纪已有居民点。8 世纪初，埃斯考河右岸始建商业小城镇。11 世纪，诺曼底人入侵毁灭了原始居民点之后，安特卫普侯爵在此建造港口和城市。13 世纪，安特卫普市加入“汉萨同盟”，继谷物贸易后，其毛织品贸易也日渐兴盛。该城在 1476 年建立小规模钻石加工工场，17 世纪初成为世界钻石加工和贸易中心。1531 年开设了欧洲首家证券交易所，金融业兴起。16 世纪，它的呢绒、花毯、玻璃、印刷、钻石业迅速发展。16 世纪中期，安特卫普开始成为欧洲最繁荣的商业、金融城市和第一大贸易港，人口增至10万人。由于宗教战争，该城于1576年遭到破坏，后来又曾被西班牙占领。1648年，根据与荷兰签订的条约，埃斯考河口关闭，航运停止。这使该市经济日益衰落。1795年埃斯考河口重新开放，港口扩展，安特卫普经济得以复兴。1815年比利时并入荷兰。1863年该市从荷兰赎回埃斯考河口商业权后，遂发展成为现代化大海港。尽管它在两次世界大战中均被德国占领，并遭到严重破坏，但第二次世界大战后得到了迅速恢复和发展。

安特卫普市的老城区位于埃斯考河右岸，形成于15～16世纪，街道狭窄弯曲，有众多中世纪建筑。往东穿越宽阔的林荫大道，为19世纪以来扩展形成的新城区，街道宽阔整齐，有广场、公园和现代化的商店、旅馆、行政大楼、中央车站、高级住宅区等。新老城区组成南北向略呈半圆形的市区，向北延展是港区，向东北延伸是住宅区，往南是安特卫普－布鲁塞尔－沙勒罗瓦工业地带。

目前，安特卫普是全国第二大经济中心，在比利时经济中具有举足轻重的地位。在这里设有众多商业机构、进出口贸易公司、银行、保险公司以及交通运输公司。重要工业部门有造船、机械、汽车、电子、照相器材、有色冶金、炼油、石油化学、纺织、食品加工等。

安特卫普还是世界大海港之一。作为欧洲第二大港口，安特卫普港年吞吐量达1亿多吨。港口在城市职能中占重要地位，港区用船闸与斯海尔德河相隔，为世界著名人工港。港区面积约106平方公里，海岸线长达100公里。安特卫普港分老港区（停泊沿海和内河船舶）、深水港区（停泊远洋海轮）和新港区（停泊大型专用船舶）三部分。20世纪80年代初航道水深已疏浚至14米，可停泊8万吨级的散装货轮。1982年进港海轮17097艘，吞吐量8419万吨，占比利时总吞吐量的3/4。每年承担的内河吞吐量4000万吨。进口以原油、矿砂、木材、食品、原料为主，出口以钢铁、化工产品、玻璃和纺织品为主，是12条重要铁路干线和7条欧洲公路的交会点。与海港、内河组成四通八达的水陆运输系统。多尔内机场是重要的航空港。市内有汽车、电车和地铁组成的交通系统。

安特卫普还是世界最大的钻石加工和贸易中心，世界上半数以上的钻石毛坯、琢磨钻石及工业用钻石通过安特卫普销往世界各地。加工的钻石绝大多数供出口，占比利时总出口额的6.5%。世界著名的德比尔斯经销商中，最大、最重要的现货买主都在安特卫普，每年的钻石交易量达数十亿美元。安特卫普设有4个钻石交易所，还有许多钻石加工工场。与钻石业相关的钻石银行、保全及运输公司、经纪商、博物馆、职业学校以及旅馆、饭店等辅助行业应有尽有，造就了比利时闻名于世的钻石产业。

安特卫普市也是一个大学和科研城。安特卫普热带医学研究所的皮欧博士担任着联合国防治艾滋病计划委员会的主席。安特卫普还拥有为数众多、风格各异的娱乐休闲设施，如餐馆、咖啡馆、酒吧、舞厅等，使它成为名副其实的“不夜城”。

安特卫普的哥特式建筑和文艺复兴时期的艺术是比利时的文化瑰宝，其典型的建筑是安特卫普大教堂。该教堂非常雄伟，其尖塔高达120米。它始建于1352年，完成于1520年，现在收藏着一些弗拉芒人的最珍贵的作品，其中有1713年的巴洛克式木雕布道坛。大教堂正面左、右两侧各有一个建于15世纪的喷泉。圣保罗大教堂也是古建筑中的珍宝，建于1533～1574年，里面收藏着鲁本斯的教堂学徒们的名画。市中心的大广场和市政厅也是文艺复兴时期的著名建筑。大广场上建有象征这个城市起源传说的“布拉多喷泉”。据说，在古代，埃斯考河上有一个名叫安提贡的河霸对往来的商船横征暴敛，拒交买路钱者便被他砍去一只手。一个名叫布拉多的罗马士兵为民除害，他砍下了安提贡的一只手，将其投入河中。安特卫普就此而得名（Antwerpen = hand werpen）。

安特卫普是欧洲著名的文化中心。1993年它被命名为“欧洲文化名城”，是著名艺术大师鲁本斯和冯·狄克的诞生地。该市有音乐学院、商业学院、皇家弗拉芒歌剧院、皇家荷兰剧场、伊丽莎白女王音乐厅以及欧洲保存动物种类和数量最多的动物园。此外，它还拥有众多的博物馆。皇家美术博物馆收藏着安特卫普最珍贵的美术作品，有鲁本斯及其他名画家的杰作，还有荷兰名画家的著名画像等。斯顿博物馆原是建于13世纪的城堡，曾长期作为监狱，后改为收藏古代文物的博物馆。安特卫普有比利时著名画家鲁本斯故居博物馆，1617～1642年鲁本斯曾住在这幢房子里。

画家去世后这座房子曾被出卖。后来，人们将它辟为博物馆，恢复了这所住宅的本来面目。故居博物馆内设有画展。安特卫普还有实用装潢艺术博物馆、国立航海博物馆、当代艺术博物馆，以及普兰丁和莫尔图斯印刷及艺术博物馆等。

根特（Gand） 位于比利时西北部，人口23万人，是东弗拉芒省省会。根特有“北方的佛罗伦萨”之美誉。它是比利时第二大商港和比利时的纺织中心、冶金中心和化工中心，同时也是弗拉芒民族的文化中心。根特市的名称源于凯尔特语“根”（gen），意思是“河流的汇合处”，因其位于埃斯考河与利斯河交汇之处。

根特最初从两座修道院和一座城堡逐渐发展起来。13世纪前，根特一直保持独立，因此中世纪文化风貌保留完好。沿河两岸鳞次栉比地排列着12～17世纪修建的古老建筑。它们有的具有罗曼风格，有的具有哥特风格，有的则具有文艺复兴风格，构成了令人称奇的建筑群。钟楼、圣巴冯大教堂和圣尼古拉教堂是根特城最著名的建筑。

雄伟的钟楼始建于14世纪，后经重修，高达95米，有50多个大钟组成。它象征着中世纪行会的强盛。它的钟声曾召唤市民们拿起武器，保卫城市。乘电梯到钟楼顶可饱览全城风貌。15世纪修建的圣巴冯大教堂位于钟楼旁边，由罗曼、哥特和巴洛克三种风格构成。1500年，查理五世曾在此受洗礼。大教堂内藏有宗教题材的精美绘画，如弗拉芒派大师凡代科的名画《神秘的羔羊》和鲁本斯的《圣巴冯皈依》。教堂内还有很多精美的巴洛克艺术品。位于市中心的圣尼古拉教堂始建于13世纪，经过数百年才完工，是精美的哥特式建筑。

此外，根特市政厅是一座兼有哥特风格和文艺复兴风格的建筑，内部各大厅均以历史事件命名，其中最著名的是纪念宗教和解的“和解厅”。弗兰德伯爵城堡始建于公元10世纪，后于12世纪经阿尔萨斯伯爵重建。城堡内开办有中世纪司法和酷刑展览。圣巴冯修道院由圣阿芒建于公元630年。内有不少中世纪遗迹，并设有古碑铭博物馆。周五市场始建于中世纪，位于市中心广场，市场四周是各行会会所。帕特绍尔区是根特市的老城区，由古老的房屋和曲折的街道构成。市政当局对这一街区进行了必要的改造，同时也注意保留了原有的魅力。

根特市虽人口不多，但博物馆却不少，如宝石雕刻博物馆、考古博物馆、美术博物馆、民间艺术博物馆、工业与纺织业考古博物馆及贵族公馆博物馆等。根特每五年举办一次国际花草大会。届时国内外宾客盈门，到处是五彩缤纷的奇花异草，满城飘着醉人的芳香。

布鲁日（Bruges） 西弗拉芒省省会，人口11.7万人。布鲁日是比利时西北部的文化名城、旅游胜地、机械和纺织业中心。“布鲁日”在弗拉芒语中有“桥”的意思，因流经市内的莱伊河上的一座古罗马桥梁而得名。13世纪时，该城在国际贸易方面已占有十分重要的地位。14世纪成为欧洲最大和最繁荣的商港之一。后来由于安特卫普的发展，布鲁日的贸易地位有所衰落。19世纪末叶，布鲁日开始了大规模的港口疏浚和修建工程。20世纪初，连接外港泽布腊赫的运河通航，促进了工商业的发展。

布鲁日隔英吉利海峡与伦敦相望，西接海滨旅游城市奥斯坦德（Ostemde），东连弗拉芒首府根特和首都布鲁塞尔，北邻荷兰，南傍法国。布鲁日素有“北方威尼斯”“比利时艺术圣地”“弗拉芒珍珠”等美称。市内古式房屋鳞次栉比，市容仍保留有浓厚的中世纪风貌。市中心的市场大厅上矗立着一座由46口钟组成的雄伟钟楼，钟声美妙悦耳。城区河道环绕，水巷纵横，并有运河通往北海岸外港。每当旅游季节，游人络绎不绝，他们可乘小艇观赏水城全貌。小城四周有城墙环绕，城门耸立，有的门边还有风车。从地图上看城区状如鹅卵，中心有两个紧邻的广场：布鲁日大市场和博格广场，邮局和银行都在这里，各游览路线也大多由此展开。人们在大街小巷上常可以看到妇女们坐在自家门前，编织各种花边、台布等。这是当地的一种独特风俗。

布鲁日的主要古建筑有12世纪的圣约翰医院、13世纪的圣母院、14世纪的哥特式市政厅、15世纪的皇宫旧址、1887年的新哥特式邮政大楼以及始建于10世纪的古老教堂等。因此，这里被人们视为弗拉芒艺术的摇篮。教堂、公共建筑物和博物馆内珍藏有许多布鲁日画派大师的绘画。圣母院内还藏有15世纪意大利文艺复兴时期的大雕塑家和画家米开朗琪罗的《圣母像》。

哈瑟尔特（Hasselt）　林堡省省会，人口6.6万人。该市在历史上曾有较发达的煤炭工业，目前商贸和服务业占主导地位，煤炭工业已为高科技所取代。哈瑟尔特位于布鲁日和科隆之间的商路上，因此它从13世纪起便成为当地的重要城镇。1232年，阿尔诺四世伯爵赋予哈瑟尔特自治特权，此后该市逐渐发展起来，并成为重要的商贸中心。

哈瑟尔特是比利时的旅游热点城市。该市的圣康坦大教堂建于12世纪，其前身是一座更加古老的教堂，该教堂的一些建筑材料被人们重新利用。大教堂的钟楼为罗马帝国时期所建，其内部有文艺复兴时期的碑铭，以及15～19世纪的壁画。哈瑟尔特和列日一样，也拥有象征城市自治权力的石阶建筑。位于市中心广场，在市政厅对面。1789年曾被摧毁，1982年在纪念获得城市自治权750周年之际按原样重建。

哈瑟尔特有不少博物馆。国立刺柏子酒博物馆建立在一个古老的制酒场址内，展示该酒的全部生产过程。19世纪，哈瑟尔特是比利时最重要的刺柏子酒生产地，并出口法国、意大利、荷兰、瑞士、古巴、刚果、塞内加尔等。该市的度量衡博物馆展示了从拜占庭和罗马时期以来的各种度量衡工具。时装博物馆收藏有18～20世纪各式男女服装和童装。

列日（Liège）　列日市是列日省首府，位于默兹河与乌尔特河交汇处，人口19.4万人，包括郊区的50万人口。该市拥有发达的工商业，交通便利，有阿尔贝运河与安特卫普相连。列日大学是比利时的重要学府。

列日是一座历史文化名城。该市中世纪便取得了城市自治权。列日居民拥有反抗强权、争取自由的传统。列日雕塑家莱昂·米尼翁于19世纪中叶创作的“驯服野牛者”被列日市民视为本城的象征。工业革命开始后，列日的冶金业和玻璃业迅速兴起。列日市拥有众多文物古迹。列日的市政厅建于1718年，内部装饰由列日的艺术家完成，饰有雕塑和绘画作品。主教宫最初建于诺热主教时代，后在16世纪重建，现在是法院的所在地。圣巴托罗缪教堂是该市最古老的宗教建筑，建于中世纪。教堂的珍宝当属勒尼耶·德·于伊于12世纪初制作的洗礼槽，由黄铜浇铸而成，并由10头铜牛所支撑，上面的浮雕表现了《圣经》中的五个场面。这一精美的宗教艺术品被视为比利时七大艺术瑰宝之一。圣雅克教堂由一修道院改建而成，表现出多种建筑风格。其钟楼和部分外观呈罗曼风格，而殿堂则为哥特式，正门具有文艺复兴风格，其16世纪的彩绘玻璃也是文艺复兴时期的作品。圣保罗大教堂始建于公元971年，大部分为哥特式。教堂内部藏有圣朗贝尔的镀金藏骨箱和“勇敢者查理”的金制藏骨箱，以及珍贵的象牙制品。圣约翰教堂内的珍藏有众多雕像，其中12世纪的“圣母与子”是镇堂之宝。象征列日市民自治的石阶始建于1697年。它由一个有三层矩形台阶的平台和一尊石柱构成，每个角落有一头石雕卧狮，圆柱顶端雕有三位女神。

列日有众多博物馆。现代艺术博物馆主要收藏1850年至今的绘画和雕塑作品，这里也时常举办临时性展览。瓦隆生活博物馆建在一座17世纪的修道院里，向人们展示19世纪瓦隆地区人民的生产生活，包括家庭手工业、煤矿、民间游戏和民间艺术等。馆中还收藏了当地的众多玩偶。库尔提于斯博物馆（Musée Curtius）是一座文艺复兴时期的建筑，馆内收藏有丰富的考古和装饰艺术品，其中包括公元10世纪的手稿。格雷特里博物馆（Le musée Grétry）是18世纪列日作曲家格雷特里的故居。馆内藏有作曲家的遗物和手稿。兵器博物馆收藏有12500件不同历史时期的武器。冶金和工业博物馆介绍了冶金、能源、信息工业的过去和现状，以及各种发明创造。馆内展品有各种大型机械设备，如17世纪的高炉、19世纪的蒸汽机。

鲁汶（Louvain）　弗拉芒语区布拉班省首府，人口8.5万人。该区河流纵横，地形多样，植被丰富，农业发达。啤酒酿造是鲁汶的传统行业，这里的啤酒从15世纪便享有盛名。如今，鲁汶的啤酒产量在比利时占第一位。鲁汶还是个具有悠久的文化和教育传统的城市。鲁汶大学建于1425年，该校的新老校舍分布在全城各处，公众可自由出入。古老的校舍中有很多具有历史文物价值的建筑。人数众多的大学生使城市生活别具一格。

鲁汶市拥有许多历史文化建筑。位于市中心的大广场四周多为哥特式建筑，如市政厅、教堂等。市政厅始建于15世纪中叶。建筑物四周布满历史人物的雕像，顶部的每个角都建有高耸的尖塔。市政厅内装饰着15世纪的雕塑作品，其地窖被改建为一个小型啤酒博物馆。圣皮埃尔教堂建于一千多年前，后经过多次改建，因此同时保留了罗曼风格和哥特式风格。教堂内藏有17世纪的壁毯。圣米歇尔教堂原为耶稣会教堂，其正面是典型的巴洛克风格。该教堂在两次世界大战中曾遭破坏。教堂中的家具用品具有很高的文化价值。其他具有历史文化价值的建筑还有圣热尔特吕德修道院等。

鲁汶最著名的博物馆是工得克伦－梅尔坦博物馆（Musee communal Vanderkelen-Mertens），该博物馆原为市长官邸，并以历史上一位市长之名命名。馆内有19世纪的客厅，15～16世纪的绘画，以及不同风格的雕塑、瓷器、玻璃和金银制品。此外，该市的宗教艺术博物馆中除展出宗教器物外，还有最古老的墓葬建筑。

蒙斯（Mons） 埃诺省省会，人口9.1万人。埃纳河（Haine）的支流特鲁伊河（Trouille）流经该市。蒙斯城因建在高地之上，得名“高地城”。蒙斯的历史可追溯到公元7世纪。埃诺伯爵博杜安四世于12世纪加强了防御设施并建筑了城墙。19世纪时，随着社会、经济生活的发展和人口的增加，原有的城墙被拆除，但市中心仍然保留了不少中世纪的建筑。

该城的工业规模不大，但商业十分发达，是葡萄酒、建筑材料、烟草、煤炭、木材和食糖的交易中心。该城吸引了大量第三产业从业人员。不少大学在此建校。省级主要办事机关集中在一座以玻璃和钢材建成的现代化大楼内办公。该建筑在1963年建成，1990年被一场火灾摧毁后重建。该城的原卡斯多兵营从1967年起成为北大西洋条约组织盟军驻欧洲军队司令部所在地。蒙斯市的主保瞻礼节是当地著名的传统宗教节日，期间举行的化装游行和文艺表演吸引了大批市民和游客。

该市拥有众多历史文化建筑。蒙斯市政厅建于1458年，其正面为哥特式风格。1715年增建了一座钟楼，但整个建筑风格仍保持一致。钟楼有灯光照明，使人在夜晚也能看清时间。市政厅院内有一座猴子雕像，据当地人说，抚摸它的头会给人带来幸福。市政厅内还设有纪念比利时独立

100周年的博物馆。蒙斯市的大钟楼高达87米，建于1661～1996年，呈四方形，是比利时唯一一座巴洛克式的钟楼。该钟楼内有49口铜钟组成的排钟。每逢夏季，该市都组织钟声音乐会，吸引来自四面八方的游客。圣沃德鲁教堂始建于15世纪，到1686年才竣工。教堂内珍藏着圣沃德鲁（Sainte Waudru）的遗骨盒。这里每年都定期举行一项宗教活动，即将圣沃德鲁的遗骨盒请出，放在一辆镀金马车上，如果马车能一次驶上教堂的斜坡便表明将风调雨顺，否则预示着会有灾难降临。教堂内还收藏有文艺复兴时期的雕塑家雅克·德·布罗克的作品。

蒙斯的艺术博物馆建于20世纪初，是一座新古典主义建筑，1968～1971年得到扩建和整修。馆内按年代收藏了16～20世纪的艺术作品，蒙斯画派作品占很大比例。瓦隆语区曾在这里举办过名为“激情的成果”的展览。纪念比利时独立100周年博物馆收藏有13000多枚古钱币，以及从史前期到第二次世界大战的陶瓷制品。蒙斯风情与生活博物馆位于17世纪的修道院旧址内，展品涉及蒙斯历史、宗教和人民生活的各个方面。装饰艺术博物馆建于19世纪，藏品有各种挂钟、镀金铜器、陶瓷、雕刻、书籍，以及其他罕见的物品。

阿尔隆（Arlon） 卢森堡省省会，位于瑟莫瓦河（Semois）畔，人口2.3万人。在古代，凯尔特人曾在此定居。在中世纪，该城已成为比利时的重要都市。由于它与法国、德国和卢森堡大公国相邻，在历史上是交通要冲，目前则成为重要的商贸中心和行政中心。阿尔隆的第三产业，尤其是教育事业十分发达，拥有著名的大学。值得参观的除罗马古迹外，还有中世纪的圣多纳教堂、圣马丁教堂、卢森堡博物馆（古代和高卢罗马时期的文物）、第二次世界大战胜利纪念馆、自行车博物馆等。

那慕尔（Namur） 那慕尔省省会、瓦隆地区政府和议会的所在地，人口10.3万人，拥有发达的商业和教育事业。该城位于默兹河与桑布尔河交会处，地处战略要地，因此在历史上屡经战乱，是兵家必争之地。正因为如此，该城筑有雄伟坚固的城墙和城堡。城内保持了古老的街道和建筑。

那慕尔是一座颇具特色的古城，每年都吸引不少参观者慕名而来。可沿小路或乘坐缆车游览。从城墙上可对该城风光一览无余。圣欧班（St-Aubain）大教堂建于1767年，由意大利建筑师比索尼设计，教堂的圆顶规模宏大，整个建筑平面呈十字架形，教堂内有五彩大理石装饰。位于菜市场的圣约翰教堂始建于13世纪，16世纪重建，哥特式建筑风格，而其钟楼为巴洛克式建筑。瓦隆地区的许多重大节日和纪念活动都在这里举行。圣卢（St-Loup）教堂由耶稣会于1645年建成，是比利时典型的巴洛克式建筑。教堂内部装潢十分考究，色彩斑斓，光线充足。圣约瑟夫教堂建于17世纪，为砖石结构建筑，其彩绘玻璃为当地艺术家所制作。

那慕尔的博物馆有：考古博物馆为文艺复兴风格的建筑，藏有公元1~7世纪（即罗马帝国、法兰克王国和墨洛温王朝时期）的众多文物，大部分文物是在那慕尔省的考古发现的。费利西安·罗普（Félicien Rops）博物馆收藏了这位1833年在当地出生的画家的油画、水粉画、素描和木刻等作品。那慕尔古代艺术博物馆展有从中世纪到文艺复兴时期的雕塑和绘画作品。此外，该城还有森林博物馆、工具博物馆、兵器博物馆，并举办香水展览和“老铁匠铺”展览等。

瓦伏尔（Wavre）　瓦隆语区布拉班省首府，人口2.8万人。瓦伏尔所在的地区山清水秀，风光秀丽。该城近年来大力发展服务、商贸和教育等第三产业，有力地带动了本地区的经济发展。

瓦伏尔的市政厅原为一座17世纪修建的教堂。该建筑在1940年曾遭德军轰炸，后重新修复和改建。该建筑正面为和谐的巴洛克风格。市政厅前矗立着一尊马卡的雕像。马卡是一个调皮的男孩，被视为瓦伏尔市居民反抗精神的象征。洗礼者圣约翰教堂建于1480年，为哥特式建筑。庞大的钟楼内有49口大钟，每小时都奏响瓦伏尔市歌《我们热爱自己的城市》。美丽的莫里斯·卡莱姆大街以出生于本市的著名诗人卡莱姆命名。卡莱姆（Maurice Carême，1899~1978）颇具天赋，他生前发表了许多描写自然风光的诗歌。这条大街着意再现了诗人笔下的景象。瓦利比（Walibi）游乐园占地60公顷，设有40多种娱乐项目，每年都吸引大量本地和外来的游客。博物馆有历史博物馆和本地生活博物馆，收藏有考古发现和当地居民的日常生活用品。

二　其他城市

巴斯托尼（Bastogne）　位于卢森堡省，人口1.2万人。该城自古以来便是阿登山地区的交通枢纽。在加洛林王朝时期，巴斯托尼便成为重要行政中心。1944年底，盟军从这里发动了对法西斯德国的军队的反攻战。目前该市建有众多“二战”纪念碑。该市的重要景点有“休战门”、麦尔达松纪念碑和圣彼得教堂等。14世纪时，为使本市居民享有和平安定的生活，巴斯托尼的四周建有城墙。休战门是遗留下来的唯一城门楼。该城楼在18世纪曾改为监狱，19世纪重修，第二次世界大战中曾遭德军轰炸。麦尔达松纪念碑建于1950年，造型为31米的五角星，以表达比利时人对参与解放欧洲的美国和同盟国军队的敬意。纪念碑铜牌上刻有76890个在阿登山战役中阵亡的将士的名字。每当夜晚，纪念碑有灯光照明。

巴斯托尼有几个博物馆。巴斯托尼历史中心以影视、沙盘、实物等形象地展示了巴斯托尼战役的场面。历史和考古博物馆馆址为18世纪建筑，展品主要是当地发掘的墓葬、工具等。

库特赖（Courtrai）　位于西弗拉芒地区，人口7.6万人。这里是1302年“金马刺战役”的发生地。19世纪时，这一战役被大力宣扬，并成为弗拉芒人反抗占统治地位的瓦隆人的宣传武器。在历史上，这里曾有凯尔特人居住，罗马帝国时期又成为重要的交通枢纽。中世纪时，为抵御外敌，该城大兴土木，建筑起坚固的城墙和工事。19世纪以来，在工业化推动下，城市又有了很大的发展。

该市有众多历史性建筑。布罗埃尔塔楼始建于中世纪，两塔之间有桥相连。市政厅位于中心广场，是一座兼有哥特式晚期风格和文艺复兴风格的建筑。大厅内色彩斑斓的玻璃窗、优美的壁画和风格独特的壁炉都具有很高的历史、文化价值。建筑内还展示着弗兰德伯爵的雕像。老钟楼始建于14世纪，后经多次整修。钟楼顶部矗立着商业之神墨丘利的雕像。圣马丁教堂始建于13世纪，最初为一小教堂，后经多次战乱毁坏，重建后才成为现在的模样。教堂为哥特式建筑，内部装饰十分讲究，有精美的圣徒雕像和宗教题材的绘画。圣母教堂建于中世纪，后多次扩建。教堂内有众多雕像和18世纪的艺术品。

库特赖市的国立亚麻博物馆建于19世纪的一个亚麻种植场内。该博物馆介绍了亚麻业在该地区历史上的重要作用，以及与亚麻加工业相关的各种活动。市立博物馆展示有不同时期的历史文物，从1302年“金马刺战役”中留下的金马刺，到各种瓷器、绘画和雕塑。奇品收藏博物馆内展示有各种与众不同的甲胄、头盔、军用飞机、时钟、乐器和人类宠物，这些都是在其他博物馆难得一见的。

欧潘（Eupen） 位于列日省内，在维斯德尔（Vesdre）河畔，人口1.7万人。1919年的凡尔赛和约把德国的东方省划归比利时，这一地区成为比利时的德语区。1973年改革后，该市成为德语区的首府。欧潘拥有丰富的自然资源和旅游资源。市内的圣尼古拉教堂建于18世纪，其内部装修和家具为巴洛克风格和洛可可风格。市立博物馆以欧潘市的历史为主题，展品包括居民服饰、金银器加工业，并设有一个钟表馆。豪斯·特奈尔（Haus Ternell）博物馆内展示了当地的动植物标本。

马林（Malines） 位于安特卫普省内，人口7.5万人。马林市从14世纪以来便成为商业中心和文化中心。该城至今保留下来的众多豪华府邸记载着当年的辉煌。1835年5月，欧洲大陆第一列火车在马林和布鲁塞尔间开通。100年后，第一条电气铁路首先在这里开通。便捷的交通使这座古老城市焕发了青春。马林的机械和化工业较为发达，其花边制作闻名全欧。

马林的野生动物园以各种动物和谐相处而闻名，并吸引来大量游客。该市的圣朗博（Saint-Rombaut）大教堂建于13世纪。最初计划修建高达167米的钟楼，以创比利时之最，后因教派冲突和财力不足，只达到97米。即便如此，登钟楼时仍要爬513级台阶。大教堂内装饰豪华考究。钟楼上最古老的铜钟造于15世纪，重达38吨。马林的王家排钟学校闻名欧洲，校址建在一座18世纪的豪宅内。马林市市政厅是一座古老的建筑，但从14世纪到20世纪不断整修，因此其各部分的建筑风格不尽一致，但别具一格。马格丽特宫是为奥地利大公马克西米利安的女儿马格丽特所建。她担任比利时总督期间使马林变成了一个艺术中心和文化中心。1849

年，人们将其雕像树立在中心广场。马格丽特宫建于16世纪，兼有哥特式和文艺复兴风格。马格丽特去世后，这座宫殿曾做过大主教官邸，后来成为市议会所在地。马林的主要博物馆有玩具博物馆。该博物馆不仅吸引孩子们的兴趣，也能使成年人回忆起童年童趣。展览分25个部分，并时常针对某一类玩具开办临时性展览。在该博物馆建筑内还设有一个民俗博物馆。市立博物馆展出有与马林市历史有关的挂毯、家具、绘画和出土文物。

圣尼古拉（Saint-Nicolas）位于东弗拉芒省，人口6.8万。该市从12世纪起便成为商业中心。19世纪，随着铁路交通的发展，该城进一步繁荣起来，纺织业巨头、富有的商贾以及教会建造的豪华房舍纷纷拔地而起。市中心广场占地3.19公顷，是比利时最大的广场。圣母教堂建于1844年，其宏大的金色圆顶上竖立着6米高的圣母雕像。市政厅始建于1844年，不久遭焚毁，1878年重建。市政厅内布置有众多绘画和雕塑。圣尼古拉教堂位于中心广场东侧，始建于13世纪，最初为哥特式建筑，后经多次改建，兼有多种建筑风格。麦卡多尔博物馆以16世纪地图绘制专家基拉尔·麦卡多尔（Mercator）的名字命名，展品包括古老的地图和测绘工具，向人们展示地图测绘的历史和技术。此外，博物馆还展览当地出土的文物。历史文化博物馆的主题包括理发史话、留声机史话等。国际藏书章中心收集了来自50多个国家的12万枚藏书章。美术展览馆收藏有16~20世纪的绘画、家具等物品。该建筑于1928年由纺织业主梅特所建，市当局于1984年将其收购并改造成美术馆。烟草与烟斗博物馆通过来自不同国家的众多香烟和烟斗，向人们展示了从15世纪烟草在美洲被发现以来烟草业的发展过程，以及它对人们生活的影响。

特尔蒙德（Termonde） 位于东弗拉芒省，处于安特卫普、布鲁塞尔和根特之间的交通要道上，现为比利时重要的工商业中心，人口4.2万人。中世纪的特尔蒙德是一个独立的城邦，从18世纪起屡遭战乱，第一次世界大战时几乎被夷为平地。市政厅是一座中世纪建筑，内藏有当地画家的作品，其钟楼内有49口铜钟组成的排钟。特尔蒙德的考古博物馆是在肉类批发市场原址上改建的，它通过展示的雕塑、绘画、兵器和传统器皿向人们介绍该市的历史文化。特尔蒙德市每十年举行一次带有巴亚尔巨型马形象的游行活动。该活动被联合国教科文组织授予“人类非物质文化遗产”称号。据说在中世纪，该城埃蒙公爵的四个儿子同骑一匹名为“巴亚尔”的巨型战马英勇反抗查理大帝的统治。战败后“巴亚尔神马”被投入河中溺死。

通格莱斯（Tongres） 位于林堡省，是比利时最古老的城市之一，人口 2.9 万。该城在罗马帝国时期便是重要的经济中心。当时，该城由高大的城墙所保护，目前残存的城墙仅剩 1 公里多。荷兰的第一个主教堂便设在这里。公元 5 世纪，城市屡遭兵火，主教堂便迁往马斯特里赫特。1677 年，法王路易十四的军队几乎将该城全部焚毁。比利时独立后，通格莱斯开始重建并再度繁荣起来。

该城最著名的建筑有圣母大教堂。这一哥特式建筑始建于 1240 年，完工于 1541 年。1677 年的一场大火使大教堂严重烧损，后来花费大量人力、物力才得以修复。该教堂所在地曾是 4 世纪一个基督教崇拜场所的遗址，后经历了长期的建筑过程，所以人们在这里不断有新的发现。大教堂内的发掘和修复工程长年不断。这里珍藏的宝物有一颗罗曼风格的耶稣头颅雕像和一枚制作精美的墨洛温王朝时代的金制扣钩。通格莱斯的市政厅建于 1738 年，综合了古典主义与洛可可式的风格。内部的家具和摆设也是 18 世纪的。大厅底层是一个临时性展览厅，展品有中世纪的雕像、金银制品、陶器、钱币、木雕等。圣母大教堂对面的大广场上矗立着一尊昂比奥里克斯（Ambiorix）的纪念铜像。据说，他是当地居民部落的首领，曾勇敢地抗击罗马帝国军队的占领，并重创敌军。该雕像由艺术家茹尔·贝尔丁（Bertin）于 1866 年完成。该城 1957 年修建了一座象征城市自由权的台阶形建筑。

该城的美术博物馆藏有高卢罗马时期的文物。该博物馆经过整修，于 1994 年重新开放，展品的布置按照年代不同，由底层到高层分别安放在不同楼层。军事博物馆设在通格莱斯城的老城门处。公元 2 世纪时，罗马军队为守卫该城，修建了 4.5 公里的城墙。现在留下的只有部分遗迹。1379 年，通格莱斯重新修筑了城墙，并建有 6 座城门。其中一座城门成为军事博物馆所在地。军事博物馆内展出有当地民兵的兵器和日常用品，以及该城防御工事的沙盘和模型。

图尔内（Tournai） 图尔内位于埃诺省，工业发达，人口6.7万人。该市与通格莱斯、阿尔隆同属比利时最古老的三座城市。图尔内建于公元前600年，克洛维曾将其作为法兰克王国的第一都城，后来才选择了巴黎。9世纪遭“蛮族”抢掠后，图尔内不断受到异族的统治。但在12～15世纪期间，该城显示出它的繁荣。由于受法国庇卡底地区影响，该城居民还形成了自己的方言。

图尔内的圣母大教堂用当地石料建造而成，其钟楼高达83米，兼有罗曼式和哥特式风格。大教堂内的珍宝室藏有13世纪的艺术大师尼古拉·凡尔敦制作的圣人遗骸盒，它被人们视为比利时的国宝之一。每年9月的第二个礼拜日，人们都要请出圣人遗骸盒并举行祭奠仪式，感谢曾将该城从瘟疫中拯救出来的“黑圣母”。该市的钟楼高达72米，是比利时最古老的钟楼。它建于12世纪，并经过多次维修。钟楼是为纪念菲利普·奥古斯特赋予该城自由权而建。在19世纪以前，钟楼被用为监狱。它的43口排钟按时奏响《图尔内人在此!》的乐曲。特鲁桥建于13世纪，是一名军队建筑师的杰作。桥洞装有可升降的巨型围栏，以便在洪水发生时调节埃斯考河河水的流量，保护城市的安全。

图尔内的美术博物馆建于1928年。该建筑风格独特，光线和空间布局新颖。馆内展出有从中世纪到当代的众多艺术家，如鲁本斯、马内、梵高等人的杰作。考古博物馆藏有史前期、高卢罗马时期和墨洛温王朝时期的兵器、瓷器、玻璃制品和珠宝首饰等。自然历史博物馆建于1829年，展出来自世界各地的众多脊椎动物和昆虫的标本。兵器与军事史博物馆设在亨利八世堡垒内，该堡垒是1513～1518年英国人占领该城的见证。馆内展出了来自不同国家的兵器、头盔和军装。装饰艺术博物馆展出的是当地生产的锡器和瓷器。18～19世纪，瓷器生产是图尔内的重要经济活动。展品中还包括当年奥尔良公爵订购的餐具。

伊普尔（Ypres） 位于西弗拉芒省，人口3.5万人。该城处于多条商路交会处，所以从11世纪便发展为重要的商业中心。商贾们经营的有羊毛和呢绒制品。到13世纪，伊普尔已有居民4万多人。伊普尔在第一次世界大战中饱受劫难，现在城里仍有不少战争破坏的遗迹。第一次世界大战纪念馆以大量展品生动形象地表现了战争的残酷以及战争给伊普尔人民带来的苦难。莫南门是为缅怀1917年8月15日在伊普尔阵亡的5万多英军士兵而树立的纪念性建筑。他们的名字都雕刻在上面，每晚8点整都有为死者追魂的乐曲奏响。

市中心的大广场四周是众多历史性建筑，如呢绒市场、市政厅、老相府、司法大厦等。呢绒市场建于13世纪末，正面为哥特式风格，长约125米，48扇大门一字排开，中间高耸的钟楼高达70米，内有49口铜钟组成的排钟。从钟楼可鸟瞰伊普尔全景。毗邻呢绒市场的市政厅建于1622年，也是风格幽雅的建筑。这些古老建筑都在第一次世界大战中遭到严重损毁，但市政当局成功地将它们“整修如旧”，再现了历史的原貌。伊普尔还有其他历史性建筑。圣马丁大教堂从13世纪初动工，15世纪才修建完成。教堂内的收藏包括著名雕塑、绘画，以及冉森教派创始人冉森主教的墓碑。贝尔博物馆原为济贫院，始建于1276年，后经多次整修。该博物馆的收藏十分丰富，有绘画、家具、银器和宗教用品。

伊普尔是比利时最吸引旅游者的城市之一。该城的抛猫节最为著名。该节日每3年举行一次，在5月的第二个星期日举行。节日仪仗队由2400多名群众演员组成，他们簇拥着足蹬皮靴的猫王及其一家。抛猫开始时，装扮成宫廷小丑的演员把猫王一家从钟楼顶部推下去。19世纪初以前，人们是将活生生的猫从钟楼抛下，现在则是由象征物替代。

第二章

历　史

第一节　上古与中古简史

一　古代社会（远古至公元 843 年）

比利时人的祖先是公元前一万年即定居在这块土地上的克尔特人。因此，克尔特人被称为"比利时先人"。公元前 57 ~ 前 51 年，恺撒统率的罗马军队征服了这里的克尔特部落，并将其作为罗马的行省——贝尔吉卡行省。恺撒将这里的居民称为"比利奇人"（Belgae，Belges），意为"联合者"。从公元 3 世纪起，法兰克人的日耳曼部落开始突破罗马人在莱茵河上的壁垒，侵入并占领该地。从公元 4 世纪起，比利时成为法兰克王国的一部分。从 5 世纪到 843 年，庞大的法兰克王国形成后，比利时成为其核心部分。

二　封建与专制时代（公元 843 ~ 1789 年）

1. 洛塔林吉亚时期（843 ~ 1384 年）

9 ~ 13 世纪，比利时领土隶属于不同的君主，西部为法国国王，东部为德意志皇帝，并由当地的总督统治。只有列日公国从公元 1000 年起由帝国皇帝和教皇任命的一位"主教亲王"统治，如同一个独立小国。

公元 814 年，查理大帝去世后，强大的法兰克帝国陷入战乱。公元 843 年，根据《凡尔登条约》，帝国一分为三，洛塔尔得到比利时所在的中间部分，史称洛塔林吉亚。不久分裂，成为若干互不相属的诸侯国。9世纪中叶，比利时西部（弗兰德伯爵领地）归西法兰克，东部归东法兰克。11世纪形成了康布雷、列日、乌得勒支等侯爵领地和布拉班、赫尼部、那慕尔、林堡、卢森堡等伯爵领地的封建割据局面。在弗拉芒和布拉班地区自10世纪起就出现了最早的城市，自1071年起发展成为欧洲第一批城市公社。这些城市公社通过与东欧、南欧、拜占庭和东方的贸易，得到很大发展。11～12世纪，城市居民为摆脱封建领主的控制和压迫而开展斗争，蓬勃兴起的城市与各诸侯国之间常年混战。

12～13世纪，比利时呈现出城市内部斗争同封建领主之间的内讧，以及同邻近大国——英、法、德意志帝国——的利害冲突交织在一起的复杂局面。1214年7月，布文战役后，比利时的弗拉芒地区被法王控制。1280年，弗拉芒的布鲁日、伊珀尔以及其他城市爆发人民起义，城市贵族为了镇压起义而求助于法王菲利普四世，结果使弗拉芒地区于1300年完全并入法国。法国地方官员的勒索激起人民的不满。1301年和1302年布鲁日的手工业者奋起反抗法国人和城市贵族。1302年7月11日，在“金马刺战役”中，手工业者和城市步兵联合弗拉芒的农民在科特赖克附近打败了法国的骑士军。此次战役意义深远。

1337～1453年，英法百年战争期间，比利时所属的根特城市贵族残酷压榨织工，引起暴动。英、法借机进行干涉。到1384年，根特在接受大赦和保存城市自由的条件下，承认法王之弟勃艮第公爵“大胆”菲利普的统治，弗拉芒地区归属勃艮第公国。

2. 勃艮第王朝统治时期（1384～1555年）

1384年，比利时的弗拉芒地区转属勃艮第公爵后，各诸侯国逐渐归附和并入勃艮第。勃艮第王朝在15世纪陆续取得那慕尔、布拉班、林堡、赫尼部、荷兰、泽兰和卢森堡等领地。比利时逐渐统一。在此过程中，“大胆”查理专制集权又穷兵黩武，因而激起强烈的反抗。1477年1月，查理战死在围攻南锡城的战场。勃艮第王朝的继承人——查理之女玛丽在内忧外患的关头，嫁给德意志皇帝之子马克西米利安大公。于是，比利时所属的勃艮第便开始归哈布斯堡家族统治。1495年，统治勃艮第的哈布斯堡家族又和卡斯蒂利亚王室（今西班牙）缔结了双重姻盟：“美男子”菲利普娶了西班牙的“疯女”胡安娜；菲利普的妹妹玛格丽特嫁给了胡安娜的兄弟唐璜。1516年，“美男子”菲利普与“疯女”胡安娜之子查理五世成为西班牙国王，又于1519年当上神圣罗马帝国皇帝。至此，勃艮第王朝终于形成一个具有17个省的政治实体。但它仍只能称为勃艮第集团或尼德兰，因为它并非一个真正统一的中央集权国家，而只是勃艮第家族不断用爵位和勋章拉拢和收买贵族的结果。各省仍保持着它们的自治权。

1555年，查理五世正式禅位前3年，他把对勃艮第（尼德兰）17个省的统治权让给其子，即西班牙国王菲利普二世。从此，比利时所在的尼德兰成为西班牙的一部分。

3. 西班牙统治时期（1555～1713年）

菲利普二世身为西班牙尼德兰的国王，但长期住在西班牙。直到1595年去世，他也未去过其属地尼德兰，而是将它移交给其妹——帕尔马的玛格丽特。由于西班牙的专制统治和对新教徒的残酷迫害，大批新教徒被迫逃往尼德兰北部的河湖纵横地区。西班牙总督阿尔瓦对民众的反抗采取残酷镇压手段，由此引发民众的反抗。经过断断续续80年的战争，最后爆发了由奥伦治亲王（“沉默者”威廉一世）领导的尼德兰北部各省的武装暴动。比利时所属的尼德兰南部各省也加入了起义。根据明斯特和约，西班牙承认尼德兰北部联省即荷兰的独立，但尼德兰南部仍未摆脱西班牙及其总督的控制。从此，尼德兰分裂成两部分。南部尼德兰遂成为列强角逐中任意摆布的对象。1713年《乌特勒支和约》的签订结束了西班牙王位继承战争，原由西班牙统治的南部尼德兰各省（今比利时）改由奥地利的哈布斯堡家族统治。

4. 奥地利统治时期（1713～1795年）

在哈布斯堡家族统治下，南部尼德兰虽基本结束了连年遭受战争和侵犯的处境，但仍无自主权，只是被奥地利统治和剥削的行省而已。代表奥地利皇帝的总督享有无限权力，实行专制统治。1789年，在法国大革命的影响下，爆发了反对奥地利专制统治的“布拉班革命”和“列日革命”。革命者击败了奥地利军队，并成立了比利时合众国。1794年，奥地利军队在弗勒吕斯被法国击败并赶出比利时。1795年10月10日，新十一月党的国民公会宣布比利时并入法国。根据1797年签订的《康波福米奥条约》，奥地利被迫承认法国对比利时的占领。

在语言边界的北部，人们操低地德意志的各种日耳曼方言，其名称因地而异，以后演变成各种弗拉芒方言，从19世纪起逐渐成为单一的方言，最后成为荷兰语（弗拉芒语）。在法国统治时期，弗拉芒资产阶级也经常讲法语，这就是操法语的弗拉芒人。在语言边界的南部，各种高卢－罗马方言经过长期演变逐渐成为后来的法语。

第二节 近代简史

一 被占领与合并时期（1795～1830年）

1. 法国占领时期（1795～1815年）

在法国占领的20年中，法国统治者对比利时人民横征暴敛，并采取宗教迫害和强行征兵等政策。尤其是拿破仑帝国连绵不断的扩张和侵略战争，给比利时带来了沉重的苦难。这迫使比利时人民不断奋起反抗，多次发动起义。1815年，拿破仑在滑铁卢一战被欧洲联军打败。拿破仑后来的“百日政变”也很快被扑灭。法国对比利时的占领和控制宣告结束。但是，比利时并未因此获得独立自主。由于欧洲列强尤其是英国——担心法国的扩张势力卷土重来，所以决定在法国西北边界建立一个强有力的“屏障国家”。在1815年的维也纳会议上，比利时各省被正式移交给荷兰国王威廉一世。于是，比利时与荷兰组成了一个联合王国——尼德兰王国。

独立前的比利时一直是欧洲列强相互争夺、任意宰割的对象。这导致它的政治边界与自然边界极不吻合。它同荷兰的边界是由1648年《明斯特条约》规定的；它同法国的边界则是由1713年《乌特勒支和约》规定的。

长期被欧洲列强分割和统治的比利时逐渐产生了独立自主意识。1789年法国大革命爆发后，在国家独立理念的鼓舞下，布鲁塞尔和列日兴起了民族解放运动。1790年在布鲁塞尔宣布比利时联合王国的成立。但不久，奥地利侵入布鲁塞尔和列日，并恢复其统治。1794年弗勒吕斯战役后，法国从奥地利手中夺取了比利时。最初，法国的“解放军”受到欢迎，因为他们摧毁了旧制度，恢复了公民自由。但后来，法国占领军的强行征兵和横征暴敛引起了比利时人的不满。

2. 奥伦治家族统治时期（1815～1830年）

在1815年的维也纳会议上，欧洲列强为削弱法国，决定将比利时交由荷兰统治。这种人为的强行合并产生了一系列不良后果。比利时人对列强的摆布和荷兰统治者的专横深恶痛绝。首先，南、北两方的经济差异和对立十分明显：在经济相对落后的南方——比利时，无论从事农业或工业的人都主张实行贸易保护主义；而在工商业发达的北方——荷兰，大部分工商业主要求实行自由贸易。其次，宗教方面的对立也十分突出：北方公开信仰新教——加尔文教；南方则一律信奉天主教。此外，语言方面的矛盾也异常尖锐：南部讲法语；北部讲荷兰语，且人口比讲法语的多。在奥伦治家族统治下，比利时人的权益受到严重侵害。威廉一世先是取缔教会学校，继而把比利时的官方语言改为荷兰语。这必然激起比利时各阶层的反对。1828年，比利时自由党和天主教党联合组成“反对派”联盟，为废除新税和争取法律上的平等地位而斗争。长期受异族统治的比利时人此时已具有了强烈的自由和民族意识。他们通过政治手段要求实行彻底的政治改革，并渴望摆脱荷兰的统治而取得某种形式的独立，建立起属于比利时人民的新国家。所以，当法国1830年革命推翻波旁王朝后，布鲁塞尔和列日人也随之发动起义，推翻了荷兰的统治，取得了比利时的独立。

二 从独立到第一次世界大战（1830～1918年）

在法国七月革命的影响下，1830年8月25日，布鲁塞尔民众发动了反对荷兰统治者的起义。荷兰国王威廉一世长子奥伦治亲王到布鲁塞尔与起义者谈判未果，于是便派弗里德里希亲王率领军队镇压起义者。经过激烈的巷战，荷兰军队败退。9 月 25 日，自由资产阶级和自由贵族组成了临时政府。11 月 18 日，比利时国民大会的 200 名代表在布鲁塞尔集会，宣告比利时独立。此后，起义扩展到全国。1931 年 1 月 20 日，英国、法国和普鲁士参加的伦敦会议承认比利时的独立，并保证它的永久中立。2 月 7 日，国民大会颁布比利时宪法，规定比利时为世袭的君主立宪国。6 月 4 日，国民大会选举萨克森 - 科堡的利奥波德亲王为国王，称利奥波德一世（1831 ~ 1865 年在位）。荷兰军队入侵比利时后，利奥波德一世请求法国保护。法国军队开进比利时，荷兰军队被迫撤出比利时。1839 年，比利时与荷兰签订和约，把林堡省与卢森堡省大部划归荷兰。荷兰承认比利时为独立国家，并由英、法、普、俄等国保障其永久中立地位。

独立后的比利时在社会经济方面得到迅速发展。1831 ~ 1870 年，它的煤炭和冶炼工业的发展尤其显著。19 世纪末，比利时开始从自由资本主义向帝国主义过渡。在此期间，它参加了欧洲列强对非洲的瓜分。从 1876 年起，比利时侵占刚果领土，从那里掠夺大量橡胶、象牙等资源。1908 年刚果自由邦成为比利时殖民地。

20 世纪初，欧洲两个帝国主义敌对集团逐渐形成。虽然比利时奉行中立外交，但德国制定的施利芬计划仍将其列为进攻目标。第一次世界大战爆发后，1914 年 8 月 4 日，德国军队大举侵入比利时，结果遭到比利时军队的顽强抵抗。经过两周的血战，德国才得以进入布鲁塞尔。比利时军队在安特卫普坚持战斗，最后退至伊泽尔河西岸固守，直到 1918 年转入反攻。在整个战争中，国王阿尔贝一世作为比军统帅坚持留在国土上，比利时政府则撤到法国西海岸的勒阿弗尔市。

德国把征服比利时作为其西线战争目标的核心步骤。占领比利时后，德国决定将比利时降至其“属国”地位。为此，占领军大力鼓动极端主义的弗拉芒运动，收买和拉拢弗拉芒地区愿意投靠德国的“合作者”。1916 年，德国将比利时的人文科学和自然科学部分成弗拉芒语和法语两部分，重新开办根特大学作为弗拉芒语的学府，并策划将比利时划分为两个行政单位。此举遭到多数比利时人的反对。在战争中，比利时在人力、物力和财力上遭到巨大损失：军民伤亡达 10 万人；被流放到德国服役的有 12 万人；全国 80% 的熔铁炉、40% 的铁路遭到损毁。

第三节 现代简史

1918 年 11 月，德国在英法联军的沉重打击下被迫求和，第一次世界大战宣告结束。比利时随即光复。战后比利时很快恢复了经济生产，到 1924 年便达到战前水平。在对外关系方面，1919 年比利时接管了德国在非洲的殖民地卢旺达和布隆迪，并实行委任统治。1920 年与法国结成军事同盟，1921 年与卢森堡缔结经济同盟，1925 年加入《洛迦诺公约》。

从 20 世纪 30 年代起，比利时受到世界性经济危机的影响，社会政治矛盾激化，国内法西斯势力增长并试图发动政变。在欧洲法西斯势力猖獗和战争阴云密布的情况下，1936 年 10 月，即位不久的利奥波德三世（1934～1950 年在位）宣布比利时退出《洛迦诺公约》，奉行“绝对中立”的外交路线。但这并未能使比利时摆脱陷入战争的命运。

1940 年 5 月 10 日，法西斯德国以武装入侵破坏了比利时的中立。比军进行了短暂的抵抗，比利时国王利奥波德三世于 1940 年 5 月 28 日宣布投降。比利时因此丧失了独立。比利时政府流亡英国，继续抗战，并把殖民地、商船队和黄金储备交由盟国支配。比利时人民积极展开反法西斯斗争。他们出版地下刊物宣传抗战，向盟军提供军事情报，建立秘密协助英军回国的“彗星”逃亡联络线，开展怠工、破坏和暗杀德军及比利时奸细等活动。1944 年 9 月，比利时整个领土获得解放。

在法西斯德国占领比利时的 4 年多时间里，比利时人民遭受到极大的生命损失和物质损失。比利时抵抗运动成员被杀害 1.6 万人，在比犹太人从战前的 9 万人减至 2.3 万人，有 25 万比利时人被押往德国服劳役。战后，比利时很快恢复了经济繁荣。1944 年比利时同荷兰、卢森堡结成关税同盟（1958 年发展为比、荷、卢经济同盟），并同法国、英国、卢森堡和荷兰缔结区域性防御组织。

第四节　当代简史

一　王位危机与外交政策

第二次世界大战结束后，比利时国内围绕国王的地位问题发生了严重分歧和激烈争论。利奥波德三世在德军入侵后拒绝流亡英国，并率领军队无条件投降，在占领军的“保护下”苟且偷安。因此，在伦敦流亡的比利时政府不再承认他的国王地位，并于 1944 年 9 月指定其弟查理亲王为摄政王。利奥波德三世没有对国家和民族尽到应有的义务，却在国家光复后要求回国复位。不同党派和地区在此问题上发生了严重对抗，语言和民族矛盾进一步加深。从地区上讲，北部弗拉芒区多数人表示赞成国王复位，而南部瓦隆区多数人反对国王复位。从党派上讲，天主教党声明赞成，社会党和自由党则表示反对。比利时当局为此举行了公民投票，结果全国 57% 的选民赞成。议会随后做出相应决议。1950 年 7 月 22 日，利奥波德三世从瑞士返回布鲁塞尔。但比利时发生了大规模的抗议示威和罢工运动，并出现了流血冲突，全国处于动乱状态，局势濒临失控。在这种严重情况和巨大压力下，利奥波德三世只得于 8 月 11 日宣布让位于其长子博杜安，局势遂告平息。

1949 年 4 月，比利时加入北大西洋公约组织。1958 年比利时加入欧洲经济共同体。在比属刚果人民长期反抗殖民统治的斗争之下，比利时 1960 年初在布鲁塞尔会议上被迫同意刚果于同年 6 月 30 日独立。但在 7 月 13 日，比利时对新成立的刚果共和国发动军事袭击。在遭到国际舆论的谴责后，比利时才不得不撤军。1962 年 7 月 1 日，比属卢旺达和布隆迪宣布独立。至此，比利时在非洲的殖民统治结束。比利时政府对外强调欧美团结，缓和东西方关系，发展同第三世界的合作。1971 年 10 月 25 日，比利时与中华人民共和国建立外交关系。

二　民族语言冲突与联邦制改革

1. 历史遗留的民族和语言矛盾

比利时从古代起便受到拉丁文化和日耳曼文化两种文化的影响。这造成了该国多元文化的特点，并表现为在语言、民族方面的冲突。

1968 年，弗拉芒语区的学生掀起了声势浩大的学潮，抗议位于语言分界线以北的鲁汶大学设立法语部，强烈要求该校法语部迁往语言分界线以南，并最终迫使鲁汶大学法语部南迁 18 公里，到奥蒂尔建立新校。从所有数百年历史的著名学府被一分为二。这就是著名的“鲁汶大学事件”。

语言矛盾的尖锐化表现在社会和政治生活各方面。弗拉芒语区和法语区的青年拒不学习对方的语言而宁愿讲第三种外语。主要政党也因语言和民族分歧而发生分裂，1968 ~ 1979 年间，基社党、社会党和自由党先后一分为二。与此同时，比利时还规定政府各部大臣、副大臣、国务秘书讲两种语言的人数必须相等。政府和议会有关部门也不得增设许多双重机构。多数比利时的军队也是按语言分编的，这无疑给军队指挥造成诸多不便。这种冲突将如何发展、会对比利时的前途造成何种后果，这些问题受到比利时政治家和学者的极大关注。

20 世纪 70 年代后，由于国内经济危机和民族语言矛盾激化，比利时政局十分不稳。1968 ~ 1981 年内阁更迭 10 次。1981 年 11 月提前大选，12 月 17 日，马尔滕斯组成荷语基督教人民党、荷语自由进步党、法语革新自由党和法语基督教社会党四党联合政府。政府协调内外政策，制订 3 年经济紧缩计划，国内政局才逐渐趋于稳定。

2. 实现联邦制

继震撼全国的“鲁汶大学事件”发生后，比利时为解决日益尖锐的民族和语言冲突，从 1970 年起进行了四次向联邦制转变的重大改革，并对宪法进行了相应修改。

1970 年，比利时首次进行国家体制改革，撤销了中央政府的文化部，成立了法语、弗拉芒语和德语三个语言区政府，各语言区议会有权颁布具有法律效力的政令，从而在比利时历史上首次由各语言区独立制定和实行语言文化政策。1975 年 5 月，比利时各政党经反复协商，提出了一个《埃格蒙计划》，作为各政党共同遵守的纲领。该计划进一步扩大了三个地区的自治权，被称为“联邦制的雏形”。

1980 年，比利时进行了第二次体制改革，通过特别法，成立了弗拉芒和瓦隆两个大区政府，负责本地区的经贸、社会、领土整治、住房交通等事务。大区议会同样有权颁布具有法律效力的政令，从而在比利时政治体制地区化方面迈出了一大步。语言区政府的职能则继续扩大到与语言和居民日常生活有关的领域。弗拉芒语区与弗拉芒大区的议会、政府机构实行了合并。

1988～1989 年进行了第三次改革，成立了布鲁塞尔首都大区，它享有与弗拉芒和瓦隆两个大区同等的地位，为双语区。教育权和财政立法权进一步下放到语言区，公共工程权则下放到大区。

1992～1993 年进行了第四次改革，比利时各方达成了《圣米歇尔协议》，并获得了参、众两院的批准。1994 年 2 月，比利时参、众两院通过了修改后的宪法，这是自 1831 年以来比利时第一次对宪法进行重大修改。它将 25 年来国家体制改革的成果以国家根本大法的形式确定下来，使比利时正式成为联邦制国家。

三　实行联邦制后的变化

1. 修改后的宪法

新宪法规定：“比利时是一个由语言区和大区组成的联邦国家。”根据宪法，国王仍为国家元首，但其任何决策都必须得到议会通过、内阁大臣签字方可生效。因此国王更具象征意义。实行联邦制后，中央的权力进一步下放，地区的自主权明显扩大。除外交、货币政策和社会保障制度等属联邦政府统管外，外贸、科技、社会、领土整治、环保、能源、住房、交通等职能均属大区政府主管。参、众两院的权力平衡不复存在。由众议院行使立法权，而参议院仅有建议和咨询权。两院议员人数减少，各级议会均通过直接选举产生，取消议员兼职的做法。

实行联邦制后，各大区和语言区的职权扩大，部分满足了地方分权的要求。地区间、语言区间的矛盾有所缓解，分离主义倾向受到一定的抑制。比利时政界认为这是比利时通过和平方式的政治改革维护国家统一和抵御分离主义的成功经验。

2. 20 世纪末的政治生活

1995 年 5 月 21 日，比利时举行联邦制后的首次立法选举。比利时公民第一次通过直接选举方式选出了联邦议会（参议院、众议院）、三个大区议会（瓦隆大区、弗拉芒大区和布鲁塞尔首都大区）和三个语言区议会（法语区、德语区、荷语区与弗拉芒区合一议会）。在联邦众议院的 150 个席位中，法语社会党、荷语社会党和荷语基督教人民党、法语基督教社会党共占 82 席，为多数派。法语生态党、荷语生态党、弗拉芒人民联盟党等反对派为少数派。选举结束后一个月，组成了由法语社会党、荷语社会党、荷语基人党和法语基社党四党联合执政的联邦政府。

1999 年，比利时同时进行了联邦、大区、德语区和欧洲议会选举。联邦参、众两院选举的结果显示，自由党党团在两院都开始成为第一大党团（参议院 20 席，众议院 41 席）；社会党党团为第二大党团（参议院 16 席，众议院 33 席）；基督教党党团降为第三大党团（参议院 15 席，众议院 32 席）。荷语基人党和法语基社党执政联盟因处理司法丑闻不力，振兴经济乏术并受当年爆发的“二噁英”事件的冲击，在选举中双双失利而沦为反对党。值得注意的新动向是，生态党党团为第四大党团（参议院 11 席，众议院 20 席），成为比利时政坛上又一个有重要影响力的政治集团。极右的法语国民阵线只占众议院的 1 席；极右的弗拉芒集团的席位则有所上升（在参议院从 1995 年的 3 席上升到 6 席，众议院从 11 席上升到 15 席）。选举后，成为第一大党的自由党、荷语和法语社会党及生态党组成了联合政府。赫尔曼·德克罗任众议院议长，阿尔芒·德戴克尔任参议院议长。新政府由荷语、法语自由党、荷语、法语社会党、荷语、法语生态党六党联合组成，成员包括 15 名大臣和 3 位国务秘书。

这次选举结果表明，比利时没有一个党团可以左右政局，甚至某两个党团的席位加起来也不超过议会的半数。这导致比利时政坛的两个新特点：一是政治的多元化，传统党团在议会中的席位有所下降，其他党派的席位则有所增加；二是政治的复杂化，需要不断进行跨党协商和联盟重组，以便组成多党联盟政府。

2000年，比利时的政府基本保持稳定，经济发展较快。自由党、社会党和生态党组成的联合政府1999年7月上台后，大力推行“面向21世纪”的改革纲领，取得了良好效果。各联合执政党之间虽时有摩擦，但尚能相互协调，保持了政府的基本稳定。在2000年10月的地方选举中，自由党力量继续上升，社会党影响有所回升，生态党得票出现重大突破，左翼政府的执政地位得到巩固和加强，为顺利执政和改革创造了良好条件，也有利于比利时在2001年欧盟轮值主席国任内发挥应有的作用。但是，比利时政局也存在一些不安定因素：生态党的参政可能增加政府内部的摩擦，语言文化区之间的矛盾难以根本解决，极右势力在北方的抬头也加大了其通过地方政权干预国家政治的可能性。

3. 创纪录的“无政府”危机

2010年4月，由语言纷争造成的政治危机和民族认同危机再度出现，并导致比利时陷入了前所未有的长期“无政府”状态。

2010年4月22日，由于荷兰语政党与法语政党围绕布鲁塞尔首都大区的3个行政区划问题的谈判破裂，荷语开放自由党宣布退出执政联盟，首相莱特姆因担心施政不畅而向国王阿尔贝二世递交辞呈，并宣布解散政府。6月13日，比利时举行全国立法选举。由于党派林立，得票分散，没有一个政党获得过半数的单独组阁权，因此只能筹组联合政府。然而，得票最多的7个政党分成法语区和荷语区两大阵营，在治国理念、国家体制改革和经济政策等诸多问题上出现尖锐对立，使组阁难以实现。

大选过后，比利时国王先是任命弗拉芒大区第一大党“新弗拉芒人联盟”领导人德韦弗负责组阁。但是，该联盟的分裂主义主张和施政理念难以在联邦议会获得多数支持。2010年7月，德韦弗只得向国王辞去组阁工作。随后，阿尔贝二世任命法语区社会党领导人迪鲁伯组阁。迪鲁伯经过一个多月的努力后，也不得不向国王辞职。因为荷语区政党对他“不予理睬”，“新弗拉芒人联盟”宣布退出谈判……此后，国王阿尔贝二世先后六次任命 7 位协调人负责组阁事务，但均以失败告终。法语区政党和荷语区政党各持己见，相互指责，争吵不休。一年多过后，莱特姆首相还在“看守”政府。2011 年 9 月，莱特姆宣布辞职，之后进入经济合作与发展组织任职。比利时国王阿尔贝二世立即指派社会党领导人迪鲁伯出面协商，促成共识，为执政联盟建立平台。又经过数个月的艰苦协商，8 个政党终于就布鲁塞尔首都大区归属问题达成原则协议。2011 年 12 月 6 日，迪鲁伯终于正式组成新一届联邦政府，从而结束了此次长达 18 个月的“无政府”危机。

第五节 著名历史人物

在比利时的历史上，曾出现过不少著名人物，其中包括国家首脑、政治家和宗教人士。他们在比利时的社会和政治生活中发挥过重大作用，甚至在世界范围内产生过重要影响。

一 历代国王

利奥波德一世（Léopold Ier, 1831 ~ 1865） 比利时开国君主，原为德国贵族，先与英国王位继承人夏洛特公主结婚，夏洛特去世后，于 1832 年续娶法国国王的长女。这种与大国的联姻关系有利于保证比利时的独立、稳定和外交平衡。利奥波德一世在位 34 年，建树颇多。

利奥波德二世（Léopold Ⅱ, 1865 ~ 1909） 利奥波德一世之子，比利时第二任国王。在他执政期间，比利时经济发展迅速。该国很快成为欧洲工业发达国家和世界第四贸易强国，并在非洲进行殖民扩张，占领刚果（金）。

阿尔贝一世（Albert Ier, 1909 ~ 1934） 利奥波德二世的胞弟菲利普亲王之子，比利时第三任国王。在位 25 年中，他因所做的两件大事而受到比利时人民的尊敬。一是在第一次世界大战中指挥抵抗德国入侵的自卫战争，二是进行政治改革，实行公民普选制和语言改革法，第一次使荷兰语和法语一样成为官方语言。这些改革缓解了国内矛盾。

利奥波德三世（Léopold Ⅲ，1934～1950） 阿尔贝一世的长子，为比利时历史上争议最大的国王。他在位期间，国际形势复杂，比利时内外交困，既面临30年代世界经济危机的冲击，又受到纳粹德国的威胁。1940年5月10日，德军大举入侵比利时，比利时军队只抵抗了18天。利奥波德三世率领军队无条件投降，成为德国人的俘虏。在伦敦流亡的比利时政府不再承认他的国王地位，并于1944年9月指定其弟查理亲王为摄政王（1950年摄政结束后，查理亲王因为家庭原因而隐居，1961年放弃王室地位，自贬为平民）。第二次世界大战后，利奥波德三世王位恢复问题引起比利时国内前所未有的政治危机。利奥波德三世于1950年8月11日宣布让位于其长子博杜安，局势遂告平息。退位后的利奥波德三世主要从事科学研究和地理探索活动，并于1983年9月去世。

博杜安一世（Baudouin Ier，1950～1993） 比利时第五任国王。1930年9月7日生于布鲁塞尔，为利奥波德三世和王后阿斯特里德之子。1940年德国法西斯入侵比利时后，其父向侵略军投降，全家被软禁在布鲁塞尔的拉肯宫。1944年转至奥地利。1945年美军进入奥地利后获释。1945～1950年随父移居瑞士，并在日内瓦圣托万中学读书。1950年回国。由于利奥波德三世遭到人民反对而被迫退位，他继任国王，宣誓行使国家元首职权，并被授予空军中将军衔。他继位时年仅21岁，是比利时历史上最年轻的国王。1960年12月，博杜安一世与西班牙贵族法比奥拉结婚。博杜安一世对政治、经济、社会、文化有广泛兴趣，通晓法语、荷语、德语和英语。曾于1981年5月访问中国。他在位期间，比利时的经济发展很快，但语言和民族矛盾日益尖锐。博杜安国王与王后无嗣，其胞弟于1993年8月9日继承王位，称阿尔贝二世。

阿尔贝二世（Albert Ⅱ，1993～2013） 比利时第六任国王。1934年6月6日生于布鲁塞尔。1959年娶意大利人帕奥拉为妻。1993年获陆军中将和海军中将军衔。阿尔贝二世曾于1975年和1993年两次以亲王身份访华。其长子菲利普亲王生于1960年，被定为王位继承人。2013年7月3日，阿尔贝二世发表电视讲话，宣布他因健康原因将退位，并将王位传给王储菲利普。7月21日，即比利时国庆日，阿尔贝二世正式签署退位文件，菲利普亲王宣誓就任新国王。

菲利普一世（Philippe Ier，2013～ ） 菲利普一世即比利时现任国王。菲利普一世生于1960年4月，他曾就读于斯坦福大学和牛津大学，在服役时获得比利时空军战机驾驶证。由于他生性内向、不喜交际，人们看到的菲利普不是在乡间骑车就是在林中散步，而不像其他贵族子弟那样出入夜店。菲利普的妻子玛蒂尔德王妃出身比利时贵族。她原是一名语言治疗师，会说英语、法语、荷兰语和意大利语，喜欢旅游。她1999年与菲利普结婚，是比利时王室第一位本国出生的王储妃。这使许多比利时人对王室重新产生敬意。菲利普曾多次访问中国，2008年来京观看奥运会开幕式，2010年出席上海世博会。2011年，中国与比利时建交40周年，时任王储的菲利普与妻子带团访问中国，他们还参观了颐和园。2015年6月，菲利普首次以国王身份访华。

二 主要政治家

马尔滕斯（Wilfried Martens，1936～2013） 比利时前首相。1936年4月19日生于东弗拉芒省根特市北斯丁格村一个农民家庭。他7岁丧父，靠政府助学金读书。1955～1959年马尔滕斯在鲁汶大学学习，获法学和哲学博士学位。在校期间曾任弗拉芒天主教学生联合会主席和弗拉芒人民运动新闻负责人。毕业后在根特任律师并开始投身政治活动。1960～1964年任弗拉芒人民运动领导人，是两次向布鲁塞尔进军的组织者之一。1962年加入弗拉芒基督教社会党。1965年任该党全国委员会委员。1967年任该党青年组织主席。1969年任该党指导委员会委员。1965～1966年两次任首相办公室顾问。1972年当选为荷兰语基督教人民党主席。1974年当选众议员，1979年4月出任政府首相，是比利时历史上最年轻的首相。对内主张鼓励投资，紧缩经济；对外主张加强西方国家防务，强调北大西洋公约组织的团结是欧洲“安全的基石”；重视发展同非洲、亚太地区及中国的关系。1978年3月随比利时知名人士代表团访问中国，1985年4月作为首相再度访问中国。

廷德曼斯（Léo Tindemans，1922～2014） 比利时前首相和对外关

系大臣。1922 年 4 月 16 日生于安特卫普附近的小市镇。1944 年毕业于安特卫普高等商业学院，获硕士学位。1946 年、1962 年、1967 年先后在根特国立大学、美国哈佛国际学院、比利时鲁汶大学进修政治经济学和国际关系专业。1946 年应征入伍，被派往联邦德国，因通晓英、法、荷、德四种语言，被委任为盟国占领区驻军联络官。退役后曾在安特卫普《新闻报》任资料员和经济版编辑，后任该市副市长和秘书。1949 年入农业部，任外贸协定处秘书，曾参与建立比荷卢联盟的初期谈判。1955 年被选进基督教社会党智囊机构——“研究中心”，并任活动安排委员会秘书。1958 年主持起草该党竞选纲领并担任党的全国书记。1961 年当选为众议员，任众议院外交委员会委员。1965 年任欧洲基督教社会党民主联盟秘书长和副主席。1968 ~ 1971 年任共同体事务大臣。1972 ~ 1973 年任农业和中产阶层大臣。1973 ~ 1974 年任副首相兼预算大臣。1974 年与马尔滕斯创建欧洲人民党，1976 年当选该党主席。1974 ~ 1979 年任首相。1975 年 12 月提出重新推动欧洲一体化建设和普选产生欧洲议会的政治报告，被誉为“欧洲先生”。1979 年担任弗拉芒基督教社会党主席和欧洲人民党主席，主要致力于解决比利时民族地区自治问题。1981 年 12 月任对外关系大臣。在对外政策上，主张外交多元化，强调比利时外交要以经济关系作为主要内容；坚持与美国结盟的政策，主张维护大西洋联盟的团结。1975 年、1983 年曾两次访问中国。

迪鲁伯（Elio Di Rupo，1951 ~ ） 比利时首相。1951 年 7 月 18 日出生。科学博士。历任蒙斯市议员、副市长，联邦众议员，参议员，法语区教育大臣，视听大臣，联邦副首相兼交通、国企大臣，副首相兼经济、电信大臣。1999 年任瓦隆大区首席大臣，同年当选法语社会党主席后辞职。2003 年、2007 年、2011 年三届连任法语社会党主席。2005 年 10 月至 2007 年 6 月，复任瓦隆大区首席大臣。2011 年 5 月 11 日被国王任命为联邦政府组阁人，12 月 6 日组阁成功，出任首相。2012 年 10 月市镇选举中第三次连任埃诺省首府蒙斯市市长，12 月 3 日，宣誓就职，由蒙斯市议会主席尼古拉·马丹（Nicolas Martin）代行。曾于 2000 年 12 月以法语社会党主席身份访华，2008 年 8 月来华出席北京奥运会闭幕式。

莱特姆（Yves Leterme，1960～ ） 比利时前首相。1960年10月6日出生。法学学士和政治学学士。历任荷语基督教人民党全国书记、荷语基督教民主党主席、众议员、参议员。2004年任弗拉芒大区首席大臣。2008年、2009年两度出任首相。2005年作为弗拉芒大区首席大臣访华。2008年两次来华，出席北京奥运会闭幕式和第七届亚欧首脑会议。2010年来华参观上海世博会。

米歇尔（Charles Michel，1975～ ） 比利时首相，历任省议员、省议会副主席、瓦隆大区大臣、联邦众议员。2007～2011年任联邦发展合作大臣。2011年2月当选法语革新运动党主席。2014年10月11日出任比利时联邦政府首相。2013年4月应中联部邀请出席中欧政党论坛并访问苏州、北京。

三 诺贝尔奖获得者

1904年的诺贝尔和平奖授予了位于比利时根特市的国际法研究所，以表彰它为促进世界和平所做出的贡献。该机构创建于1873年，发起者为罗兰（A. Rolin）、洛朗教授（Fr. Laurent）、政治家罗兰－雅克曼（G. Rolin-Jaequemyns）和经济学家拉维勒耶（E. De Laveleye）。国际法研究所是由著名法学家和政治家组成的协会，其宗旨是致力于创立国际法的重大原则。该研究所现在瑞士日内瓦。

1909年的诺贝尔和平奖授予了比利时政治家贝尔纳（August Beernaert，1829～1909）。贝尔纳曾在比利时政府内任大臣，他卸任后致力于捍卫国际法原则，主张建立国际仲裁体制，裁减军备，禁止空战等。

1911年的诺贝尔文学奖授予了比利时著名剧作家、散文家和诗人莫里斯·梅特林克（Maurice Maeterlinck）。其代表作品是《青鸟》、《莫娜娃娜》。

1913年的诺贝尔和平奖授予了当时的比利时参议院副长拉丰丹（Henri La Fontaine）。他生于1854年，逝世于1943年，是比利时工人党在议会的代表。他积极投身维护世界和平的群众运动和政治斗争。为实现各国人民之间的和睦相处，他起草和提出了众多国际协议，并创立了比利

时仲裁与和平协会。

1919 年的诺贝尔医学奖授予了比利时的科学家儒勒·博尔德（Jules Bordet）。他是布鲁塞尔巴斯德学院的创建人，并发明了免疫学诊断法。

1938 年的诺贝尔医学奖授予了高乃依·海曼斯（Corneille Heymans），因为他发现了颈动脉窦和主动脉在呼吸调节中的机理。

1958 年的诺贝尔和平奖授予了比利时多明我会修士乔治·皮尔（Georges Pire，1910～1969）。他开展慈善事业，努力促进各国人民之间的和平相处。第二次世界大战后，他发起了“爱心欧洲”运动，帮助无家可归者。1960 年，他在比利时创建了和平大学，并致力于向贫困的第三世界国家提供多种帮助，同时重视维护这些国家的民族独立和尊严。

1974 年的诺贝尔医学奖授予了比利时的科学家阿尔贝·克洛德（Albert Claude）和克里斯蒂安·德·迪夫（Christian de Duve）。他们开创了细胞生物学。

1977 年的诺贝尔化学奖授予了比利时的科学家伊利亚·普里高律（Ilya Prigogine），因为他“对非平衡态热力学的贡献，特别是提出了耗散结构的理论”。

2013 年的诺贝尔物理学奖授予了比利时理论物理学家弗朗索瓦·恩格勒（François Englert）和英国理论物理学家彼得·希格斯（Peter Higgs），因为他们成功地预测了希格斯玻色子（又称“上帝粒子”）。

第三章

政　治

第一节　宪法

比利时是个建国较晚的国家。1830 年 8 月 25 日，布鲁塞尔民众发动反对荷兰统治的起义。同年 11 月 18 日，比利时国民大会宣告比利时独立。1831 年，国民大会颁布《比利时宪法》，规定比利时为世袭的君主立宪国，并选举萨克森 - 科堡的利奥波德亲王为国王，称利奥波德一世。

比利时虽成了独立国家，但由于在历史上长期受拉丁和日耳曼两种语言文化的影响，其民族和语言矛盾始终存在，并成为影响国家统一和社会经济生活正常发展的严重障碍。独立后的 40 年中，比利时没有在语言问题上实行改革，《宪法》把法语定为全国唯一的官方语言，弗拉芒语（荷兰语）受到排斥。因此，两种语言文化的地位问题成为比利时政治体制改革的基本动因。

1831 年《宪法》共 8 编 140 条。该宪法在 1893 年、1921 年、1970 年、1971 年、1980 年、1989 年和 1994 年经过多次修改，增加了若干副编、副条，也废除了若干条款（仍保留着条文，注明“已废除”字样）。

《宪法》最初规定：比利时实行世袭君主立宪制。国王为国家元首、三军最高统帅。立法权由国王、众议院和参议院集体行使，三者均有立法创议权。国王与政府共同行使国家行政权：国王的文件，若无大臣副署则无效力。政府对议会负责。国王年满 18 岁后便享有不可侵犯的地位，他有权任免首相、大臣、国务秘书和治安法官以及驻法院的检察官，授予军衔。《宪法》规定，王位由萨克森－科堡王室利奥波德一世的男系长子世袭。《宪法》规定，两院通过的法案须报国王审批、公布；国王有权同时或分别解散众议院和参议院。只有比利时人才能被任命为大臣。内阁中应有同等数量讲法语和荷兰语的大臣。任何王室成员均不得入阁。国务秘书为政府成员但非阁员。大臣与议员可以兼任。众议院有权指控大臣并将其送交最高法院审理。司法系统设治安法官、初审法院、5 所上诉法院和 1 所最高法院，各级法院中设检察机构。

根据《宪法》，比利时设立审计院，其成员由众议院任命；比利时的某些特定国家权力可由条约或法律授予一些国际公法机构去行使。《宪法》将比利时分为瓦隆大区、弗拉芒大区和布鲁塞尔首都大区 3 个大区。1980 年决定各大区设立政府和议会。1983 年决定建立德语区的政府和议会。全国分为 9 个省，各设议会和政府；政府主要负责人由省议会从其议员中选出。城市议会内讲法语和荷兰语的议员分别组成议会党团，各自选出其委员会。

修改《宪法》的程序是：立法机关宣布某一《宪法》条款须予修改；之后，两院解散，依法重新进行大选；新议会两院同国王取得一致意见后，对提交修改的各点做出裁决。出席议员达到全体议员的 2/3 才可表决；获得投票者 2/3 赞成即可通过。在战时、摄政治国时期或议会无法在本国领土上自由开会时，不得进行修改《宪法》的活动。

1994 年新《宪法》从原来的 140 条增至 198 条。它开宗明义，首先明确规定："比利时是一个由语言区和大区组成的联邦国家。"这表明，比利时正式从一个中央集权制国家变为联邦制国家。新《宪法》仍规定比利时实行世袭君主制。1993 年 8 月 9 日登基的阿尔贝二世为比利时第六任国王。根据《宪法》，国王为国家元首、三军最高统帅，拥有颁布法令、任命政府成员和各级法官、解散议会、指挥军队等权力。但实际上他的任何决策都必须得到议会通过、内阁大臣签字方可生效。因此，国王的权力更具象征意义，尤其是在比利时国内民族矛盾尖锐、地区分离主义倾向严重、政府危机不断的情况下，国王起着仲裁、缓冲和弥合的作用。在实行联邦制后，国王的这一作用更显必要。新《宪法》首次规定，王室女性成员可继承王位。

实行联邦制后的第一个重要变化是，中央的权力进一步下放，地区的自主权明显扩大。除外交、国王、货币政策和社会保障制度等职能属联邦政府统管外，外贸、科技、社会、领土整治、环保、能源、住房、交通等职能均属大区政府主管；文化、教育及旅游等职能属语言区主管。大区政府有权签署主管权限内的国际协议，发放许可证，对外派遣商务专员，并可派代表参加欧盟理事会等国际组织会议。

第二个重要变化是，修改后的《宪法》将原来的两院议会制改为众议院一院立法制。参、众两院的权力平衡不复存在，权力重心明显向众议院倾斜。众议院由选民直接选举产生，权限大于参议院。参议院虽继续保留，但只起咨询作用，其成员一部分由直接选举产生，另一部分由间接选举产生。两院议员代表全体国民，而不只代表其所产生的选区。由众议院行使立法权和对联邦政府的政治监督权，负责审议对政府的信任或不信任案，审议联邦政府的预决算，制定约束大臣的法律，修订国籍法和有关军队、国王的法律等。参议院则不再享有立法权，在国家立法中仅有建议和咨询权，只在修改《宪法》和国家体制改革等方面与众议院享有同等的权力。参、众两院均有提案权，但众议院拥有最后决定权。

第三个重要变化是，两院议员人数减少，联邦众议员从原来的 212 人减至 150 人，参议院议员从原来的 185 人减至 71 人。地方各级议会均通过直接选举产生，原则上取消全国议会议员兼任大区议会和语言区议会议员的做法，联邦内阁成员不再兼任议员。

实行联邦制后，大区和语言区的职权扩大，部分满足了地方分权的要求。地区间、语言区间的矛盾有所缓解，分离主义倾向受到一定抑制。比利时前任首相德阿纳表示，比利时是世界上成功地以和平方式保持了国家团结的国家，联邦制度是抵御分离主义的有力武器，它不仅适合比利时的今天，同样适合比利时的明天。

实际上，从 1970 年到 2015 年，比利时共实施了六次旨在深化联邦制的国家改革计划。这些改革内容有的被纳入了宪法，有的则成为法律。

第二节　国体与政体

一　国王

比利时国王是王国统一的象征。根据《比利时宪法》，国王为国家元首，三军最高统帅。国王即位时须在议会全会上宣誓，保证尊重《宪法》和法律，保证维护国家独立与领土完整。国王和议会共同行使立法权，与内阁共同行使行政权。但实权在众议院和内阁。每项立法均须参、众两院通过，经政府主管大臣签署后呈国王批准，方可生效。每次全国大选后，根据选举结果，由国王制定报告人和组阁人。在政府发生危机时，国王可决定或拒绝内阁辞呈。国王还可任命大臣、省长，甚至有权解散议会。但国王的权力主要是象征性和礼仪性的。

由于比利时国内长期存在语言和民族矛盾，所以国王在代表国家统一和民族团结方面的作用不可低估。国王在公开讲话时都要交替使用法语和荷语，以表示对瓦隆和弗拉芒两地区文化传统的尊重，并在每次讲话中都强调比利时各语言区的和睦相处和共同发展。在国内，国王日常在王宫处理公务，会见宾客，接受外国使节递交国书或参加其他活动。国王还经常出国访问，以树立比利时良好的国际形象和开拓国际经贸合作。

二　联邦政府

比利时政府为王国最高国家行政机构。王国《宪法》名义上将国家最高行政权授予国王，但实际上行政权由内阁行使。作为国家中央政权，联邦政府有权处理外交、国防、司法、财政、社会保障事务，以及大部分公共卫生和内政事务。铁路、航空、邮电等国有企业和全国性文化科研机构也都由联邦政府管理。此外，其他不属于语言文化区和行政大区权限内的事务也由联邦政府负责。

内阁是联邦政府的核心，由首相和各部大臣组成。由于政府首相及各部大臣都向议会负责，所以国王只能在议会多数派中任命内阁成员。比利时的内阁多为多党联合政府，有些部同时设有两名大臣，一名负责法语区，一名负责荷语区。此外，内阁下设若干国务秘书。《比利时宪法》规定，首相、大臣和法官均由国王任免；非出生时即为比利时国民或获准完全归化者，不得担任大臣职务。除内阁首相外，内阁由同等数目的讲法语或讲荷语的大臣组成；任何王室成员均不得任内阁大臣；内阁大臣有权出席议会任何一院的会议，在内阁大臣要求发言时，必须随时听取他们的发言。只有当内阁大臣是议会两院之一的议员时，才享有在该议院的投票权；议会两院可要求内阁大臣到会；国王不得以任何口头的或书面的命令豁免内阁大臣的责任。

内阁大臣对众议院负责，众议院有权弹劾内阁大臣，并可将他们交由上诉法院审判。除在受害人提出的民事诉讼和内阁大臣非履行公务时的犯罪外，只有最高上诉法院方有权在议会两院出席的情况下审判内阁大臣。国务秘书是政府的成员，但不是内阁的组成部分，国务秘书隶属于内阁大臣。国务秘书由国王任免，其权力和职责范围亦由国王规定。国王的命令须在内阁会议上做出，并须经一名内阁大臣的签署方能生效，是内阁大臣而不是国王对通过的法令负责。在国王逝世后和王位继承人宣誓即位前，国王的宪法权力由内阁以比利时人民的名义行使。若国王不能亲政，内阁大臣在证实此情况后须立即召集两院会议，由两院联席会议对摄政与国王监护问题做出安排。

联邦政府除了负责执行法律外，在立法方面也有一定权力。它可以向议会提出法案和法律修正案；议会通过的法律也须经国王和大臣签署后方能生效。

2011 年，在创下 541 天的“无政府”纪录后，比利时国王阿尔贝二世于 12 月 5 日任命了新一届联邦政府内阁成员。新政府于 2011 年 12 月 6 日宣誓就职，迪吕波成为比利时 30 年来首位出自法语区和社会党的首相。

2014 年 5 月，比利时举行了新一届联邦议会选举，新弗拉芒联盟党和法语社会党分别继续保持在荷兰语区与法语区的领先地位。各党代表经过反复谈判，终于就财政预算、就业政策达成一致，并推举法语革新运动党领袖米歇尔（Charles Michel）出任新首相。同年 10 月，菲利普国王正式任命米歇尔为比利时首相。1975 年出生的米歇尔成为该国历史上最年轻的政府首脑。

三　地方权力

由于历史、文化原因和经济发展的差异，比利时形成了明显的地方主义传统。多年来，比利时努力寻求建立一种政治机制，以便在保持地方特性的基础上加强联邦制框架，同时充分保障人民的民主权利。经过多次修宪和政治体制改革，比利时现已建立起一套较完善的地方权力体制。荷语、法语和德语三个语言文化区各自拥有自己的议会和政府，并在教育、文化、青年、家庭、社会救助和公共卫生方面享有一定的职权。三个大区也拥有各自的政府和议会，并在领土整治、环境保护、能源、地区经济、就业、公共交通等方面享有职权。各地区享有很高的自治权力，这是从中世纪以来形成的历史传统。

比利时的地方行政机构分为语言文化区、大区、省、市和乡镇几级。全国有 3 个语言文化区，3 个大区，10 个省，589 个市镇。行政区划的划分由法律规定。三个语言文化区均设有区议会和区政府，主要负责教育、宗教以及公共工程和交通方面的事务。在性质和权限方面，比利时的行政大区与美国和德国的州相似。它们分别设有各自的议会和政府（弗拉芒大区和弗拉芒语言文化区拥有共同的政府和议会）。

三个语言文化区是法语语言文化区、荷语语言文化区和德语语言文化区。语言文化区负责的事务主要涉及文化、教育和语言等方面。法语语言文化区包括瓦隆各省（除讲德语的市镇外）及布鲁塞尔。其区议会有 94 名议员，负责制定本区立法事宜。区政府按规定由 8 名阁员和一名首相组成，其中至少有一人是布鲁塞尔居民。荷语语言文化区包括弗拉芒地区各省和布鲁塞尔。区议会有 124 名议员，均为弗拉芒大区和布鲁塞尔首都大区的荷语议员，他们负责本区的立法工作。德语语言文化区在列日省境内，其议会由 25 名成员组成，区政府由一名首相和两名阁员组成。

三个行政大区是瓦隆大区、弗拉芒大区和布鲁塞尔首都大区。它们均有各自的议会和政府。大区议会由普选产生，每 5 年改选一次。比利时的法律规定，大区有权处理涉及本区领土的事务，包括经济、信贷、外贸、就业、农业、水利、社会福利、体育、住房、科研、公共工程、能源、交通、环境、领土整治、城市建设、保护自然，以及维护下属省、市利益等领域。瓦隆大区议会由 75 名议员组成，负责本区立法和监督政府，任期为 5 年。瓦隆大区政府由 9 名阁员组成，他们可以同时担任法语语言文化区的阁员。弗拉芒大区的议会和政府与荷语语言文化区的议会和政府是两块牌子、一班人马。布鲁塞尔首都大区包括布鲁塞尔市及其周边 19 个市镇。该区议会由 75 名议员组成，政府由一名首相和 4 名阁员组成，其中两名讲法语，两名讲荷语。同时设 3 名“国务秘书”。由于该地区由讲法语和荷语的两种居民组成，因此它另设有一套特殊的行政体制，即 3 个委员会（Commission）：法语区委员会、荷语区委员会和共同事务委员会。这 3 个委员会分别由两个语区的阁员和议员分别或共同组成，其职能是决定与本语言区有关的或全区共同的事务。

省、市和乡镇机构设置及其原则如下：各级地方单位都设有自己的议会，议会议员由本地公民直接选举产生；各行政区域的事务归各自议会管理，但在法律有规定的情况下须按法律程序呈请核准；管理的职权下放给各地方机构；在法律规定的范围内，各级议会的会议公开举行；预算和决算公开；为防止违反法律或损害总体利益的情况发生，监察机关或立法机关有权进行干预。另外，为了共同利益，各地方机构可依照法律规定的条件与方式进行合作或联合，但不允许它们为此而举行议会联席会议。

省议会由 50 ~ 60 人组成，每 6 年选举一次，每年开会 1 ~ 4 个星期，职能是通过本省决策和法规。省政府职能由议会推选的 6 名常设委员行使。常设委员会的工作由省长领导。省长同时是国家行政机构在省内的代表，由国王任命。各省的职权涉及教育、社会及文化设施建设、医疗预防、社会福利、环境保护、公共交通、住房、就业、经济发展等广泛领域。但其独立性在很大程度上受到大区和联邦政府的制约。

市镇是最基层的行政单位，它们早在比利时建国之前便已存在。1831 年时，比利时共有 2739 个市镇。1975 年整合后，比利时共有 589 个市镇。市镇的组织机构是市长、市议会以及由市长与长老议员组成的委员会。市镇拥有自治传统，它们的职权范围比省广泛，尤其是在初等教育、社会福利和当地治安方面。但是，联邦政府、语言文化区和大区政府都对市镇享有领导权。

各市镇都设一市镇董事会，其人数从7人至55人不等，任期6年。市镇董事会虽按政党系统组成，但在选举中起决定作用的总是地方性的问题而不是全国性的问题。由董事会选举产生的市镇委员会负责决策和日常管理。该委员会由市长、镇长主持。市长、镇长一般从市镇委员中产生，但他们同省长一样，须由国王加以任命。

第三节　立法与司法

一　联邦议会

实际上，比利时全国共有7个平级的议会，即联邦众院、联邦参院、弗拉芒大区议会、布鲁塞尔首都大区议会、瓦隆大区议会、法语语区议会和德语语区议会。联邦众、参两院具有国家性质，但大区和语区的法令在各自管辖范围内享有与联邦法律同等的效力。依据《宪法》规定的联邦与大区、语区分权原则，各议会分别负责各自所管范畴内立法等事务。联邦议会主要负责司法、国防、外交、公共秩序、社会安全、货币政策、联邦税收等。大区议会主要负责与土地有关的地区发展、环境保护、农业、住房政策、水资源管理、地区能源政策、交通与道路、港口和与经济有关的国际关系等。语区议会负责与人相关的教育、文化、语言、媒体、培训、青少年保护、残疾人与老人政策、医疗等。凡未明确指出由大区或语区行使的权力由联邦一级议会负责。

联邦议会实行两院制，但众议院权力重于参议院。议会立法分为三部分：在入籍、军队组成、国家预算和审计等方面，众议院有单独立法权。在修宪、批准国际条约及联邦与大区、语区间协定、法院和检察院组成等方面，参议院享有与众议院平等的权力。在其他方面，参议院只能提出修正建议，但采纳与否由众议院决定。参众两院有权修改《宪法》，通过特别法和批准国际条约，以及提名最高法院和行政法院的法官人选。立法权主要由众议院掌握，如果众议院多数成员对政府表示不信任，政府将必须辞职。参议院的一个重要职能则是处理联邦议会与各级地方政权的纠纷。

因两大民族与语言间的矛盾严重，联邦议会的组成和投票均按荷语和法语平衡的原则进行。这集中反映在参议员产生方式上。另一方面，众院在“简单多数”和“特别多数”（2/3 通过）两种投票方式外，凡涉及变更语区界线、建立大区新机构等问题时，均采取“加强有效多数”，即不但总票数要达到“特别多数”，还要在荷语、法语议员团内均获“简单多数”。

《比利时宪法》规定，联邦议会由 150 名众议员和 71 名参议员组成，任期 4 年。众议员由全国 11 个选区直选产生。参议员由地区直接选举 40 名，语言区议会指派 21 名，地方再遴选 10 名。年满 18 岁的国王子女是法定参议员，但不参加投票。

众、参两院议员待遇相当，每月平均收入约 6500 欧元，其中部分须上缴各自所在党，但各党规定额度不尽相同，低则 10%，高则 50%。此外，因法律允许议员兼职，故议员普遍在各机构、公司等任职并领取薪酬。

二　司法机构

根据《宪法》规定，比利时的司法权独立行使，并和行政权、立法权享有同等地位。掌管比利时王国司法事务和行使国家司法权的机构包括：治安法庭、初审法院、上诉法院和最高法院。除治安法庭外，其余 3 个等级的司法机构均附有检察机构。《比利时宪法》规定，非经法律许可不得设立法院或诉讼裁判所，也不得设立任何名义的特别法庭和非常法庭。

最低一级的司法机关即治安法庭，包括警察刑事法庭和民事治安法庭，只配备 1 名法官和 1 名书记员，负责处理较轻的刑事案件（其最重的处罚为 7 天监禁）和较轻的民事案件。民事案件范围较广，例如涉及地产主、佃户及地界的争执。比利时全国分为 222 个司法区，相应地设立了

222 个治安法庭。治安法庭的上诉案由初审法院审理。

全国设有 26 个初审法院，初审法院的职能除了对上诉案件进行审理外，还处理一些情节稍重的刑事案件（其最重的处罚为 5 年徒刑）和大部分民事案件。开庭时至少由 3 名法官出席方能审理案件。简单的案件也可以由 1 名法官单独审问。在初审法院系统中，还包括劳工法庭和商事法庭。劳工法庭由专职法官 1 人和经社会推选分别代表劳资双方的法官 2 人组成。它有权审理个别的劳资争议、工伤事故，以及有关工人补偿条例的实施和社会保障等方面的诉讼。商事法庭由 1 名专职法官和 2 名商人组成，有权处理商人之间所有的诉讼及商务上的要求。它还可以受理不服治安法官判决的有关商事方面的上诉案件。

高级法院由 5 个分别设立在安特卫普、布鲁塞尔、根特、列日和蒙斯的上诉法院以及 5 个劳资调解委员会和最高法院组成。上诉法院管辖 10 个省，接受初审法院有关民事和刑事的上诉案件。重大刑事案件由最高法院审理，其宣判范围可自 5 年徒刑直至终审监禁。除因审判内阁大臣涉及者外，不受理普通刑事案件。凡由最高法院法官和陪审团共同决定的案件不准上诉，虽然它有时也许会撤销判决。最高法院分成两个部分，即民事法庭和刑事法庭。至少有 7 名法官出席才能开庭。最高法院的职责不是接受上诉，而是当它认为援引或解释法律不当时，对业已做出的判决予以撤销。它可以审查任何法院的案件，包括上诉法院的案件。如果最高法院撤销了某一案件的判决，该案件即予驳回，移交给与原审此案的法院同级的另一法院重新审议。

《比利时宪法》曾规定，除法律另有规定者外，涉及政治权利的诉讼由地方法院审理。为了更有效地对付日益增长的行政违法行为，1946 年 12 月成立了中央行政法院。该法院可以在其职权范围内，撤销行政决定，或者命令中央政府或省市政府补偿由于其武断措施所造成的损失。中央行政法院设有司法处，由 11～13 人组成。由于该处成员的工作极为重要，因而他们的任命是先由议会建议，然后再由政府提名的。司法处可就所拟议的一般法律条文向政府或议会提出意见。1989 年，比利时还设立了一个仲裁法院，其职能是审理关于中央政府向地方政府转移权限方面出现的宪法纠纷。

比利时的司法权由各级司法机构在国王的名义下独立行使。法院审理案件一般公开进行，但危害公共秩序或有伤风化者除外。在后一种情况下，由法院通过决议宣布禁止旁听。审理任何刑事案件、政治与出版犯罪案件均须设立陪审团。治安法官和普通法院法官由国王直接任命。上诉法院法官和上诉法院所辖的初审法院院长、副院长由国王根据分别在上诉法院和省议会提出的两份遴选名单中任命。最高法院法官由国王根据分别由最高法院和参议院提出的两份遴选名单任命。全部候选人至少在任命前15天予以公布。上诉法院和最高法院各在其法官中推选院长和副院长。法官终身任职，非经审判不得剥夺或终止法官的职务。法官的调动在征得其本人同意后，须以新的任命宣布。国王任免驻法院的检察署的检察官，各级检察长由国王根据政府的提名进行任免。

审计院是比利时王国负责审查中央行政部门账目的机构。审计院官员由众议院任命，对国库负责，其组织与任期由法律规定。审计院负责审查和清算中央政府的账目和国家付款的全部单据。它确保预算中的支出项目均不得超支，也不得挪作他用。国家的总决算须连同审计院签署的审查意见一并提交议会两院审查。

三　执法力量

比利时的执法力量是警察部队。警察部队共有4万人，由大区警察、宪兵部队和司法警察三部分组成。

大区警察负责各大区市镇的治安。在行政方面，大区警察部队受所在城镇的市长、镇长指挥；在法律事务方面，由国王的检察官领导。在大城市指挥这种警察部队的是警察署长。警察署长及其助手属于“高级警官”；军士、侦探和特工属于“下级警官”。警察署长由国王在大区委员会提供的名单中指派，警察则由大区委员会指派。大区警察负责行政管理和执行法律。行政管理警察负责防止犯罪、制止违法事件和维护社会治安。法警受理诉讼，调查和侦破罪行。在乡村，镇长担当司法警官。但设有警察署长的乡村，镇长不承担司法警官的职责。充当大区下级警察须受过中等教育，高级警官须受过高等教育。升任警察署长须通过国家考试。考试项目包括：痕迹知识、刑法典程序、民法、交通法规和比利时法院的组织机构。没有担任过下级警官者一般不能直接升任高级警官。大区警察部队由内政部主管。

宪兵部队原名为骑警队。这是一支公安部队，负责维持治安和执行法律，归国防部部长管理。宪兵队设有将军军衔的司令，并按地区编队，全国分 5 个地区。地区宪兵部队下设队、区队和分队，是行政管理警察，负责执行法律，逮捕人犯和维持治安；对司法部来说，宪兵部队是司法警察，负责管理侨民和保卫国家安全，管理军事逃犯和动员计划安排。宪兵部队的高级警官全部从宪兵部队中有资历的下级警官中选拔。被提拔为校级的警官必须能流利地讲第二外语和通过治安课程与军事课程的考试。

司法警察建立于 1911 年。由司法部部长和总检察长领导。司法警察负责调查刑事案件、其他违法行为和缉拿罪犯归案。此外还执行预审推事所派的任务。司法警察不着装，携带 7.65 毫米的手枪。

除了以上三种主要建制以外，比利时还有执行专门业务的警察，包括铁路警察、国家安全警察、军事警察等，另外还有一支负责保卫原子研究设施的警察部队。

为改变警察部队多头管理、缺乏协调的弊端，比利时从 2001 年起着手进行体制改革，将“各自为政”的大区警察、宪兵部队、司法警察和其他警察部队实行合并，统一由比利时内政部领导。但新的警察部队在内部协调方面仍有许多问题须进一步解决。

第四节　政党与团体

比利时实行多党制，宪法保证结社和组党的自由。但是，由于语言的纠纷，比利时的主要政治党派和团体从 20 世纪 60 年代以来都一分为二，分别组成相互独立的法语党和荷语党。这是比利时政党的主要特点之一。

一 主要政党

基督教党、社会党和自由党是比利时政坛的三大主要党团。比利时1830年革命的胜利是基督教人士和自由派人士联合取得的。革命后最初的15年中，他们联合执政。从1847年起，这两股力量分道扬镳，成为相互对立的政党，开始轮流执政。19世纪后半期，随着社会主义工人运动在欧洲的壮大，比利时工人党成立（后改名为社会党），标志着社会主义运动在比利时的兴起，并结束了基督教党和自由党轮流执政的历史。

1921年，在工人党的斗争下，比利时确立了公民普选权（当时还仅限于男子，妇女到1945年才获得此项权利）。普选权的实行从根本上改变了比利时的议会制度，议会不再为少数上流社会人士垄断。由于各党派都可在议会中占有席位，传统的三大政党均不能在议会中占据多数。因此，要组成议会多数就必须实行跨党磋商，以便组成联合政府。由此形成了比利时现代政治生活的模式，即三党轮流执政的模式。20世纪初，比利时的议会完全由上述三大政党把持。例如在1916年，在参议院172个席位中，基督教党占81席，工人党占73席，自由党占17席，其他政党只占1席；在众议院的202个席位中，基督教党占96席，工人党占84席，自由党占20席，其他政党只占2席。

由于比利时是荷语（弗拉芒语）和法语双语国家，荷语区和法语区之间的矛盾非常尖锐，导致上述三大政党在20世纪60年代和70年代各自一分为二。如今，左右比利时政坛的几大因素是：按历史文化划分的荷语和法语两大文化区；按地域划分的三大地区（瓦隆大区、弗拉芒大区和布鲁塞尔首都大区）；按语言划分的荷语区、法语区和德语区；以及基督教党、社会党和自由党三大政党（各党都分为荷语和法语两部分以及左右两翼）。现就三大政党的基本情况介绍如下。

基督教党（Parti Chrétien） 基督教党成立于1815年，1945年改名为基督教社会党（Parti Social Chrétien，PSC）。1968年，由于民族与地区的矛盾，特别是由于该党的荷语部分有意把位于弗拉芒地区的鲁汶大学中的法语部迁到瓦隆地区而造成分裂，分别成立了荷语基督教人民党

(Christelijke Volks Partij, CVP) 和法语基督教社会党 (Parti Social Chrétien, PSC)。荷语基督教人民党现有党员 12 万人，是弗拉芒大区和布鲁塞尔首都大区的荷语区中最重要的政党。法语基督教社会党现有党员 3 万余人，是瓦隆大区的第三大政党，也是布鲁塞尔首都大区的第三大政党。

荷语基督教人民党和法语基督教社会党都主张在比利时实行三个大区的联邦制，同时主张各区维持文化自治和地区自治。这两党代表着比利时社会的保守力量。荷语基督教人民党的选民大部分属于右翼。法语基督教社会党比荷语基督教人民党更加保守，它主要依靠法语区中的中产阶级。在 20 世纪末，基督教党团在参众两院中长期占据第一大党的地位。

社会党 (Parti Socialiste) 社会党前身是 1885 年成立的比利时工人党 (Parti Ouvrier Belge)，1889 年加入第二国际，1945 年改称为比利时社会党 (Parti Social Belge, PSB)。1971 年，由于民族与地区的矛盾，该党设立了瓦隆地区和弗拉芒地区两主席。与此同时，布鲁塞尔地区的社会党人大量脱党，成立了法语民主阵线 (Front Démocratique des Francophones, FDF)。1976 年，按两地区分别召开党代表大会。1978 年 11 月 26 日，该党按语言分裂为两党。法语部分成立了法语社会党 (Parti Socialiste, PS)，荷语部分成立了弗拉芒社会主义者 (Vlaamse Socialisten, VS)，后改名为荷语社会党 (Socialistische Partij, SP)。目前荷语社会党有党员 9 万多人，是弗拉芒地区的大党。法语社会党有党员 12 万多人，是瓦隆地区的第一大党。

社会党分裂后，荷语社会党主张全国实行弗拉芒地区和瓦隆地区的两地区联邦制；法语社会党则和法语基督教社会党及法语民主阵线一样，主张实行三个自治区 (弗拉芒地区、瓦隆地区和布鲁塞尔地区) 的联邦制。

法语社会党和荷语社会党在比利时属于左翼政党，历史上多次与共产党合作，但其内部一直存在着革命派和改良派的斗争。近年来法语社会党改良派占上风，其政治主张趋于保守。荷语社会党则更为保守，其经济方面的主张仅限于要求政府加强干预，使资本主义制度更加适应现代高科技的发展。

总之，两个社会党在近几十年的全国议会选举中基本处于第二大党的地位。但在1985和1987年的参议院选举中，以及在1987年、1991年和1995年的众议院选举中均位居第一大党。

自由党（Parti Libéral） 自由党正式成立于1846年。在此之前成立的自由党的雏形是全国第一个政治组织，名为布鲁塞尔自由联盟（Alliance Libérale de Bruxelles）。1961年，该党改名为自由进步党（Parti pour la Liberté et le Progrès）。1972年，由于民族与地区的矛盾，该党分裂为荷语自由进步党（Partij voor Vrijheid en Vooruitgang，PVV）和法语革新自由党（Parti Réformateur Libéral，PRL）。1974年，布鲁塞尔的自由党人进一步分裂出自由民主进步党（Parti pour la Liberté，la Démocratie et le Progrès，PLDP），后又改名为自由党（Parti Libéral，PL）。1979年，布鲁塞尔自由党并入法语革新自由党。荷语自由进步党于1992年改名为荷语自由民主党（Vlaamse Liberalen en Democrate，VLD），现有党员85000人，是弗拉芒地区的大党，与荷语社会党势均力敌。法语革新自由党现有党员35000人，在未与法语民主阵线联盟之前是瓦隆地区第三大政党。

20世纪60年代以前，自由党主要依靠的是法裔反教会的资产阶级和部分城市中产阶级。60年代以后，尤其是自自由进步党成立起，该党逐步抛弃了反教会的激进态度，着重依靠新老自由派人士。荷语自由进步党在经济上反对国家的过分介入，在政治上反对工会势力过于强大，因此吸引了部分中产阶级。另外，该党在堕胎、吸毒等社会问题及伦理问题上反对基督教党的保守态度，主张宽容和自由。法语革新自由党在国内主张三地区自治的联邦制。

自由党近几十年来在议会两院中处于第三大党的地位。从20世纪90年代起，法语革新自由党和法语民主阵线联盟在议会中的实力有所提高，在1995年布鲁塞尔首都大区的议会选举中，该联盟位居榜首。后来，改革公民运动也加入该联盟中。

二 其他政党

比利时共产党 亦称比利时共产主义者联盟（Union des Communistes），

分法语比利时共产党（Parti Communiste，PC）和荷语比利时共产党（Kommunistische Partij，KP）。比利时共产党在20世纪90年代初有党员5万余人，现有党员1000人左右。比利时共产党最早于1921年9月3日由工人党左翼同其他共产主义小组合并组成。第二次世界大战期间曾参加反对德国法西斯的武装斗争。第二次世界大战后初期是比利时共产党的鼎盛时期，党员人数曾达10万多名。在1946年全国大选中获得13%的选票（其中在弗拉芒地区获5.5%，在布鲁塞尔地区获17%，在瓦隆地区获22%）。1946～1947年期间曾两次参加联合政府，其余时间一直为反对党。近几十年来，在议会选举中，共产党所获选票很少，在1995年的联邦议会选举中竟然一个席位也未获得。

法语民主阵线（Front Démocratique des Francophones，FDF） 法语民主阵线是布鲁塞尔首都大区最主要的政党之一，现有成员15000人左右。从1910年起，瓦隆地区成立的联邦主义组织多具有反布鲁塞尔地区的倾向。因此，为维护布鲁塞尔地区法语居民的权利，在1964年成立了法语民主阵线。这一政治组织吸收了各种思想倾向的人士，包括天主教人士、自由派、社会主义者、共产主义者等。它主张瓦隆和布鲁塞尔两大地区共存的二元论，并主张三大地区自治。该党在20世纪70年代处于鼎盛时期，1974年在参议院选举中获得21席，在众议院选举中获得25席。但后来影响逐渐减弱。在1991年的选举中，该党在参议院仅获2个席位，在众议院仅获3个席位。后来，该党与法语革新自由党结盟，实力有所增加，保持了布鲁塞尔首都大区主要政党的地位。

荷语人民联盟（Volksunie，VU） 荷语人民联盟成立于1954年12月4日，主要是由当时基督教党内的一些持不同政见者组成。建党初期代表弗拉芒地区的民族主义思潮，甚至曾吸收一些鼓吹民族主义的前纳粹分子。目前该党在不少问题上的立场与基督教党接近。该联盟有成员2万人。在1991年的选举中获得参议院席位8个，众议院席位10个。但该党在1995年各级议会选举中的成就均不理想。

生态党 生态党由法语生态党（1980年建立）和荷语生态党（1986年建立）组成。该党后来发展很快，在1991年的议会选举中席位成倍增加：在众议院由1987年的9席增加到17席，为众议院第四大政党；在参议院由1987年的8席增加到19席，为参议院第五大党。从1995年立法选举起，生态党确立了它在联邦参、众两院中的第四大党地位。

弗拉芒集团（Vlaams Blok，VB） 弗拉芒集团1979年在荷语人民党和荷语民族党合并的基础上成立，是极右政党，有党员1万多人。该党在1991年的议会选举中获得了比以往更大的成功：在参议院由1987年的1席增加到6席，在众议院由2席增加到12席。

法语国民阵线（Front National，FN） 法语国民阵线建立于1985年，是极右政党，但与荷语区的极右政党弗拉芒集团无联盟关系。

近年来，随着比利时政治生活和政治环境的演变，比利时的政党及其力量对比也发生了明显变化。不少政党经历了分裂和重组，并涌现出一些新的政治组合。目前，除了一些影响力有限的小党，如比利时劳动党、法语人民党、弗拉芒利益党等，在比利时政坛上较为重要并在联邦议会占有议席的较大政党有十多个（见表3－1）。

表3－1 比利时主要政党及其在议会的席位（2014年）

政党名称	基本主张	众议院议席	参议院议席
新弗拉芒联盟党（NVA）	保守主义、弗拉芒独立	33	12
法语社会党（PS）	社会民主主义	23	9
法语革新运动党（MR）	保守自由主义	20	8
荷语基督教民主党（CD&V）	基督教民主主义	18	8
荷语开放自民党（OPEN VLD）	社会自由主义、保守社会主义	14	5
荷语社会党（SP. A）	社会民主主义、第三条道路	13	5
法语人道民主中心党（CDH）	基督教民主主义	9	4
法语生态党（Ecolo）	绿色政治	6	3
荷语绿党（Groen）	绿色政治	6	3
弗拉芒利益党（Vlaams Belang）	弗拉芒独立、保守主义	3	2
法语民主阵线（FDF）	布鲁塞尔人的法语权益	2	

资料来源：中华人民共和国外交部网站。

新弗拉芒联盟于2001年成立，前身为人民联盟党。现任主席巴尔特·德韦弗（Bart De Wever）。2010年联邦大选中成为荷语区第一大党，赢得众议院最多席位。2014 年在联邦、地区、欧洲议会“三合一”选举中蝉联全国、荷语区第一大党。

荷语基督教民主党的前身是 1968 年从比利时基督教社会党分裂独立的荷语基督教人民党，1999 年改现名。现任党主席伍特·贝克（Wouter Beke）。

荷语开放自民党成立于 1992 年 11 月，前身为成立于 1972 年的荷语自由进步党。现任党主席格温多琳·鲁腾（Gwendolyn Rutten，女）。

荷语社会党成立于 1978 年。当时，比利时社会党因民族矛盾分裂为荷语社会党和法语社会党。现任党主席布鲁诺·托巴克（Bruno Tobback）。

弗拉芒利益党成立于 1978 年 12 月，其前身是由弗拉芒国家党和弗拉芒人民党合并的弗拉芒集团。现任党主席杰罗尔夫·阿内曼斯（Gerolf Annemans）。

法语社会党是南部法语区第一大党。前身是 1945 年成立的比利时社会党。1978 年，社会党按语言分裂为法语社会党和荷语社会党。现任党主席迪吕波（Elio Di Rupo）。

法语革新运动党前身是建于 1846 年的自由党。该党是比利时历史最久的政党，后来分裂。2002 年，法语革新自由党、法语民主阵线、国民革新运动合并组成法语革新运动党。现任党主席夏斯特尔·奥利维（Chastel Olivier）。

法语人道主义民主中心党于 1968 年由基督教社会党分裂而成为法语基督教社会党，2002 年改为现名。党主席为伯努瓦·吕特根（Bonoît Lutgen）。

荷语绿党前身为 1982 年成立的荷语生态党，2003 年改为现名。党主席伍特·范贝森（Wouter Van Besien）。

法语生态党成立于 1980 年。该党实行集体领导。

三　社会团体

除政党外，比利时还拥有众多社会团体，如工会组织和行业协会。它们在比利时的社会和经济生活中发挥着不可忽视的作用。比利时的主要工会组织有：比利时自由工会联合总会（CGSLB）、比利时基督教工会同盟（CSC）、比利时劳动总联盟（FGTB）。雇主协会包括：比利时企业联盟（FEB）、饭店、餐馆、咖啡馆行业企业主联盟（FED HoReCa）、瓦隆企业同盟（UWE）、弗拉芒经济同盟（VEV）等。自由职业协会有：比利时作家协会（SABAM）、中产阶级联盟（UCM）、弗拉芒自由企业主联盟（UNIZO）等。

第四章

经　济

第一节　概况

一　工业革命的历程

比利时是个小国，其人口仅占世界人口的 0.2%，但它同时又是个发达的工业国家。2014 年，比利时的国内生产总值高达 5346.72 美元，在世界排名第 26 位；人均国内生产总值为 47722 美元，世界排名第 18 位。在对外贸易方面，比利时是当今世界第 12 大出口国和第 13 大进口国。比利时在 2013 年的货物进出口贸易总额超过了 1 万亿美元。

表 4－1　比利时主要经济指标

国内生产总值	5346.72 美元	2014 年
人均国内生产总值	47722 美元	2014 年
经济增长率	1.3%	2015 年第三季度
通货膨胀率	1.4%	2015 年 12 月
财政赤字率	3.2%	2014 年
公债率	106.5%	2014 年
失业率	7.8%	2015 年 11 月

资料来源：中华人民共和国外交部网站。

比利时之所以有今天的发展，同它率先完成工业革命密切相关。早在一个半世纪以前，比利时就已成为一个“充分发展的工业国家，远远走在它的邻国前面”，是继英国工业革命之后率先完成工业革命的国家。影响其工业革命进程的有地缘、资源、传统与政策等因素。

首先，地缘因素在比利时率先开展工业革命中起着至关重要的作用。比利时地处西欧，与工业革命的发祥地英国隔海相望，“近水楼台先得月”的优势地位使其在近代化的进程中走在了世界的前列。比利时的工业革命是从1802年威廉·科克里尔在列日附近创办一家纺织机械厂开始的。威廉·科克里尔出生在工业革命的故乡英国。他年轻时就在英国制造了大量的机器模型。1799年，他迁居韦尔维耶，不久制造出欧洲第一台梳毛机和纺毛机。他是将以前被英国垄断的纺织工业引进比利时的第一人。

由于来自英国的强烈影响，比利时的工业革命如同英国一样，纺织业起了带头作用。到1829年，其纱锭数量等于1810年的2倍，织机数量等于1810年的3倍。后来，威廉·科克里尔的儿子约翰·科克里尔在瑟兰同一批英国专家制造了蒸汽机，他们还合并了一家冶炼厂，并于1802年建立了第一座搅炼炉，其生产能力竟能与英国的钢铁厂相媲美。1823年，约翰·科克里尔建立了第一座焦炭高炉。此后，这家工厂发展成大型煤铁联合工业企业，除大型机械厂外，还有煤矿、炼焦厂、轧钢厂。1835年，他又建起大陆上第一家机车厂，集采煤、炼铁、炼钢、机械制造于一身，成为欧洲第一批统管生产与销售全部过程的企业组织之一，其规模和技术当时在欧洲大陆均处于领先地位。

周边国家的经济态势与巨大市场为比利时工业革命营造了不可多得的有利氛围。比利时的南面、东面和北面分别与法国、德意志和荷兰接壤。这也为比利时的工业革命提供了有利的环境。法国在1790年前后即开始工业革命，其影响自不待言；德意志工业革命开始的时间与比利时相差不多，虽然进展相对较慢，但也是一个巨大的市场；荷兰在17世纪时一度称雄海上，成为巨大的商业帝国。

此外，农业发展为工业革命提供了有利条件。1750~1850年的百年间，包括比利时在内的欧洲部分地区已经确立了精耕细作的家庭小农场模式。农户不断分散开来，村落逐渐解体。随着休耕地的减少，轮作、深耕、施肥以及收割技术得以普及，比利时弗拉芒地区的农业效率像英国一样高。农业的发展满足了日益增加的城市人口的需求，为工业的发展提供了保证。

其次，比利时工业革命的开展与其拥有丰富的煤铁资源密切相关。比利时阿尔登高原北侧煤炭蕴藏量丰富；东部又拥有铁矿和铜矿。比利时在历史上是一个产煤大国，从 1790 年起产量不断增长，到 1830 年已达 600 万吨。在 19 世纪 40 年代，比利时煤的产量仅次于英国，居欧洲第二位；生产的铁比整个德意志还要多。到 1913 年，其煤产量已达 2300 万吨。它生产的机车、织布机和其他机器输往欧洲及近东各国，成为在工业方面唯一能和英国并驾齐驱的国家。

水利资源对比利时工业革命起着同样重要的作用。比利时境内有两大河流：西北面是埃斯考河，东南面是莱茵河支流默兹河，均源于法国，向北流经比、荷而入北海。从古代起，比利时就建成了水路运输网。水路运输不仅迅捷、安全、准时，运价也略显便宜。16 世纪，安特卫普已取代布鲁日而成为欧洲北部的贸易中心，进而发展成一个金融、商业都市。18 世纪时，比利时的水路系统大为扩充，到 1760 年，经过改进的水路、运河网覆盖了法国东北部和相邻的低地国家，从而使蒙斯煤矿和沙勒罗瓦煤矿向南可以通向巴黎，向北可以通向布鲁塞尔、根特和安特卫普。到 1830 年，比利时可以通航的河流加上运河水路长达 1000 英里以上。

比利时的工业革命起步早、发展快，也与其传统产业的发展状况密切相关。比利时很早就发展起了畜牧业、渔业、海运业、毛纺织业等。在罗马帝国时代，比利时就盛产羊毛、亚麻和清洗毛呢的漂白土。弗拉芒地区是重要的呢绒产地，其历史甚至比佛罗伦萨还悠久。该地区的衣服向北远销斯堪的纳维亚，向南远销到地中海、开罗等地。1300 年，这里的纺织业城镇星罗棋布，最著名的有伊普尔、根特、布鲁日等。此外，比利时东部的矿藏颇易开采，其工匠所制的武器、盔甲及其他金属制品远近闻名。这无疑为后来煤炭、冶金工业发展奠定了基础。具有古老传统的纺织、煤炭和冶金业，能够提供技术较为熟练的劳动力，是比利时工业革命顺利开展的有利条件。

比利时当局对工商业的发展采取积极政策，这对工商业发展的关系也很大。14 世纪后，安特卫普成为北欧最大的港口。安特卫普的当权者对自由贸易提供种种便利，其证券交易所明文规定“供各国说各种语言的商人使用”。长期推行开放政策使四面八方的商人云集安特卫普，该城成为一个巨大的、综合性的、反应灵活的市场。在法国统治时期，比利时的公路、运河得到改善，纺织品和金属制品市场得到保护。在荷兰统治时期，当局通过发放贷款和减轻税收对工业给予支持。这类鼓励措施对冶铁业的兴旺起了很大作用。工业革命展开后，当局的作用表现得更加明显，特别是在铁路建设方面。19 世纪中叶之前，比利时的经济支柱主要是农业。铁路网的建设更加有力地促进了工业革命。根据《铁路法》规定，比利时的铁路一开始就是国家企业。1881 年，比利时修建了窄轨铁路，把蒸汽机车通到了农民的家门口。交通的便利大大缓解了城市人口的压力。到 1870 年，比利时已拥有铁路 3000 公里，成为世界上铁路网最稠密的国家。铁路的建设不仅促进了煤铁工业的迅速发展，而且大大开拓了比利时同普鲁士、荷兰、法国及英国的贸易。正是由于众多内因和外因的交互作用，使比利时发展的潜在因素汇聚成现代化的强大动力。

二　经济状况和水平

由于自然资源比较贫乏，比利时的经济对外依赖性很大，其 80% 的原料靠进口，50% 以上的工业产品供出口。因此，比利时的经济对外开放程度很高，历年来货物和服务贸易出口额均占国内生产总值的 75% 左右，对外贸易在比利时经济中占有很重要的地位。比利时中小企业众多，95% 以上的企业是中小型的。这些企业不少为家族所控制，它们是比利时经济的重要力量，而且多数企业从事进出口贸易。在对外贸易中，广大中小企业发挥了积极的作用。

随着工业结构调整，劳动人口的构成发生了很大变化。到 20 世纪末，矿业仅占总劳动力人口的 0.4%，农牧渔业占 2.6%，工业占

28%，服务业占69%。比利时的服务业高度发达，金融、运输、商业、电信等服务业雇用了全国60%以上的劳动力，第三产业的产值占国内生产总值的59.1%。到2013年，在国内生产总值中，农牧渔业附加值仅占0.7%，工业附加值占15.1%，建筑业附加值占10.5%，服务业附加值占68.2%（见表4－2）。比利时的工业生产和资本都很集中，大部分为垄断集团所控制，约1/3控制在英国、美国、德国、法国、荷兰等外国资本手中。

表4－2 比利时国内生产总值和各经济部门附加值

单位：百万欧元

年份	2006	2011	2012	2013	比2006增加(%)
农牧渔业	2950	2369	2709	2931	-0.6
工业	58390	60039	60096	59849	2.5
建筑业	15399	19563	19902	19762	28.3
服务业	215765	258414	264622	271307	25.7
商业交通酒店业	61372	68608	69314	70348	14.6
信息通讯业	11749	13451	13879	14082	19.9
金融业	16074	20576	21318	21253	32.2
地产业	26478	29781	30376	30811	16.4
企业服务	34824	45000	44989	46846	34.5
公共管理和教育	40060	49169	51192	53041	32.4
公共卫生和福利	19038	24710	26179	27332	43.6
其他服务	6170	7119	7375	7594	23.1
其他部门	34863	39607	40927	41414	18.8
国内生产总值	327368	379991	388254	395262	20.7

资料来源：比利时国家财政研究所。

第二次世界大战后，比利时经济很快得到恢复，1947年生产已超过战前水平。20世纪50年代，比利时的经济发展速度趋缓，1953～1960年国内生产总值年平均增长率为3.2%。20世纪60年代，政府采取鼓励出口、吸收外资以及引进外国先进技术等措施，经济发展加快，1961～1970年国内生产总值年平均增长率提高到5.1%。70年代以来，由于石油危机和世界经济的萧条，比利时的经济发展速度再度减缓。

20世纪最后的20年中，比利时的国内生产总值增加了近3倍。1982年国内生产总值为841.6亿美元，人均8545美元。1999年国内生产总值约为2489亿美元，人均约24310美元。1999年国内生产总值比上一年增长2.7%，失业率降到了8.6%，通货膨胀率仅1.1%。2000年国内生产总值增长4%，达到2346亿美元。同年进出口贸易总额为3375亿美元，其中进口1610亿美元，出口1765亿美元，居人均世界第一位。

表4-3　发达国家国内生产总值比较

单位：百万欧元

年份	2009	2010	2011	2012	2013
欧　盟	12245901	12789851	13173431	13437315	13529836
比利时	349703	365747	379991	388245	395262
德　国	2456660	2576220	2699100	2749900	2809480
法　国	1939017	1998481	2059284	2091059	2113687
卢森堡	36094	39371	42410	43812	45288
荷　兰	617650	631512	642929	640644	642851
英　国	1663573	1816615	1863941	2041491	2017406
美　国	10337468	11287923	11147917	12580324	12625631
日　本	3614690	4149900	4247574	4622738	3686840

资料来源：欧洲统计2014年11月1日版。

近年来，失业率居高不下是欧盟国家面临的一大难题。20世纪90年代以来，比利时政府大力解决失业问题，如降低企业雇用首次就业青年的税负等。

比利时物价受国际石油价格影响而小幅上升，但比利时仍为欧盟国家中物价较为稳定者。1995年，劳资协议严格控制工资上涨的努力初见成效。政府为加入欧元区而遵行财政稳定标准。预算赤字从1992年的7%降为1998年底的1.3%，1999年降至0.9%，顺利加入欧元区。2000年出口额比上年增长19.8%，进口额增长21%。

中小企业在比利时经济生活中占有重要地位。多年来，中小企业已经成为比利时国民经济发展中的支柱，并且显示出了越来越广阔的发展前景。比利时政府十分重视和支持中小企业的成长与发展。前首相德阿纳曾提出："拥有一批掌握高技术和高技能的中小企业，是比利时经济发展的实力所在。"

中小型企业在比利时的经济生活中占据绝大多数。据2013年底的统计，有79%的企业不雇用任何员工，有20%的企业雇用50名以下的员工，只有不到1%的企业拥有50名以上的雇员（见表4-4）。在主要经济部门中，从事服务业的企业占51%，就业人口占43%；从事商业的企业占26%，就业人口占24%；从事工业的企业只占6%，但就业人口占21%。

表4-4 比利时各行业的企业数量和规模（2013年12月）

	无雇员	50名雇员以下	500名雇员以下	500名雇员以上
农林渔业	45911	3777	43	1
加工工业	30866	14748	1378	130
建筑业	86811	26055	522	18
商业汽车修理业	125575	49603	912	71
旅店餐饮业	37674	19016	135	12
信息通讯业	36453	4577	223	26
科技行业	114469	15433	381	20
管理支持服务业	40977	8034	380	71
艺术演艺业	24707	2871	77	1
其他服务业	43910	8426	74	12
合 计	587353	152540	4125	362

资料来源：比利时经济信息统计总署。

为促进本国中小企业的健康发展，比利时政府专设有中小企业部，主要职责是扶持中小企业发展，制定和调整中小企业发展政策。近年来，比利时政府在简化行政手续、提供资金支持、鼓励技术创新、加强就业培训和促进国际合作等方面采取了一系列有效措施，为中小企业的发展创造了更加有利的条件。

随着新兴产业的兴起，以煤炭、纺织、冶金为代表的传统工业遇到越来越多的困难。比利时和其他国家一样，面临经济结构调整的挑战。它需要减少半成品生产，增加高附加值的产品生产。到20世纪80年代，工业结构调整初见成效。但瓦隆和弗拉芒两个地区的发展出现了新的不平衡。从20世纪50年代起，曾长期处于经济落后状态的弗拉芒地区成为最具活力的地区。城乡各地有数百个企业如雨后春笋般建立起来，包括纺织业、加工业、化工业和电子工业。根特成为这一地区的工业发展中心，并且带动了周边地区工业的兴起。与瓦隆地区相比，该地区拥有大量素质较高的劳动力，且工会组织的影响较弱。该地区海运便利，有益于交通和贸易发展。大量外出务工的弗拉芒人被吸引回本地区，同时使他们加强了对本地区文化的认同感和自信心，并逐渐产生不愿忍受瓦隆人一个多世纪统治地位的心理。

瓦隆地区从20世纪60年代起在经济结构调整方面遭遇了困境。在历史上，这里曾是一个自然资源丰富、交通便利、工业发达的地区，从中世纪起便开始煤炭开发，与其相关的冶金、化工、机械、玻璃工业也得到发展，并逐步形成了如列日、沙勒罗瓦等经济中心。但该地区发展的不利因素也很明显，如无出海口，这使其原料进出依赖荷兰和弗拉芒地区。另外，该地区的生育率低，劳动力长期缺乏，这迫使它从19世纪起鼓励从弗拉芒地区、意大利及北非引入外来移民。这里的劳工工会组织较强。该地区缺乏资本，这导致其经济发展困难重重。居民逐渐失去信心，最终使瓦隆失去了从19世纪以来在比利时的主导地位。他们谴责政府给弗拉芒地区过多的优惠政策。瓦隆人逐渐接受了联邦制的思想。该地区煤炭业萧条后，冶金业勉强保持下来，企业经过重组后，产量有所上升。列日依靠其交通便利的优势，吸引新兴工业和高科技产业。1980年后，瓦隆地区人民对本地区的经济前途开始恢复信心。

1999年后，根据欧盟的要求，比利时为开放电力和天然气市场，解除国家垄断，对国营电力公司下属天然气公司和电力生产公司实行开放。1999年由于肉类产品污染的“二噁英事件”，引发农牧业危机，肉、奶、巧克力等出口受到严重影响，损失200亿比郎（合5亿美元）。为此，比利时政府设立国家食品安全管理署，并向生产和消费者提出具体建议和要求，加强管制，避免类似事件发生。为降低赤字，比利时政府计划1999～2005年的6年间，每年降低雇主雇用员工的社会福利比例税总额180亿比郎，另外奖励企业雇佣无特殊技能员工，实行工作时间弹性化、加强职业培训等措施。公共债务与国内生产总值的比例1998年为117.4%，是欧盟成员国中最高者之一，2013年降至101.5%。

比利时的经济发展中存在着一些隐患，如企业税负和劳动力工资标准较高。比利时的公司税率为40.17%，而荷兰为35%，英国为30%。据欧盟统计局资料，比利时每小时平均工资1998年为27.21美元，仅次于德国（29.84美元），高居欧洲第二，加班费用计算标准也偏高。此外，比利时能源售价也超过欧盟平均标准约15%。所有这些都加重了制造成本，使比利时的企业竞争力受到影响，对吸引外商投资不利，甚至导致本国或外国企业资本外流。

第二节 农牧渔业

一 自然条件

比利时的自然植被大部属西欧型落叶阔叶林。但经过人类长期经济活动，植被类型和结构已有改观。目前的森林覆盖率为20%，其中2/3为落叶阔叶林，主要树种有栎、山毛榉、桦、榆等；1/3为针叶林，以松、云杉为主。比利时的森林主要分布在肯彭平原（以云杉为代表的针叶树为主）和桑布尔－默兹河河谷以南的阿登地区（为落叶阔叶和常绿针叶的混交林区）。森林动物中主要有赤鹿、狍子、野猪、貂、欧兔等。

沿海圩田地区是新成土，经排干和脱盐后具有较高农业价值。中部分布着灰棕壤和灰色森林土，黄土沉积而成的布拉班和孔德罗兹地区宜于农耕。东南部的棕色森林土为浅薄幼年土壤，大部分被森林覆盖。弗拉芒和肯彭平原为砂质土壤，较为贫瘠，经施肥和排水后可用于耕作。

2010 年，比利时的农牧渔业附加值为 23.9 亿欧元，约占国内生产总值的 0.7%；2013 年农牧渔业附加值为 26.91 亿欧元，约占国内生产总值的 0.73%。农业就业人口 7.55 万人，约占总劳力的 1.28%。农业用地面积约为 133.4 万公顷。

二　农业

比利时国土面积仅为 3 万多平方公里，但其农业却比较发达。全国可耕地面积为 139.4 万公顷，占国土面积的 45%。其中粮食用地 32.6 万公顷，占农用土地总面积的 24% 以上。蔬菜、花卉和其他经济作物用地 39.4 万公顷，草场和饲料用地占地 57.9 万公顷。农民拥有农用拖拉机 97879 台。畜牧业及肉与奶制品加工是农业的第一大组成部分，其产值占总产值的近 65%；园艺业位居第二，其产值约占 20%；其他农作物的产值占 15%。比利时的农产品主要为甜菜、马铃薯、小麦和大麦，另外还有水果、西红柿、亚麻等。小麦年均产量为 150 万 ~200 万吨，小麦消费量年均 300 万吨，有一半以上需要进口。大麦年均产量为 40 万吨，年均需进口大麦 100 万吨。农作物产量很高，小麦为每公顷 6.8 吨，甜菜为每公顷 55 吨，马铃薯为每公顷 42 吨。除了自然条件较优越外，这与比利时农民的辛勤劳动密切相关（见表 4 -5）。

表 4 -5　比利时农业发展状况

年份与比较	2012 年	2013 年	2013 比 2012 年
经营单位数(个)	38559	37761	-2.1%
劳动力数量(人)	75589	74510	-1.4%
耕种面积(公顷)	1333913	1338566	+0.3%
饲养禽畜			
牛(千头)	2484	2433	-2.1%
猪(千头)	6634	6481	-2.3%
家禽(千只)	35618	35108	-1.4%
种植面积(公顷)			
谷物	341822	337910	-1.1%

续表

年份与比较	2012 年	2013 年	2013 比 2012 年
冬小麦	205260	186062	-9.4%
冬大麦	42639	42972	+0.8%
育种玉米	67217	73955	+10%
工业作物	91955	93667	+1.8%
甜菜	61165	60191	-1.6%
土豆	66975	75315	+12.5%
豆科作物	1696	1672	-1.4%
饲料作物	251710	258554	+2.7%
饲料玉米	170471	177457	+4.1%
临时牧场	71268	70702	-0.8%
露天蔬菜	39118	39654	+1.4%
永久牧场	507237	498195	-1.8%
温室作物	1896	1980	+4.5%
休耕	8481	8462	-0.2%

资料来源：比利时经济信息统计总署。

比利时的农业在国民经济中的比重不大。2013 年，比利时的农牧渔业附加值为 29.3 亿欧元，约占国内生产总值的 0.7%。农业用地面积约为 134 万公顷。农业就业人口 7.5 万，约占总劳力的 1.5%，但是他们却为本国人民提供了近 80% 的食品。农业和园艺业是支撑其他相关产业的基础，在比利时经济中扮演重要角色。比利时农业主要由大型和一体化的农场经营。20 世纪末，登记注册的农场总数为 6.3 万个。农业经营规模平均为 22.4 公顷。65% 的农场拥有土地在 10 公顷以下，也有不少超过 100 公顷的农场。若干农场组成村落。

比利时农业在两大地区的发展不平衡。北部弗拉芒地区的农业实行精耕细作，而南部瓦隆地区的农业却是广种薄收，较为粗放。弗拉芒地区的耕种面积占全国的 46%，农场数量占 66%，产值占全国农业总产值的 74%。而瓦隆地区的耕种面积、农场数量和农业产值分别为 54%、34% 和 26%。比利时由中央集权制改为联邦制后，农业发展政策的制定和实施权便由中央政府下放到地区。从 2001 年起正式成立两个地区农业部。联邦政府承担的绝大多数的农业职责转移给新成立的两个地区邦，一些农业研究中心也分别移交给两个地区农业部管理。与食品安全、动物卫生和动物产品质量相关的职责继续由联邦政府承担，具体由公共卫生部负责。联邦政府还保留代表该国参加欧盟共同农业政策和农民收入补贴计划的权力。比利时负责对外贸易的国务秘书代表该国地区农业部参加欧盟农业委员会。但是地区农业部将通过比利时常驻欧盟办事处的一个特别机构，授权该国务秘书参加欧盟农业委员会举行的会议。

公众对将联邦农业部分解为两个地区农业部的决定意见不一，各农场组织也认为政府并没有考虑到他们的优先权。尽管多数农场组织同意对欧盟指示的实施权归属地区农业部，但许多农业组织认为决策权应该仍然归属联邦政府部门，以避免发生比利时在欧盟农业委员会中的国家影响削弱的情况。据预测，比利时农业管理部门地区化的行动不会对其国际贸易关系产生很大影响。但是该国公民将因此更加难以就可能对各个地区产生不同影响的农业问题达成共识。

三 畜牧业

在比利时，畜牧业的地位也很重要，它占农业附加值的 68%，以养牛和养猪为主，奶制品生产也十分发达，可满足本国 95% 的肉食和 100% 的奶制品需求。畜牧业约占农业总收入的 3/4，牧场占农用地面积的 49%，以养牛和养猪为主。2013 年，饲养肉牛和奶牛 243 万头。肉猪 684 万头。

家畜和饲料业是该国农业的最大领域，1999 年发生的“二噁英”病毒污染危机对其造成了巨大打击。这场危机的起因是，一家脂肪提取与加工厂将受“二噁英”病毒污染的脂肪交付给比利时、荷兰和法国的十多个饲料加工公司。这一事件以及随后发生的对一些猪肉、牛肉、家禽、蛋和奶制品的污染，使得比利时的家畜和饲料业陷入危机。比利时的养猪业严重依赖于出口市场，猪肉 50% 以上用于出口，主要销往德国、日本和韩国。但比利时猪肉、家禽和蛋的出口在1999年6月几乎完全中止。这场危机造成该国食品和食品加工业的生产率出现明显下降。

为解决危机，比利时政府制定了一系列措施，并成立了联邦食品安全局。该局的职责范围包括在食品生产的所有阶段对食品和原料进行监视和控制，并负责建立起原料识别和产地追源体系，制定污染防范和通信联络计划。比利时还建立了污染监视体系，对饲料的样品进行监视，以防病毒污染。该体系的建立成效显著，仅在2000年就有两次在动物饲料中成功发现PCB病毒污染，并迅速加以排除。

除了对饲料和肉制品质量的控制之外，比利时还面临着与家禽家畜业相关的粪便磷酸盐问题。根据欧盟的规定，比利时北部地区的家禽及畜类粪便产生量超标3600万吨，必须于2003年消除超标部分。迄今为止，比利时政府正积极实施欧盟有关降低硝酸盐要求的计划。它打算通过限制动物饲料中的硝酸盐和磷酸盐配料的方法来限制硝酸盐和磷酸盐的产生。

四 渔业

比利时渔业规模不大，以近海捕鱼为主，有渔船156只，主要由拖网渔船组成，捕鱼种类以鲽鱼、鲈鱼、比目鱼等鳊鱼为主。捕鱼作业区主要是从北海到冰岛的大西洋渔场。重要渔港是位于比利时海岸的泽布鲁日（Zeebrugge）、奥斯坦德（Ostende）和纽港（Nieuport）。

20世纪90年代以来，比利时的捕鱼船总功率有所下降，1991年为76000千瓦，1996年为66000千瓦，减少了15%。比利时的渔船分为三种：大部分为典型的拖网渔船，船身长15~24米，功率可达到221千瓦；另一种较大的渔船长25~40米，功率可达到882千瓦；还有一种渔船是专门捕捞鳕鱼的拖网船。

比利时的海洋捕捞量呈逐年下降趋势，20世纪末约为33000吨，营业额为33亿比郎。其中25000吨在国内渔港上岸，供应国内消费，8000吨在外国渔港上岸，供国外消费。在捕捞的各种鱼类中，鳕鱼、鲽鱼、鳎鱼占90%以上，其他产品为鲆鱼、黄盖鲽、鳐鱼和虾。

比利时的水产养殖业也有一定规模。其主要产品为鳟鱼（800 吨）和鲤鱼（600 吨）。在水产品加工方面，主要有鳟鱼加工和鲑鱼熏制。熏制的鲑鱼主要为出口产品。

比利时海洋捕捞业存在的主要问题是：大部分渔船老化；小型渔船的成本高，效益低；对稀有鱼种的集中捕捞会产生不良后果。在水产品加工和销售方面，加工企业要求原料进货量均衡，而捕捞却不能完全满足这一要求。比利时现有的渔港吞吐能力基本能满足目前的捕鱼量，但由于旺季和淡季的波动，有时会显得能力不足。因此需要进行渔港改造。欧盟对于食品卫生的标准也要求增加资金投入。

促进比利时渔业发展必须考虑生态、环保、社会经济等诸方面因素。比利时的农业和渔业的发展越来越多地受到欧盟共同农业政策的影响。该政策对欧盟成员国的农业实行了补助和配额，并对共同海域的鱼类采取保护措施。为此，比利时渔业部门在调整捕捞能力、更新捕鱼设备、加强水产养殖、限制捕捞区域、建设新渔港、促进水产品加工和销售等方面采取了一系列措施。

第三节　能源和工业

一　能源

比利时境内地质基础古老，煤炭资源比较丰富，储量约 37 亿吨，其中有开采价值的约占一半，多分布在桑布尔 - 默兹河河谷谷地。全国 5 个主要煤田中有 4 个（博里纳日、中央、沙勒罗瓦、列日煤田）分布于此，但它们在全国煤炭产量中已居次要地位。靠近荷兰边境的肯彭煤田是目前全国最重要的产煤区。此外，比利时还拥有铁、锌、铅、铜等金属矿藏，主要分布在阿登高原。

比利时最初靠丰富的煤矿发展起工业，煤炭原为比利时的主要资源。能源工业长期以采煤为主。1952 年煤产量为 3000 万吨，达历史最高水平。但由于煤矿储量逐渐枯竭，产量不断下降，1983 年产煤 609.7

万吨；由于开发成本越来越高，全国各地的煤矿工业逐渐萎缩，1984 年后煤炭开采业不再发展。到 1991 年时，煤炭产量仅为 63.6 万吨，1992 年只有 27.8 万吨，1997 年关闭了最后一个煤矿。这使瓦隆地区的经济和社会生活受到很大影响。比利时目前为煤炭进口国，现在每年进口煤 600 万～700 万吨，主要来自德国、美国。比利时也是石油进口大国，其石油资源主要从俄罗斯、中东、挪威进口。它无石油资源，但具有一定的炼油能力（3500 万吨）。比利时的能源消费量较大，每年消耗 5600 万吨石油。

由于能源不能自给，比利时主要依靠进口煤、石油和天然气来满足能源和发电需求。20 世纪 60 年代，比利时主要靠火电（所占比例超过 98%），70 年代后开始大力发展水电和核电。1980 年和 1990 年火电比例分别下降到 75% 和 51%，核电比例相应增加到 15% 和 39%。1980 年水电比例上升到 10%，后基本持平不变。1988 年比利时的装机容量为 15394.7 兆瓦，其中火电占 53.8%，核电占 37.1%，水电占 9.1%，风电占 0.1%。比利时近十多年来发电量稳步增长。1998 年的发电量为 79492.4 千兆瓦时，以核电为主，占 55.2%，其次为火电，占 42.9%，水电，占 1.9%。目前核电占总发电量的一半以上，但出于环境保护等方面的考虑，比利时政府决定今后不再新增核电容量见表 4－6。

表 4－6 比利时能源状况（2012 年）

初级能源提供总量	5600 万吨石油当量
能源类型比例	石油:38.2%； 天然气:25.7%； 电力:21.1%； 煤炭:5.3%
可再生能源	0.8%
能源消费总量	3430 万吨石油当量
人均消费量	5.06 吨石油当量

续表

初级能源提供总量	5600 万吨石油当量
部门消费比例	家庭:22.4%; 工业:34.4%; 交通:24.8%; 服务:23.3% 农业:2%
电力生产	83.07 TWh(TWh = 10 亿度)
生产方式	核电:48.5%; 热电:35.3%; 生物能:8%; 风电:3.3% 水电:2%; 其他:2.9%
能源进口	电力:16848 GWh(百万度); 石油:34074 千吨石油当量 天然气:21003 千吨石油当量; 煤炭:3620 千吨石油当量
能源出口	电力:6912 GWh(百万度); 石油:3244 千吨石油当量 天然气:4530 千吨石油当量; 煤炭:831 千吨石油当量

资料来源：http://fr.wikipedia.org/wiki/%C3%89nergie_en_Belgique.

比利时近年来电力消费和需求一直呈上升趋势。在高压用电中，工业用电所占比例超过70%，其余依次为商业和公共服务业、交通部门、能源部门、农业。低压用电中居民用电居多，所占比例超过64%。在输变电系统和电力交换方面，到1998年底比利时共有输变电线路183684公里，其中高压线路74233公里，低压线路109450公里。

二　工业

比利时主要工业部门有钢铁、机械、有色金属、化工、纺织、玻璃、煤炭等行业。工业主要有钢铁、机械制造、有色金属冶炼、化工、纺织、玻璃、钻石加工等。2010年工业附加值为755.82亿欧元，约占国内生产总值的22%；2013年工业附加值531.09亿欧元，约占国内生产总值的14.51%。比利时的工业门类比较齐全，国际化程度很高，在机械制造和化工部门，外国资本占据有很大的优势。在汽车和石化等行业，外资比重高达2/3以上。投资者主要来自英国、荷兰、德国、法国等欧盟成员国和美国、日本。工业总产值约占国内生产总值的21%。

钢铁及有色冶金是比利时的传统行业。钢铁工业历史悠久，1817年即建成欧洲大陆第一座炼铁高炉。1823年开始用焦炭炼铁，1850年开始炼钢，炼钢技术属先进行列。1983年产钢1015.7万吨。钢铁工业集中分布在列日、沙勒罗瓦和根特工矿地带。有色冶金工业从16世纪开始发展。1808年发明先进炼锌法，促进了炼锌工业的发展。随之炼钢、炼铅业也逐步发展。本国有色金属矿极少，原料绝大部分依靠进口。1983年生产精铜43.1万吨、锌27.5万吨、铅13.4万吨，其中电解铜和锌产量均居西欧首位，为世界有色金属重要出口国之一。冶金工业在很大程度上依靠从扎伊尔进口的矿产原料。但近年来，随着产业结构调整，企业大量兼并，产量下降，产品压缩，使这一行业在工业总产值中的比重逐年下降，20世纪末占5%左右。

机械制造工业是比利时重要的工业部门。从17世纪下半叶起，铁路机车、电机、造船、纺织机械等生产已居领先地位。20世纪60年代，比利时的产品具有良好的国际声誉。产业结构早年以重型机械设备为主，后来逐渐演变为高科技制造业，如汽车工业、金属加工机械、水利工程、冷冻冷藏、机床、自动化设备、纺织机械、起重机械等行业。1980年机械工业产值占工业总产值的20%左右，有职工30万人，占全部工业职工的1/3左右。1998年其产值占国内生产总值的5.9%。目前，机械制造业的产值约占工业总产值的27%。机械工业中汽车装配最为发达。比利时本国无汽车品牌，但由于它在欧洲的地理位置及安特卫普港的便利条件，因此它吸引了世界著名汽车制造商，如福特、欧宝、大众、沃尔沃等——在比利时投资设厂，建立了四大汽车装配厂，年产汽车120多万辆。汽车装配中心在安特卫普和布鲁塞尔。比利时处于鹿特丹、安特卫普、勒哈佛和汉堡四大港的中心位置，港口运输业的发展，带动了船舶及相关机械产品的发展。造船和铁路设备制造业主要集中在安特卫普。此外，比利时的运输机械、电机和电子工业也发展较快。传统的军火工业也很发达，比利时的轻型武器出口到世界很多国家。随着经济全球化的深入，金属加工业国际化程度日益提高。大型跨国集团的投资已占总投资的70%，产品的75%供出口。由于比利时的工资标准偏高，这使其国际竞争力受到影响。1999年产值下降3.4%，就业人员减少1.9%，价格下降0.3%。与此同时，新兴电子产业和有色金属业发展强劲。

化工业和食品加工业在比利时工业中分别占第二位和第三位，在工业总产值中分别占18%和17%。比利时的化工行业起源于18世纪，当时只有几家生产硫酸和油漆的工厂。1863年索尔维公司的创始人索尔维（Ernest Solvay）发明了玻璃工业的关键产品碳酸钠的生产方法，使比利时的化学工业出现飞跃。多家化工厂相继建立。1890年，比利时人热瓦埃尔成功地生产出照相用纸，使照相用品的生产迅速发展起来。1908年，贝克朗发明了苯酚和甲醛的合成塑料，开了塑料合成工业的先河。这项发明使比利时在20世纪世界精细化工领域处于领先地位，同时使比利时的塑料生产行业蓬勃发展起来。比利时的医药行业始于1915年。比利时化学家莫里斯（Albert Meurice）成功地发明了退烧镇痛药，从而成为比利时药品工业的奠基人。1961年，这家最早成立的药品实验室与几家化工企业联合成立了比利时联合化学公司（U. C. B），现今已是比利时著名的化学医药集团。

石油化学工业是二战后新兴的工业部门，发展很快。其中包括无机化工、化肥、石油化工、制药业等。比利时本国不生产石油，全部依靠进口。此外，每年还进口130亿立方米天然气。石油化学工业主要分布在安特卫普和根特。从20世纪50年代起，农业生产对化肥的需求量日益增加，这使有机化学工业得以不断发展。60年代是外资企业向比利时化工行业投资的高潮期。德国的巴斯夫、拜耳、赫斯特，美国的埃克森，以及英国和法国的一些跨国石油化工集团纷纷在安特卫普港附近落户。近40

年来，外国企业在比利时化工行业的投资已占比利时化工行业总投资的3/4。目前，在比利时的外资化工企业就业的人员占比利时化工行业就业人数的2/3。安特卫普已成为继美国休斯敦之后的世界第二大石油化工基地，世界14家最大的跨国化工集团在安特卫普港周围建立了多家炼油厂、化工厂，带动了石化产业及化工行业的发展。比利时的化工业已发展成为门类齐全、技术先进、产品优良的高度发达的行业。

20世纪末，比利时化工行业的直接从业人口为9.7万人，间接从业人口为25万人，生产力年增长率为8.3%，年营业额达13128亿比郎（约合362亿美元）占比利时工业行业总营业额的22.1%。1998年化工产品的出口达14715亿比郎（约合406亿美元），进口额为11659亿比郎（约合321亿美元），贸易顺差3056亿比郎（约合84亿美元），其中74.4%的产品出口到欧盟国家。比利时化工行业的出口额约占其总出口额的23%，在出口贸易中具有举足轻重的地位。为遵守《京都议定书》，比利时政府承诺在2010年前将导致温室效应的二氧化碳排放比重降至1990年的水平（7.5%），即将化工产品产量减少20%。为减少因产业结构调整而导致的社会经济后果，比利时政府计划采取以天然气取代石油等措施。

虽然比利时农业产值仅占国内生产总值的1.3%，但其食品工业却在经济中占有举足轻重的地位。比利时的食品工业主要门类有：奶制品生产、屠宰及肉类加工、油脂加工、面包糕点饼干加工、动物饲料、啤酒、可可及巧克力、果酱、水果蔬菜、糖及糖果、粮食加工、饮料及其他。比利时食品加工业的拳头产品为啤酒、巧克力、奶制品、肉制品和饼干等，它生产的啤酒和巧克力制品品质精美、种类繁多、历史悠久、驰名全球，远销世界许多国家。比利时依靠本国的农产品和进口的热带产品进行加工。目前，比利时年产食糖100万吨、啤酒1500万吨，以及大量奶制品、糕点、巧克力和饲料。食品加工业在比利时工业中占有重要的地位。1998年比利时食品加工业的营业额为9160亿比郎，占工业总产值的18%，在工业行业中占第三位，其增加值为2200亿比郎，占工业增加值的13%，居工业行业第二位。出口总额为4320亿比郎，其中80%出口到欧盟成员国，20% 出口到欧盟以外的国家。出口产品主要有乳制品、肉制品、啤酒、糕点饼干、巧克力和蔬菜罐头等。进口额为 3800 亿比郎，投资额为 370 亿比郎。1998 年全行业共有企业 6869 家，雇用职工 87000 人，在工业行业中占第二位。食品加工业企业由大量中小企业组成，其中 10 人以下的企业有 6445 家，占企业总数的 81%。100 人以上的企业有 159 家，占 2%。此外，比利时还拥有成熟、现代化、高效的面粉加工业。面粉产量在 1998 年为 134.3 万吨，每年面粉出口总量约为 50 万吨。

纺织业是比利时国内古老的工业部门。中世纪时，手工纺织发达，挂毯早已闻名世界。弗拉芒地区曾是产业革命前欧洲最发达的工场手工业区，目前仍集中了 3/4 的纺织工业。毛纺织业主要分布在韦尔维耶及其周边地区。纺织工业中心为根特、布鲁日、布鲁塞尔、林堡、库特赖、马林。产品包括棉、毛和各类化纤制品。布鲁塞尔和布鲁日以花边、细麻布和锦缎产品闻名。化学纤维工业也有发展，主要中心是根特和哈瑟尔特。纺织品除自给外有少量出口。比利时纺织业产品分为五大类，按其附加值多少排列为：室内装潢用纺织品（40%）、成衣布料（25%）、科技用纺织品（20%）、染整加工业（10%）、纺纱业（5%）。比利时室内装潢用纺织品质量在国际享有盛誉，主要包括地毯、家具用布料、壁纸用布、家用纺织品等。成衣布料产品包括用于运动服、休闲服、工作服、内衣、流行服装等的布料。1999 年有纺织企业 229 家，职工 1.6 万人，全年销售额为 1223 亿比郎。比利时纺织品出口比例甚高，约占 93%。比利时的地毯加工业历史悠久，在世界上享有很高的声誉，地毯出口占世界第一位，地毯是比利时纺织行业的主导产品。

比利时的钻石加工业在世界居领先地位。比利时在 19 世纪时占领了全球钻石最大产地非洲的刚果（金），钻石加工业历史悠久，信誉卓著，切割技术世界领先，“安特卫普切割技术标准”成为国际上鉴定钻石上等品级的标志。1999 年，比利时安特卫普市的钻石业受到千禧年纪念首饰购买热的大力推动，其营业额从 1998 年的 200 亿美元增长到 230 亿美元。比利时是全球未加工钻石的经销中心，世界钻石原石交易的 90% 在安特卫普进行。1999 年，比利时的钻石原石进口量为 14968 万克拉，比上年增加 12%；进口金额为 70.94 亿美元，比上年增加 31%，主要进口国为英国、刚果（金）、以色列、安哥拉和澳大利亚。钻石原石出口量为 17325 万克拉，出口金额为 69.91 亿美元，比上年增加 35%。2011 年，受全球钻石等贵金属价格上涨影响，比利时安特卫普钻石业销售额增长近 50%，达到 446 亿欧元。2012 年，比利时钻石等贵金属出口占出口总额的 5.2%。主要外销市场为美国、中国、泰国、斯里兰卡、法国、英国、乌克兰、日本等国。

比利时的建筑业自 1985 年以来在国民生产总值中的比重变化不大，偶有起伏。1994～1998 年一直呈下滑趋势。1996～1997 年，由于政府对购买住房进行税收减免政策，建筑业略有恢复，但 1998 年后又趋下降。1997 年建筑业生产增加 2.4%，1998 年仅增加 1.8%。占 1998 年国民生产总值的 4.7%，与 1997 年大致相仿。1999 年，建筑业在比利时国民经济中的比率为 4.6%。到 2013 年，比利时建筑业的附加值占国内生产总值的 10.5%。

此外，近年来比利时的印刷出版业、木材加工业、纸张包装业以及新型高科技产业也有较迅速的发展。

三 著名企业

经济发达的比利时拥有众多著名企业，它们是比利时经济的重要支柱。这些企业有历史悠久的“老字号”，也有高科技的新兴企业。它们资本雄厚，人员素质高，产品质量优异，在比利时和世界上享有盛誉。

比利时联合化工集团（U. C. B） 比利时联合化工集团是比利时较大的医药化工企业，创立于 1928 年，总部设在布鲁塞尔，注册资本为 105 亿比郎。公司总资产达 18 亿欧元。目前集团下属 150 余家子公司，分布在世界各地，共有职工 9214 名，其中 33% 为管理人员，36% 为技术人员，31% 为工人。集团分为药品部、化工部和薄膜部。1999 年集团营业额为 18.42 亿欧元。2000 年，集团投入 3.2 亿欧元作为研发和投资费用，其中 1.8 亿为研发费用。该集团 95% 的产品销往国外，比利时国内市场仅占 5%。集团每年投入大量的研究开发费用，坚持生产销售附加值高的产品，所涉足的领域在世界上处于领先地位。他们生产的抗过敏药在欧洲市场上销售最多。其化工部生产的树脂占领了世界市场的30%以上，其甲胺及其产品年产量达26万多吨，占领了世界市场20%的份额。薄膜部生产的两大类产品也在世界市场上占有重要地位。该集团还是世界最大玻璃纸生产商，年产玻璃纸6万吨，用于各种包装。

比利时动力集团（TRACTEBEL） 这是一家经营能源和提供相关服务的专业跨国集团和处于世界领先地位的独立发电商。该集团的核心业务是电力和天然气，业务覆盖发电、输电及供电网络，还提供包括工程技术设备安装、垃圾处理和通信等方面的服务。集团注册资本为302亿比郎，总部设在布鲁塞尔。现有职工6.3万人，1999年的营业额为4602亿比郎。目前，比利时动力集团的总发电装机容量为43000兆瓦，经营的天然气输送系统的年运输量超过1000亿立方米。在比利时国内，它控制着两家主要的电力和天然气公司，并通过它们覆盖全比利时的发电、输电及配/供电网络。此外，公司已在20多个国家设置了100多个经营点。在能源贸易方面，公司下设4个贸易和销售部：南美洲的能源咨询服务公司、北美洲的比利时动力集团能源销售公司、北欧的北欧能源公司及瑞士的全球天然气公司。集团的工程部是欧洲主要的工程咨询机构，以其先进技术和高素质的员工活跃在电力、天然气、信息技术、基础结构、建筑及工业领域。其业务操作基地网络遍布17个国家，管理70多个国家的项目。集团还提供如电力安装、工业管道系统、热力-通信-空调系统、防火设备及工业制冷等多项技术服务。2000年5月，比利时动力集团与上海动力公司等6家合作伙伴共同签署了关于上海化学工业区热电联供项目的合作意向书。

十通国际储存设备公司（Stow International NV） 该公司建立于1987年，总部所在地为比利时韦弗尔海姆（Wevelgem）。十通公司的业务分为工程设计、设备生产、技术安装和客户服务四大类。十通公司生产的储存设备有托盘货架、积蓄式货架和隔板式货架。十通公司在世界20多个国家拥有30多个销售网点和4个生产基地，年销售额超过20亿比郎。十通公司在德国、法国、英国、波兰和奥地利等国成立了分公司。1993

年十通公司在中国上海设立了代表处，1996 年在上海建立了十通（上海）储存设备有限公司。十通（上海）公司投资 400 万美元，生产适用于各种工业系统的仓储设备。

苏威集团（SOLVY） 苏威集团是比利时著名的化工医药集团，公司总部设在布鲁塞尔市，注册资本为 12.44 亿欧元。公司分化工部、医药部、塑料部和塑料产品加工部。集团有职工 3.3 万人。公司业务范围广泛，在世界 30 多个国家设有上百家子公司。主要产品为化工产品、医药产品、塑料原料（如 PVC、高密度聚乙烯、聚丙烯）等。1999 年，集团总营业额为 78.97 亿欧元。其中化工部为 24.02 亿欧元，塑料部为 26.51 亿欧元，塑料加工部为 14.95 亿欧元，医药部为 13.49 亿欧元。集团的研究开发费用每年都占到营业额的 5%，其中用于医药部门的费用将占全部研发费用的 66%。苏威集团的产品 60% 以上供出口。2012 年，该集团的营业额达到 79 亿欧元。近年来，苏威集团积极开拓中国市场。苏威集团在中国不仅设有销售点，而且还有生产厂。苏威集团在北京设立了代表处，在中国香港、江苏常州、四川成都、上海等地均有生产厂，其中上海医药公司主要从事心脏、消化、女性荷尔蒙和精神疾病药品的生产，有 100 余名员工。

比利时史克必成生物制品公司（S. B. Bio） 该公司隶属于英国史克必成医药集团，以专门研制并生产人类疫苗为主要业务。公司有职工 2500 人，其中 700 多人为研究人员，年营业额达到 12 亿美元，拥有全球疫苗市场的 30%，90 年代起成为人类疫苗研制、生产行业的先锋，在全球的疫苗研究、开发、生产和营销业务方面居垄断地位。公司除了生产甲型肝炎疫苗、乙型肝炎疫苗、小儿麻痹症疫苗、水痘疫苗、白喉、破伤风、百日咳综合疫苗外，近年来又有一系列的新型疫苗先后面世，如麻痹、腮腺炎、风疹综合疫苗和一针防五病的儿科综合疫苗，以及 b 型流感嗜血杆菌疫苗和预防感冒的疫苗。近几年来，公司的营业额稳定上升，在欧洲市场的营业额达 5.6 亿美元，在北美市场达到 3.2 亿美元，其他地区也高达 3.2 亿美元。

西格斯环保技术集团（Seghers Better Technology Group） 该集团成立于 1974 年，总部位于威尔布洛克市（Willebroeck），集团的创始人亨得利·西格斯兼任集团首席执行官。集团拥有3家分公司，即固体废物处理工程公司、水处理工程公司以及机械设备服务公司。集团从事环境保护技术的开发、固体废物的处理、污水处理及提供西格斯环保技术设备与产品。集团在60多个国家和地区设立了代表处。1999年营业额为40亿比郎，2000年达到60亿比朗。集团雇用员工700余人，其中约有300人为工程师和科学家。集团将其年增加值的30%用作研究和开发费用。多年来，集团通过与大学、科研机构的长期合作，逐步扩大了环保技术的研究范围，其中包括城市垃圾和工业废物处理、烟尘净化、金属污物清洗、污水废水处理等最先进的环保解决方案和完善的技术系统。目前，该集团已在比利时国内外拥有了多项环保专利和专有技术。近年来，该集团在中国建立了3家废物燃烧发电厂，并与上海、苏州等城市进行了同类项目的合作谈判。

比利时混凝土集团（SBB）　比利时混凝土集团创立于1909年。它从一家混凝土生产企业发展成为当今在法国、德国、比利时、卢森堡、埃及、印度、波兰、斯洛伐克、毛里求斯等国家拥有50多家子公司的跨国建筑工程集团公司。目前公司的注册资本为7500万比郎，1999年营业额为295亿比郎，拥有职工11380人。公司的业务分为三个部门：工程建筑部门主要承担港口、机场、桥梁、市政建设、地下工程等大型建筑项目；民用建筑部门主要承担民用住宅、办公用房、医院、影院、公园、体育场等设施的建设；机械电气工程部门主要负责光缆、电缆的铺设，公共场所的照明，工业区的照明，公共设施的维修保养，以及交通管制设备和信号设施的安装。

毕加乐公司（Picanol NV）　毕加乐公司建于1936年，以西班牙人毕加乐（John Picanol）的名字命名。该公司主要从事纺织机械的生产。公司总部位于比利时西弗拉芒省的伊珀尔市（Ieper）。公司的主要产品有多种喷气式纺织机。1999年毕加乐公司的营业额达3.32亿欧元。公司共有雇员1381名，每月平均生产织机560台，全球年产量达26万台。毕加乐公司在德国等国家设有生产点，在印度尼西亚、巴西、韩国、土耳其、日本、美国等国设立了服务和培训中心，其代理网络遍布全球。公司自

1988 年起开拓中国市场，同年在上海设立了服务与培训中心。目前已有喷气式纺织机和快速纺织机械等产品 1 万余台分布在中国各地。

比利时意瑞斯公司（I. R. I. S）　全称为“图像分辨综合系统”公司，成立于 1987 年，由德·默勒那赫（Pierre de Meulenaere，现为公司执行总裁）创办，主要从事图像、光字符分辨、文件管理等技术的开发。该公司有雇员 170 人，公司总部设在布鲁塞尔附近的新鲁汶市，并在美国、法国和卢森堡设有分支机构。目前，公司在世界范围内已经为视窗（Windows）和麦可（Macintosh）电脑开发和销售了一系列的配套技术产品，有关产品获得了产业界颁发的多项奖章。该公司的光字符分辨和文件管理技术在欧洲处于领先地位。北约、欧盟、卢森堡议会、意大利邮电局等单位均使用了该公司的产品。20 世纪 90 年代，意瑞斯公司业务一直呈增长态势。1997 年多家投资公司的加盟极大地促进了该公司的发展。1999 年公司在布鲁塞尔交易市场成功上市，2000 年该公司又兼并了欧洲多家竞争对手，确立了其在电子文件管理技术领域的领先地位。1999 年该公司销售额为 1400 万美元，比 1998 年增长了 80%，是 1993 年的近 3 倍。

比利时离子束应用公司（IBA）　比利时离子束应用公司由比利时新鲁汶大学回旋加速器研究中心和比利时国家放射物研究所于 1986 年成立，是生产安装医用和工业用加速器系列产品最大的私有股份制企业。1999 年，该公司通过股市增资 70 亿比郎购入 5 家同行企业，成为一个庞大的跨国集团。1999 年，该公司营业额为 1.5 亿欧元，被评为瓦隆大区年度最佳企业。公司现有员工 1100 人，其中比利时本国人 270 人，欧盟其他国家 280 人，北美国家 550 人。公司开发的产品主要包括：①用于正电子发射层面照相技术（PET）的回旋加速器，可提供高质量的生物工程影像，使核医学能够在分子医学领域中发挥作用；②质子束治疗系统，可准确杀灭癌细胞，又不损害健康细胞，无痛无血，副作用甚微，用于脑、眼、脊椎骨附近肿瘤的切除；③根据用户特定要求生产 Cyclone 18 + 型质子束加速器，其质子束电流可达 2 毫安，为常规标准的 5 倍，可用于替代核反应堆生产钯 103（一种用于植入方式治疗癌症的放射性同位素）。该公司在食品和医疗器械消毒用粒子加速器的研究及生产领域拥有世界领先的技术。目前该公司重点发展放射性同位素、癌症治疗仪、工业用消毒设施和电离子设备等的生产。

尤尼克公司（EONIC） 尤尼克公司是一家拥有高效的多数字信号处理程序（Digital Siganl Processor）和并行的软件开发工具（VirtuosoTM）的公司。公司自1989年成立以来，便致力于开发通用传送处理程序和用于单一处理程序和综合处理程序的高效运行程序的工具，如实时操作系统、图书馆、快速设计模型以及应用开发工具等。在高性能的数字信号处理程序应用领域，实时操作系统（RTOS）已成为最流行的实时应用开发工具。1998年，该公司斥资3300万美元在亚洲和欧洲建立了新的办事处，并扩大了其设计队伍，进一步巩固了其在实时操作系统市场上的地位。目前，尤尼克在北美洲、南美洲、欧洲和亚洲都拥有软件开发中心，在中国上海建立了办事处。尤尼克公司还是多数字信号处理程序研发基地的创立者之一。该基地设在比利时鲁汶市，这里汇集着1200多位专家。它包括三所大学，世界上最大的半导体研究机构之一的校间微电子中心，以及众多的工业伙伴。

德伦杜斯集团（Telindus Group） 德伦杜斯集团是一家提供数据集成和电信网络产品和相关服务的集团，集团现有员工1300余名。该集团的总部设在比利时的赫维里市（Heverlee），其母公司为德伦弗（Telinfo NV）公司。该集团现任董事长为比利时金属制造商协会主席约翰·科迪尔（John Cordier）。德伦弗公司在提供数据集成和电信网络产品和相关服务方面有30年的经验。它主要从事各种运用当地网络（LAN）、区域网络（WAN）以及互联网及互联网技术的固定和移动网络设施的设计、安装、管理、维修等业务。此外，德伦杜斯集团还生产高效能的调制解调器和其他网络接入产品。德伦杜斯集团1998年的总资产达到3亿多欧元。该集团在欧洲10个国家有30家分公司，其代表遍及欧洲、东南亚、南美洲和中东地区。

比利时贝卡尔特集团（Bekaert Group） 该集团是世界最大的钢丝及钢丝制品制造商之一。公司创建于1880年，最初是一家生产及销售钢丝的小公司，如今发展成为在世界钢丝绳领域居领先地位的跨国公司。集团总部位于比利时的科特赖克市（Kortrijk）。公司注册资本为67.5亿比郎，在21个国家设有61家工厂和45个分销点，共有职工16700多人。1998年营业额达25.2亿欧元。集团设有钢丝及钢丝绳部、丝网部、钢帘线部以及高新技术产品部，主要生产销售各类钢丝、钢丝绳、钢帘线、钢丝网，以及用于电子产品、消除静电、电磁保护装置和真空产品的涂料等。1993年，贝尔卡特集团与我国江苏钢丝绳集团合资兴建了中国贝尔卡特钢帘线有限公司。1998年，贝尔卡特公司又在上海建立了两家合资企业，使其在中国的合资或独资企业达到4家。2012年，该集团的营业额为45亿欧元。

阿尔卡特贝尔公司（ALCATEL-BELL） 该公司是阿尔卡特通信集团公司设在比利时的一家子公司。它的前身是在1882年创建的比利时贝尔公司，于1986年12月31日被法国阿尔卡特通信集团公司兼并，从此改名为阿尔卡特贝尔公司。公司注册资本为5800万欧元。公司总部设在比利时安特卫普市，在比利时共有6个工厂，开发生产交换系统、传输系统、印刷电路板、集成电路、太空技术、国防产品和信息服务技术等，在国外开设了7家生产合营公司和16个海外商务办事处。共有5065名职工，其中工程师1957名。公司的业务主要有三方面：一是研究、开发公用电信系统的软件；二是生产制造交换系统、传输系统、通信系统、音频设备和地面接收等电信设备；三是培训服务。1997年公司营业总额为7.3亿欧元，出口占营业总额的69%。1998年总营业额为8.17亿欧元。公司经营方式灵活多样，在国外既搞许可证协议生产，又搞合营生产。公司为扩大在中国市场的业务，专门成立了阿尔卡特贝尔－中国公司，负责对华业务。

安海斯－布希英博集团公司（Anheuser-Busch InBev） 该集团公司是由英博啤酒集团和安海斯－布希公司于2008年7月合并后建立的全球最大的啤酒生产企业。英博啤酒集团是一家总部位于比利时鲁汶的啤酒公司，2004年由比利时的英特布鲁公司（Interbrew）和巴西的安贝夫啤酒公司（AmBev）合并而成。2008年，英博公司斥资520亿美元收购安海斯-布希，成为世界上最大的酿酒集团。英博-安海斯-布希公司在30多个国家拥有工厂，其产品行销130多个国家，总资产高达1130亿美元。

英博集团在全球各主要啤酒市场建立领先的地位，并跻身全球消费品企业前5名。目前拥有逾200个品牌，其中17个销售额达十亿美元。公司雇用约12万名员工，业务遍及美洲、欧洲和亚太区30多个国家。在中国，该集团拥有30家全资酿酒厂，10家合资酿酒厂，中国雇员总数有三万多名。2009年英国《金融时报》发布的全球市值最大500强企业排名将其列为第65位。2014年《财富》杂志将其列为全球500强企业第250名。该集团在这一年的总收入为431.95亿美元，利润高达143.94亿美元。

德尔海兹集团（Delhaize Group） 该集团成立于1876年，集团总部位于比利时首都布鲁塞尔，其首席执行官为弗兰斯·穆勒（Frans Muller），董事长为马茨·詹森（Mats Jansson）。德尔海兹集团是一家专门从事食品和日常用品买卖的跨国零售集团。它的大部分商店是超级市场，面积均在750~2500平方米左右。该集团在11个国家，3大洲都有分支。到1999年底，集团已拥有2112个商店和12.5万名员工。集团销售网络还包括社区商店、便利店和专卖店，并销售宠物用品、保健用品、美容产品等。德尔海兹集团的业务主要在美国和比利时，其他业务在希腊、印度尼西亚、卢森堡和罗马尼亚。2006年底，德尔海兹集团销售网络（包括直接经营，特许经营和加盟店）拥有2705家店铺，约14万名员工，销售收入为192.25亿欧元，净收入为3.519亿欧元。2012年，该集团在《财富》杂志的世界500强企业排行榜中名列第374位。到2015年，该集团的销售收入达到244亿美元，纯利润为3.66亿美元，拥有店铺已达3512家。

第四节　交通运输

交通运输是比利时经济的主要动力。比利时位于西欧中心，拥有得天独厚的地理位置。由于比利时经济在很大程度上依赖出口，其交通运输必须适应人员和商品的流通。为此，比利时经过长期努力，逐渐建成一套以公路、水路、铁路和航空组成的极为发达的交通网络，使它与其他国家和外部世界紧密联系起来。

从20世纪50年代起，比利时大力发展公路交通，并逐步建立起稠密的公路网。其公路网稠密程度是法国的5倍。比利时2/3的商品运输是通过公路实现的，其公路总长为15.36万公里，其中高速公路18227公里。此外，还有12542公里地区公路、1326公里省级公路和13万公里市级公路。

2013年，比利时的公路运输量达到327.95亿吨公里，其中55%为国内流通，进口占17%，出口占19%，过境货物占10%（见表4-7）。

表4-7 比利时公路运输状况

	2001年	2005年	2010年	2012年	2013年
货运量（万吨）	38638	33786	29615	29134	30056
吨公里（百万）	53185	43846	35001	32105	32795

资料来源：比利时经济信息统计署。

比利时为巴黎到汉堡、伦敦到法兰克福两条高速公路的交会点。高速公路E17、E19、E40、E42贯通国境。而且，比利时的公路交通设施十分完善，其使用均是免费的，而且具备完善的照明设施。这使比利时人颇为自豪。在比利时有一种说法：在月球上，白天可以看到中国的长城，晚上可以看到像串串夜明珠似的比利时高速公路。

到2013年，比利时的铁路总长为3592公里，全年客运量为2.32亿人次，货运量为79.75亿吨/公里。早在1835年，比利时就建成了欧洲大陆第一条铁路（布鲁塞尔－梅赫伦）。在19世纪，铁路曾是劳动力和商品流动的主要工具。经过不断建设，比利时从1843年起便成为世界上第一个建成完整国有铁路网的国家。在比利时，铁路运输为国家所有和经营。比利时是世界上铁路网密度最高的国家之一，现铁路总长约3600公里，其中电气化铁路有2500多公里，平均每1000平方公里国土有铁路 130 公里。以布鲁塞尔为中心，铁路呈辐射状联通全国和欧洲其他国家的主要城市。冶金工业产品主要靠铁路运输，年货运量超过 6000 万吨。比利时建造的高速铁路已同法国、荷兰、德国、英国的高速铁路网连成一片，把布鲁塞尔与巴黎、阿姆斯特丹、伦敦等城市紧密联系在一起。

在水运方面，比利时境内的河流由密集的运河连接，内河航线密布，可通航的水道总长近 2000 公里。布鲁塞尔和列日的河运港承担着重要的商品运输。布鲁塞尔的河运港已有 100 多年的历史，列日是继德国的杜伊斯堡和法国的巴黎之后的欧洲第三大河运港。斯海尔德河和默兹河全程均可通航。通过两河及其支流，以及沙勒罗瓦 - 布鲁塞尔运河、阿尔贝特运河、肯皮斯运河等，连通列日、安特卫普、布鲁塞尔、根特、布吕赫等重要城市，并同法国的塞纳河、卢瓦尔河以及莱茵河等水系相通，构成联通法国、荷兰、德国等邻国的西欧水运网。水运运输量占整个运输量的 20%，建筑材料、石油和化工产品一般由水路运输。1998 年河道货运总量为 1.22 亿吨，相当于铁路运输的 80%。除货运外，内河运输还可为客运和旅游观光服务，每年客运量达数百万人次。

在海运方面，比利时有 4 个海港：安特卫普、根特、奥斯坦德和泽布鲁格（Zeebrugge）。2014 年外贸海运装货量为 1.1 亿吨，卸货量近 1.26 亿吨。安特卫普虽然离海 80 公里，但却成为全国第一、欧洲第二大海港，它以经营有方、安全可靠和价格低廉著称，对周边国家的商品流通具有很大吸引力。根特港位于内陆，通过运河可到达海边，为比利时第二大港，经由根特的内陆水道可通往莱茵河。泽布鲁格港位于西海岸，是英国与欧洲大陆之间的重要港口，目前正在扩建为多功能港。奥斯坦德港位于西海岸，由于铁路发达，成为英国与欧洲大陆往来的主要港口，年客运量为 200 万人次。布鲁日作为东弗拉芒大区的中心，其海运吞吐量也超过 3000 万吨（见表 4 - 8）。

从 2009 ~ 2014 年，由于经济危机的冲击，该行业出现持续下滑。在客运方面，由于欧洲之星铁路客运的竞争，比利时的海上客运业也呈现出下降的趋势（见表 4 - 8）。

表 4-8 比利时的海运状况

年份	2000	2010	2011	2012	2013	2014
进港船只	32594	28812	28306	26795	25000	24540
出港船只	30385	29640	29262	27649	25349	25503
装货(千吨)	68801	100794	102543	101789	104157	111544
卸货(千吨)	111082	125561	128375	120705	122724	125815
上船(千人)	766	300	243	229	236	219
下船(千人)	757	310	254	237	232	218

资料来源：比利时经济信息统计总署。

在空运方面，比利时的空中运输网络联系 49 个国家 74 个城市。2013 年月客流量为 2666 万人次。2012 年，布鲁塞尔国际机场经停 63 驾外航班机，客运吞吐量 1897 万人次，同比增长 1%，货运吞吐量 45.9 万吨，同比下降 3.3%。布鲁塞尔、安特卫普和奥斯坦德是比利时的主要国际航空港。布鲁塞尔国际机场位于扎温泰（Zaentem），离市中心有 20 分钟车程。它是通往世界各地的空中交通枢纽。阿姆斯特丹、鹿特丹、法兰克福、巴黎、里尔、伦敦等皆在 90 分钟的航程内。

第五节 商业、服务业和旅游业

比利时第三产业发展迅速。20 世纪 70 年代以来，商业和服务产业的规模逐渐超过工业部门。1973 年，第三产业的产值为国内生产总值的 42%，到 1993 年则超过了 55%。工业在国内生产总值中所占的比重则从 41% 下降为 29%。在劳动力市场方面出现了同样的变化。1970 年，工业和服务业的就业人口大体相等，到 1994 年，服务业的就业人数已超过工业部门一倍多。1997 年，商业和服务业的产值为 55953 亿比郎，占国民生产总值的 64.5%；1996 年就业人数 265 万人，占总劳动力的 71.3%。1999 年产值为 62287 亿比郎，约占国内生产总值的 66.7%，就业人数约 222 万人，占总劳动力的 67.5%。到 2013 年，比利时的商业和服务业产值已占国内生产总值的 72%，就业人口约 364 万人，占总劳动人口的 80%。

比利时的商业和服务业对世界实行开放。比利时人口虽然仅占世界人口的0.2%，但它在国际商品贸易中的比重却占3%，成为第十大出口国。首都布鲁塞尔作为众多重要国际组织的所在地，同时吸引了大批从事商业、服务产业的公司。

在当今比利时的商业企业中，安海斯-布希英博集团公司和德尔海兹集团当属佼佼者。安海斯-布希英博集团公司是全球最大的啤酒生产企业。该公司在30多个国家拥有工厂，产品行销130多个国家，总资产高达1130亿美元。它拥有逾200个啤酒品牌，雇用约12万名员工，业务遍及欧美和亚太30多个国家。2014年总收入为431.95亿美元，利润为143.94亿美元，在全球500强企业中排名第250位。德尔海兹集团是专门从事食品和日常用品买卖的跨国零售集团。它在11个国家，3大洲都有分支。2012年，该集团在《财富》杂志的世界500强企业排行榜中名列第374位。到2015年，该集团的销售收入达到244亿美元，纯利润为3.66亿美元，拥有店铺已达3512家。

第六节　旅游业

比利时的旅游业十分发达，并且是该国的重要经济支柱。2014年，比利时接待国内外游客有3620万人次，大部分外国游客来自法国、德国、荷兰和英国。目前，比利时拥有旅馆和其他各种旅游设施5139处，36.62万张床位。旅游业的营业总额为104亿美元，约占国内生产总值的2.6%。

便捷的交通、诱人的饮食和丰富的自然人文景观为比利时的旅游业奠定了基础。除了各种特色菜肴外，比利时的巧克力和啤酒更是闻名全球。比利时全国生产啤酒多达2500种，啤酒厂商115家。而且，比利时拥有众多富有文化艺术资源的城市，如布鲁塞尔、安特卫普、布鲁日、根特、列日、鲁汶、阿尔隆（Arlon）、那慕尔（Namur）、通格雷（Tongres）、图尔内（Tournai）等，同时拥有十多处海滨浴场。游客可以享受大自然的宁静与清新，也可以欣赏都市的繁华与喧嚣。濒海的奥斯坦德等城镇及针叶林和阔叶林覆盖的阿登山区每年都吸引成千上万的比利时游客和其他国家的游客。各旅游胜地还拥有很多健身和休闲项目。

比利时的众多历史名胜被联合国教科文组织确定为人类文化遗产，其中包括瓦隆地区13世纪修建的修道院，它们反映了中世纪西北欧社会和精神生活的侧面；中部运河的古船闸，这些建于19世纪末的水运工程具有极高的技术水平和工艺水平，表现出比利时人的聪明和智慧；布鲁塞尔市中心的大广场，它周围汇集了17世纪末的众多著名建筑，并成为重要的政治中心、文化中心和商业中心；分布在弗拉芒和瓦隆地区的30多座雄伟教堂钟楼，它们是中世纪宗教和封建文化的见证。古城布鲁日。这座有“北方威尼斯”和“弗兰德珍珠”之称的历史文化名城保留了中世纪的风貌，令游人流连忘返。布鲁塞尔“新艺术”风格的建筑。这是著名建筑师维克多·奥尔塔（Victor Horta）19世纪末的杰作，它们见证了建筑史上的一场革命；赛莱可斯古煤矿遗址。该煤矿位于蒙斯附近，源于新石器时期，占地100多公顷，是欧洲最古老的开采业基地；图尔内的圣母大教堂，这座中世纪建筑高达83米，兼有罗曼风格和哥特风格，其中藏有13世纪的艺术大师尼古拉·凡尔敦制作的圣人遗骸盒，被视为比利时的国宝之一。

在全球金融危机的打击下，2009年比利时的旅游业和酒店业经营惨淡，但2010年以来酒店业投资快速回升，仅布鲁塞尔两年内就增加2000多张床位。2011年，比利时酒店入住率为71.5%，旅游人数增长13%。主要旅游点是阿登山区、北海海滨和布鲁塞尔市等。

第七节 财政金融

一 基本状况

2014年，比利时联邦政府的财政收入为2055.26亿欧元，财政支出为2185.85亿欧元，财政赤字为130.59亿欧元，公共债务占国内生产总值的106.5%。

截至2015年11月，比利时的外汇储备为224.67亿欧元。黄金储备是比利时储备资产配置的一部分，主要目的是分散投资风险。近10年来，比利时的黄金储备数量保持稳定。截至2015年，比利时的黄金储备为227.4吨，市值约102亿欧元。这些黄金储备均存放在境外，主要委托英格兰银行、加拿大银行等国家中央银行和国际清算银行保管。历史上，比利时曾拥有更多黄金储备，在20世纪80年代稳定在1329吨左右。从1994年起，为达到欧元区制定的债务率低于60%的准入门槛，比利时开始抛售黄金储备，配合其他财政紧缩措施，有效降低了债务率。1998年底，比利时外汇储备为140亿美元，黄金储备257.5亿美元，国际经常项目收支盈余约150亿美元。1996年以来，国际金融业出现全欧化、全球化趋势。比利时规模较小、成本较高的金融企业在竞争中难以取胜，逐渐被其他大的金融机构收购。1997年底，比利时最大的通用银行，以及布鲁塞尔朗贝尔银行、里昂信贷银行比利时子银行等多家银行被荷兰、德国的大银行收购。

从20世纪80年代起，比利时面对经济危机和结构调整的严重挑战，财政长期处于赤字状态，公共债务负担沉重，其利息就占公共开支的35%。这一状况导致了资本外流、国内投资不足，外国资本乘虚而入。在比利时，44%的国内生产总值由跨国企业提供。比利时的失业情况也比较严重。1991年失业人数为37万人，占劳动人口的10.9%。同时，比利时还是个高税负的国家，1997年税收占国内生产总值的46.6%，是欧盟内继瑞典、丹麦和芬兰之后税收最高的国家。从20世纪80年代末到90年代，比利时政府开始大力实行紧缩政策，逐渐使资本外流得到控制，投资开始增加，货币趋于稳定，财政赤字有所缓解。与此同时，比利时法郎也经历了一个动荡时期，在加入欧元区后，比郎与欧元的比价固定下来，并于2002年被欧元取代。

由于政府大力削减赤字，使政府预算赤字从1993年的7.2%降低到1998年的1.3%。同一时期，财政盈余也从国内生产总值的3%提高到6%，政府债务从占国内生产总值的135.2%减少到115.8%，这主要是因为1995~1998年实行的私有化政策为政府带来了1700亿~2000亿比郎的收入。此外，严格实施的税收政策也有助于降低财政赤字在国内生产总值中的比例。

比利时的财政赤字从1992年占国内生产总值的8%，逐渐减少，到2000年首次实现收支平衡，从而达到了财政稳定计划的目标。在欧盟国家，比利时属于少数消除赤字、实现财政收支平衡的国家。2001年“9·11”事件对世界经济产生负面影响。欧盟、美国和日本等国都出现了经济乏力。比利时的经济和就业也受到影响，经济增长举步维艰。因此，比利时政府制订了谨慎和稳定的经济发展计划，同时努力削减公共债务负担，为企业创造有利的环境，给民众增加信心，争取实现财政收支平衡。2002年比利时政府再次实现公共收支平衡。联邦政府将1999~2002年的开支年增长率稳定在1.2%。2001年，联邦政府的财政赤字占国内生产总值的0.9%，2002年为0.4%，公共债务降至国内生产总值的103.7%，通货膨胀率为2.4%。

2008年开始的金融危机导致比利时经济陷入衰退，经济增长率为-3.1%，财政收入因此大幅减少。比利时2009年财政赤字约250亿欧元，占其国内生产总值的7%。2010年度财政赤字从预计的167亿欧元增至180亿欧元，占国内生产总值的比例从4.8%升至5.2%。与此同时，由于政府采取了经济刺激计划，致使财政“窟窿”越来越大。在如何应对财政赤字方面，比利时政府似乎仍持乐观态度，并认为寻求快速平衡是不明智的：既不能增加税收，也不能减少消费；既不能改变比利时的社会保障模式，也不能停止公共投资。因此，财政赤字问题只能随着经济复苏循序渐进地加以解决，预计到2015年才能弥补财政亏空。当然，在1982年时，比利时财政赤字曾达到过占国内生产总值13%的水平，政府通过使比利时法郎贬值8.5%、冻结工资增长等方式使财政逐渐恢复了平衡。但欧元启用后，由于欧元贬值与否不是比利时政府所能决定，货币贬值这一工具已无法继续使用。因此，比利时预算监管委员会对政府未来数年的财政状况表示悲观，认为应当进一步采取有效措施，否则比利时财政赤字将在2014年升至242亿欧元，占国内生产总值的6%。

欧盟也认为比利时政府的预算案过于乐观，并于2012年初要求比利时政府采取措施削减12亿~20亿欧元财政支出。于是，比利时联邦政府决定冻结13亿欧元财政支出，涉及国有铁路公司、发展援助、国防及跨部门机动经费等科目，以确保将赤字比例控制在2.8%。例如，比利时2012年的官方发展援助同比下降19%，2013年的援助资金被削减7500万欧元，2014年还将进一步减少1.25亿欧元。此外，联邦政府还削减国防开支1亿欧元，军队人数缩减近20%。比利时预算大臣表示，冻结财政支出是暂时措施，不会影响居民生活。2012年，比利时的财政赤字占国内生产总值的2.96%，未能达到年初制定的2.8%的目标，但低于欧盟规定的3%的要求。公共债务占国内生产总值的比重升至99.7%，较2011年增加了1.9个百分点。财政赤字未达标的主要原因包括：比利时为欧洲稳定机制增加担保的额度使债务比例上升了1.5%；为德克夏银行再注资增加了0.8%。从欧盟范围看，比利时的财政赤字和公共债务均略低于欧盟各国的平均水平。

二　主要银行

2013年，比利时有7个金融公司、104个信贷机构、129个保险企业，以及数家主要银行。

1. 比利时国家银行（National Bank of Belgium）

比利时国家银行自1850年以来一直是比利时的中央银行。根据当时的法律，该银行由100%私有资本组成。比利时国家银行是欧洲中央银行体系成员。银行行长是理事会成员，参与欧元体系货币政策的制定。

2. 比利时联合银行（KBC Group）

比利时联合银行是KBC金融保险集团的重要一支，是比利时王国的第二大银行，拥有密集的银行服务网络，聘用2.3万余名员工。它是比利时一家通用多渠道银行，专注于私人客户和小型和中小型企业。除了零售银行，保险和资产管理业务（与姊妹公司KBC保险有限公司和比利时联合资产管理NV合作）外，该银行经常活跃在欧洲债务资本市场，国内现金股权市场。比利时联合银行业务覆盖比利时，中欧与东欧和其他地区（主要是欧洲），业务包括租赁、保理、再保险、私募股权投资和项目及贸易融资。比利时联合银行在国内外都享有优良的金融服务质量和利润。该银行不仅在欧洲各国、世界主要金融中心和世界许多国家、城市均设立了分行或分支机构，在中国也拓展了十分活跃的银行业务。该企业在2007年度《财富》全球500强公司排名中名列第246位。

3. 富通银行（Fortis Bank）

富通银行成立于2000年3月，总部设在比利时布鲁塞尔。富通银行是由比利时通用银行、荷兰 Meespierson 银行、比利时 Aslk/CgerBank 储蓄银行与荷兰 VsbBank 储蓄银行等多家银行合并组成的欧洲银行。该银行80%的利润来自比、荷、卢三国。富通银行的母公司富通集团（FortisGroup）原本主要基地是在荷兰，以保险业务为主。收购比利时通用银行及其他银行后，成为低地三国（Benelux）最大的金融机构之一，业务也扩展至全世界。在2004年《福布斯》世界500强中，富通集团在销售、利润、资产及市值等指标的综合排名中，荣列全球金融服务商第38位。在2008年《财富》世界500强中升至第14位，在商业及储蓄银行类别中升至全球第二位。

4. 荷兰国际集团比利时银行（ING Belgium）

该银行是荷兰国际集团的附属公司，它是比利时一家国际银行公司。该银行原名为布鲁塞尔兰伯特集团的布鲁塞尔兰伯特银行，并在1998年成为荷兰国际集团旗下银行。布鲁塞尔兰伯特银行于1975年是由法兰西布鲁塞尔与 Banque Lambert 合并而来。合并后，它是比利时当时的第二大银行。该银行为比利时个人和企业提供零售及商业银行服务，相关金融产品，如保险和资产管理。

5. 德克夏集团（Dexia Group）

德克夏集团成立于1996年，由比利时信用合作银行和法国公用银行两家银行合并而成。德克夏集团在随后的10年中成长为世界上最大的公共融资银行之一，向美国、欧洲和日本的地方政府提供贷款，其各类贷款总量在2008年达到了6500亿美元。1999年，德克夏集团完成了在布鲁塞尔和巴黎两个交易所的上市。2001～2006年，德克夏集团先后在以色列、土耳其和加拿大通过并购、参股等方式设立位于当地的分支机构银行。此时的德克夏集团无论从机构数量、资产规模、市场声誉还是股票表现来说，都处于巅峰时期。2008 年，席卷全球的次贷危机波及德克夏集团，使它的股价从最高的 20 欧元下跌到 6.62 欧元，评级机构穆迪则在 9 月下调了德克夏集团的长期债权和存款评级，从 Aa1 降到 Aa3，个体银行实力则降到C－级，并把展望定为“负面”。这使德克夏集团在几天内沦落到了需要担保的境地。由于比利时、卢森堡和法国政府出手相救，德克夏集团的债务都得到了保证，64 亿欧元的新资本也被注入德克夏集团。欧盟委员会也通过一项议案，要求德克夏集团在 2008～2014 年把其过度膨胀的资产负债表缩减 35%。2011 年 10 月 9 日，比利时的德克夏集团董事会通过了由法国、比利时、卢森堡三国政府联合提出的救助方案，拆分德克夏银行，接受比利时政府对其实行国有化。德克夏银行成为欧元区债务危机中第一个倒下的金融机构。

第八节　税收制度和经济管理

一　税收制度

比利时的税收主管部门是联邦税务局。联邦税务局直属财政部，全国税务职工 2.8 万人。全国绝大多数的税款集中于直接税管理局和增值税管理局。联邦税务局在各地区设有分局。实际从事税款征收的是各分局下设的若干基层所。纳税人的纳税行为均由计算机管理，纳税人不必到税务所缴纳税款，而是通过银行或邮局缴纳。征收所实际起着追缴税款的作用，负责对没有及时纳税的纳税人追究原因，以保证税款的按时、足额入库。税收征管全都由计算机完成，从纳税登记、纳税申报、税款审核、核查及征收的一整套流程，形成了完善的网络。

比利时的税制是一套十分复杂的系统，其税制和税率还须不断与欧盟进行协调。税收分为直接税、间接税、特别税三大类，其中的不同税种分别由国家、地区、省和社区四级征收。目前，比利时的税收占国民生产总值的 44.3%。

直接税是在个人和产业活动结束时征收的税，分为个人税、公司税、法人税、非居民税、动产收入的特别税和预扣款。个人税是每个比利时居民或有财产在比利时的人应缴纳的税。它以个人不动产收入、动产收入、职业收入和其他收入的总和为课税基础。个人税税率依总收入多少而不同(见表4－9)。但社会福利缴款、人寿保险和慈善捐款等不计算在征税基数内。个人税由夫妻分开缴纳，有孩子者可减少部分纳税额。

表4－9 比利时2014/2015年个人所得税税率

应纳税所得额(年度)	税率(%)
低于8680欧元部分	25%
8680～12360欧元部分	30%
12360～20600欧元部分	40%
20600～37750欧元部分	45%
超过37750欧元部分	50%

资料来源：http：//www.bfp.be/blog/plafonds-fiscaux－2014/。

公司税由所有设在比利时的公司缴纳。其课税基础是公司的总收入，包括要分出去的股份和加进的资金。公司税的征税率按总收入额多少分为28%、36%、39%和41%四档。法人税是国家、省、区的公共机构，以及所有非营利的公司、协会、教会应缴纳的税收。法人税的征税基础是这些机构在比利时境内外的不动产的、动产的收入及其他收入，税率是16.5%～33%。非居民税是在比利时具有法人身份的非比利时居民、公司、协会、机构应缴纳的税收。税收基础是其不动产、动产等一切来自比利时的收入，税率为43%。比利时的个人所得税有从个人不动产收入和动产收入里预扣的规定；其预缴款部分算在应缴所得税总额里，并给予优惠。

间接税是对消费征收的税，对商品的定价起重要作用。间接税包括增值税、注册税、抵押税、法院档案保管税、遗产税、印花税及视同印花税、关税、消费税、饮料零售税及视同收入税。增值税是对商品生产过程中和服务过程中各个环节上所增加的价值量征收的一种税，其最终负担落在消费者头上，是一种多阶段非累进税制。在比利时，除报刊外，其他商品的服务都要征收增值税。加工好的黄金征收1%，食品、药品、书籍、艺术品、客运、修理等征收6%；饲料、人造奶油、农用机械轮胎等征收12%，其他所有商品和服务征收19.5%。消费税是对某些特定商品征收的税，是以买卖的商品的金额或价值为基础课征的。主要消费税如雪茄烟征收16%，香烟征收55.55%，等等。

特别税是投资与就业方面的税。资金的收益在比利时不征税。此外，比利时全国有522个社区，每个社区都有各自的地方税。布鲁塞尔城区就从旅馆房间到霓虹灯，从环境到能源，征收25种不同的税。

二　市场与管理

比利时是人均进出口额排名居世界第一位的国家，其产品中高技术产品占46%以上，因此它的技术市场很广阔。以微电子、新材料技术、生物技术等高技术为主的技术市场作用更大。比利时的技术市场有国家的、地区的和企业之间的。不同层次间的技术市场互相交错、互相依赖。技术成果也能互相分享和转让。企业要取得新技术，主要是依靠大学和科研机构。这些大学和科研机构有条件和能力把科研成果转化为产品。比利时的技术市场是自由的，除药物和与军事技术有关的敏感高科技技术或产品须经政府批准外，政府对其他的技术交易不加任何干预。

金融市场分为银行市场和证券市场。银行市场十分发达，存款人和企业对银行依赖程度高，银行对储户和企业也很了解。比利时的银行发放各类信贷，其中介作用比许多国家更显重要。比利时的资金市场不大，但资金经营开放程度大，流通程度高。政府对银行市场的管理很严格，制定了一整套规章制度来确保银行的声誉和储户存款的安全，如规定成立新银行最低资本金标准。比利时的证券市场不很发达。因为许多企业是家族式企业，其股票证券不公开发售。普通老百姓也不愿冒风险投资股票。因此一些大企业便将其股票到伦敦、巴黎等大城市去上市。

比利时的保险市场十分发达。在比利时，保险项目涉及社会生活的各方面，有旅行保险、人寿保险、丧葬保险、结婚保险等。保险市场呈现多元化特点，既有法定保险机构，也有私人保险公司；既有强制性的保险，又有可选性保险。保险业和银行业的关系密切，彼此相互渗透的现象日趋明显。比利时的保险赔偿金是欧盟各国中最高的，这使比利时保险业难以降低成本同邻国展开有力的竞争。

比利时是混合型经济国家，国有企业与私有企业并存，既有市场的公平竞争，又有政府的调节干预。政府对市场价格的控制和监督分两个方面：对一般消费品主要是控制和监督出厂价格，对生活必需品主要控制和监督其零售价。另外，实行最高限价在比利时也较常见。政府规定企业在规定价格下进行竞争，以刺激企业生产物美价廉的产品。在比利时，商品涨价和降价都必须按法规进行。除每年 1 月和 7 月的季节性降价外，任何商家不能将商品价降到成本以下出售。各级政府也设立了物价监督检查机构，依法惩罚违法厂商。比利时的消费者协会有权对市场的消费品进行质量、价格调查，并在协会刊物上公布有关信息或通过传媒反映消费者的意见。

三 商会和行业协会

1. 商会

比利时全国有 30 家商会。比利时 1802 年成立商会，至今已有 200 余年的历史。在经济发展过程中，商会发挥了重要的作用。比利时的商会与大多数西欧国家的不同，它们不具官方色彩。比利时法律规定，商会是非营利性的民间行业组织。凡本国公司或外国公司，均可根据自愿的原则决定是否参加商会。而德国、英国、法国、意大利、荷兰等国法律规定，所有在该国设立的公司必须参加商会，并缴纳会费。

商会设立的原则不是按行业，而是按地域组建。一个城市或地区的商会包罗了各行业的企业，这有利于使商会摆脱行业羁绊，也有利于更好地向各行各业提供优良的服务。比利时的商会由董事会、监督机构、经营机构和专业组组成。董事会根据国家法律、政策和政府规划，以及企业要求制定或调整商会的业务发展计划与工作目标，负责人事任命、经费预算及决策审核等重大事项。监督机构负责对商会的服务活动、经费使用和企业

的经营行为进行监督，对违反行业自律规定的行为提出处理意见。总经理负责执行董事会决议，搞好商会的日常服务和管理。专业组则负责无偿向会员企业提供各项服务。

董事长由董事会议推选产生。董事由商会会员推选，一般为各行业的业主代表，也有员工代表。总经理由董事长推荐，经董事会批准后任命。监督机构的成员既有会员代表，又有社会人士。商会工作人员大部分由企业提供人选并支付工资，少数向社会招聘。他们都是业务精湛的管理方面、经营方面、技术方面或法律方面的专家。商会一般设立信息、法律、市场、技术、培训等专业服务机构。比利时政府财政不向商会提供经费，商会的经费来自会费收入、政府批准的行政收费和企业赞助。这一政策确实起到了促进商会向企业提供优良服务的效果。因为企业如能从商会得到满意的服务，便愿意入会，商会也会获得更多的会费收入。

法律规定，比利时商会的职能主要是沟通企业与政府的联系，行使政府赋予商会的某些行政权限（如代表政府签发商品出口证书），进行价格协调，制定行业标准，代表和维护广大企业的权益，向会员提供各种及时、周到而完善的服务，帮助解决会员在经营中遇到的资金、技术、信息、人才等问题，促进企业特别是中小企业的发展。由于比利时有众多的中小企业，它们成为商会的主要服务对象。例如在安特卫普，经营与海港有关的码头、运输公司、保险公司和外贸产业的中小企业在商会中占较大比例。于是，商会便把主要服务对象定为中小企业。因为大型企业都设有自己独立的信息系统，资金实力和技术开发能力、市场开拓能力较强；而中小企业没有这样的条件和能力，迫切希望借助于商会提供的服务来进行经营决策。

比利时商会向企业提供服务，而不参与企业决策。商会日常向企业提供的服务品种主要有：传递市场需求信息、提供法律服务、协调价格、制定行业标准、进行融资担保、开展人员培训、组织劳资对话、解决经济纠纷和开展商务考察等。例如，遇到会员单位发生员工与业主在工资上的矛盾，或企业间、企业与银行间的经济纠纷，商会便会出面调解。当政府的某项政策侵犯了企业的利益时，商会也会代表企业与政府进行谈判。商会还根据政府的要求，与教育部门合作，对政府公务人员进行法律、政策和业务方面的教育培训。

建立行业自律机制是保证商会健康运作、有效管理的基础。因此，比利时的商会十分重视制定商会章程和严密的行业自律制度，建立由全体会员和社会公众参与、内外结合的监督体系，并按章程处理违反行规的不良行为。商会对违反行规的会员企业，依据章程及时进行警告和纠正，对违规的企业，商会可停止为其服务，或劝其退出商会。严重违法的企业则由法院依法处置。

比利时商会为企业提供服务主要依赖信息服务网络进行。因此，它很重视计算机信息网络建设，并在国内各大城市、欧洲共同体和部分东欧国家设立信息机构，将获取的信息通过国际互联网迅速向商会传递。全国性的商会协会经常在商会间开展交流信息，实现资源共享。

比中经贸理事会（BCECC）

又称比中商会，于1987年由比中经济委员会和比中商会合并而成，属私人团体性的非营利机构，其宗旨是促进比利时王国和中华人民共和国在商业、工业、科学技术以及金融领域的合作。比中经贸理事会有140多家会员企业和30多位个人会员，它是比利时商会联盟海外机构的成员，也是欧洲中国商业协会（欧中商会）的成员。现任主席贝尔纳·德维特（Bernard Dewit）也是欧中商会主席。比中经贸委员会为会员提供的服务包括：信息发布，组织会议和座谈，出版《中国快讯》（英文版）；咨询服务，协助处理会员与中国有关的重要文件；接待中国代表团，组织安排活动；组团到中国访问；与两国政府部门保持经常性联系。

2. 行业协会

除了商会以外，比利时还有一些行业协会，它们代表和维护本行业的利益，加强企业成员之间的联系，促进本行业的发展。行业协会涉及各个领域，其中包括工商联合会、会计审计师协会、房地产业协会、银行协会、保险行业协会、行业工艺协会、医疗设备生产销售业协会、建筑行业协会、成衣协会、食品工业协会、石油协会、中介企业协会、纺织协会、化学工业协会、信贷行业联盟等。

比利时企业协会（FEB）

该协会代表所有比利时企业的跨行业和跨领域的雇主协会，共代表着3万家企业。这些企业拥有100多万名员工。其活动的重点是经济、社会、财政和法律事务。协会会员分为全职会员、申请会员和合作会员。全职会员有权参与制定涉及社会和经济事务的雇主战略，参加协会各委员会和工作组，利用协会的联系网络。该协会有36个全职会员，均为职业部门协会，如金属制造商协会、化工协会、食品行业协会、保险企业联合会、比利时银行协会、比利时酿酒行业协会等。其余两类会员除不能参与制定雇主战略外，可享有全职会员的其他权利。协会设董事会，由全职会员和弗拉芒经济联合会、瓦隆企业联合会和布鲁塞尔企业联合会组成。协会管理委员会主席德沃克勒华（Gui de Vaucleroy）也是比利时最大的超市集团德尔海兹公司（Delhaize）的董事长。协会还设副主席3名、首席执行官1名，以及经济事务部、社会保障部、劳动者事务部、法律事务部、欧洲一体化处、通信部和行政事务部等部门。

比利时银行家学会（BBA）

比利时银行家学会建于1997年，它的目标是为其国际用户提供服务。该学会的服务涵盖面广，包含各种管理职能和支持职能。它拥有一支由250多名高素质的训练人员和顾问组成的专家队伍。他们具备金融行业的所有技能，均是比利时中央银行的高级管理人员，或具有银行业与金融领域资深实践经验的独立顾问人员。因此，该学会获得了比利时政府、欧盟委员会、欧洲发展银行和世界银行的认可，并从上述机构获得了多项大型技术援助项目。在人员培训服务方面，该学会能适应变化的环境，课程设计有创新意义，课程安排灵活，内容包括银行业务、金融市场、信贷入门、内部审计、金融风险管理、银行簿记，以及证券和负债管理、银行战略管理与银行保险等。该学会也是比利时银行家协会的国际咨询部门，是银行与金融领域的主要会议的组织者之一。比利时银行家学会是国际公认的主要应用计算机模拟实施银行业务培训计划的优秀中心之一。近年来它开发并更新了4套高质量的银行模拟科目，如商业管理模拟、金融机构管理模拟、分行业绩管理模拟、信贷风险管理模拟等。

比利时食品加工业协会（FEVIA）

该协会是比利时食品工业的行业组织。该协会共有会员企业165家，另有25家代表不同行业的集体会员。协会分三个部门，分别负责社会事务、食品政策和环境保护三项重要任务。协会在研究解决劳资关系问题上为企业出谋划策，提供对策及建议，促使劳资关系向伙伴关系发展；协助企业培育劳动力市场，为企业提供职业培训；还帮助企业建立劳资对话渠道。协会积极参与比利时政府及欧盟制定食品政策。该协会作为中介机构在沟通与政府、媒体及消费者等多方面的关系上起到了重要作用。此外，该协会在比利时政府制定环境政策时也发挥了应有的作用，协会从企业的角度，要求政府在制定环保政策时，考虑经济、技术与环保的协调发展，制定出可行的环保政策，使比利时经济得以持续发展。

比利时钻石高层议会（HRD）

该议会是比利时钻石行业的半官方管理机构，总部设在安特卫普市。该会属下直接或间接从事钻石业务的达3万人。比利时钻石高层议会依靠收取管理费为钻石中心、钻石加工和钻石交易商提供对外宣传广告、促销、管理和发证服务。参加钻石交易所的会员要向钻石交易所缴纳会费。经营钻石进出口的销售商要向比利时钻石高层议会签证机构缴纳质量检验品质证书费。比利时钻石高层议会同中国有良好的合作关系，为中国国家珠宝玉石质检中心培训珠宝玉石质检人员。

比利时金属制造商协会（Fabrimetal）

该协会是比利时最大的行业协会组织，在比利时经济中占有重要地位。它代表着该国有色金属、金属和塑料制造、机械制造、电器和电子产品制造以及运输设备制造等五大门类25个专业行业的1200家企业。协会的会员企业有职工21万多人，其产品74%供出口，出口额占比利时出口总额的1/3。协会中有40%的企业是外资企业，其营业额占协会总营业额的77%。世界著名的四大汽车公司福特、欧宝、大众、沃尔沃都是该协会成员。作为会员企业的发言人，协会积极与政府部门配合，为企业创造良好的发展环境。协会还为会员提供社会、经济、税收、法律、技术、出口、培训以及企业管理等方面的服务。协会会员的产品绝大部分供出口，故协会特别重视开拓国外市场，专门设立了国际关系部，经常组团出访目标市场，组织出国展览和技术交流活动，并为企业提供国外市场信息和咨询服务。该协会多次组团访问中国。协会在瓦隆大区、布鲁塞尔首都大区和弗拉芒大区设有三个分会。

比利时化工协会（FEDICHEM）

该协会是比利时化学工业及相关工业的行业协会，协会下属950家企业，雇用职工94900多名。化工协会的会员有生产企业，也有贸易公司，还有研究和服务机构。1998年比利时化工行业的营业额达13128亿比郎，占比利时工业行业总营业额的22%。比利时化工行业的出口额约占其总出口额的23%，在出口贸易中占有举足轻重的地位。目前，比利时的化工业也已发展成为门类齐全、技术先进、产品优良的高度发达的行业。

第九节　对外经济贸易

一　对外贸易

比利时虽为欧洲小国，但同时又是世界外贸强国，即世界十大商品进出口国之一。外贸立国是比利时的经济命脉和特点之一。比利时国内资源贫乏，80%以上的原材料依靠进口，70%以上的产品供出口。外贸是比利时的经济支柱，人均出口额常年居世界第一，金属线、平板玻璃、钻石等出口量居世界前列。其主要贸易伙伴是德国、荷兰和法国，其次是其他欧洲国家及北美、亚洲和非洲。比利时的出口优势来自于其重要的地理位置以及高度技术化、多语言和高效率的劳动力。

2011年，比利时的进出口总额为6202亿欧元，其中出口3129亿欧元，同比增长14.5%，进口3073亿欧元，同比增长16.7%。进出口的主要产品是原料制品、运输器材、化工产品和食品。这一年，在全球钻石价格上涨的影响下，比利时安特卫普的钻石业销售额增长近50%，达到446

亿欧元。2012 年，比利时的钻石等贵金属出口占总出口额的 5.2%，主要出口国为中国和印度。据欧盟统计局的数据，2014 年比利时的货物进出口额为 9207 亿美元，与上年同期持平。其中出口 4695.2 亿美元，增长 0.2%；进口 4511.9 亿美元，下降 0.1%。贸易顺差为 183.3 亿美元，增长 7.5%（见表 4－10）。

2015 年 1～10 月，比利时的进出口总额为 3954 亿欧元，其中出口额为 1969 亿欧元，同比下降 3.5%，进口额为 1985 亿欧元，同比下降 4.8%。在世贸组织公布的排名中，比利时是当年全球第 12 大出口国，第 13 大进口国。

表 4－10 比利时国际贸易状况

单位：百万美元

外贸额(年度)	2009	2010	2011	2012	2013	2014
货物进口	351944	393275	466625	439129	450298	452479
货物出口	369845	408745	476110	446529	468818	471384
服务进口	72823	81743	88595	91296	96038	115049
服务出口	79473	90952	96125	99521	101459	122079

资料来源：世界贸易组织网站。

比利时进出口的主要产品有原料制品、运输器材、化工产品和食品，最主要的进出口市场是欧盟国家，占其进出口额的 3/4 左右。进出口商品主要为金属，其次为化工产品。比利时的冶金业失去主导地位后，众多国际汽车厂商便在此建立起汽车组装厂，比利时的汽车零件加工业也因此繁荣起来。比利时的汽车工厂不仅数量众多，其工艺和技术水平堪称世界一流。比利时生产的汽车有 90% 供出口。

比利时 95% 以上的企业属中小型企业，众多的中小企业支撑着比利时的对外贸易。这些中小企业凭借技术优势，加工生产拳头产品，在国际市场的激烈竞争中占有一定份额。1999 年比利时获得联邦出口奖的 10 家企业中，有 5 家中小企业榜上有名。比利时 4 种世界闻名的产品是巧克力、啤酒、水晶制品和钻石。比利时对巧克力生产原料可可的进口量居世界首位，占世界可可总产量的6%。比利时啤酒品牌多达2500种，比利时人每年人均饮啤酒132公升，仅次于德国人。比利时的微电子技术、生物技术、航天航空技术、遥感技术和语言识别技术等均跻身世界先进行列。在农业方面，比利时年产杜鹃花6000万株，居世界领先地位。草种销售占欧洲市场10%的份额，并远销日本等国。

比利时地处西欧心脏的地理位置，并拥有发达的交通运输网和便利的港口运输，这为其外贸发展提供了得天独厚的优越条件。比利时政府奉行开放性经济政策，联邦政府和大区政府都十分重视发展对外贸易关系。比利时专门成立了联邦出口局，菲利普王储为名誉主席，经常率大型经贸团出国访问，为比利时企业界人士开拓海外市场，寻求合作伙伴。瓦隆大区和弗拉芒大区也建有出口局，并在比利时驻外机构中分别派有商务专员，专门从事鼓励出口和发展经贸合作事务。比利时政府十分重视树立对外良好形象。此外，比利时每年都评选最佳对外出口企业，以表彰在出口方面成绩优秀的企业，鼓励比利时对外贸易的发展。

1999年5月，比利时发现一些饲料加工厂和养鸡场的饲料被致癌物质二噁英污染。“二噁英”事件在国内外引起了强烈轰动，严重损害了比利时的国际声誉，直接影响其对外贸易，并导致连续执政长达41年的荷语基督教人民党和法语基督教社会党竞选失败。为了应对经济全球化对比利时的新挑战，比利时政府设立了负责外贸的国务秘书一职。比利时外贸政策的目标是：支持中小企业发展，以促进就业；鼓励开辟新的出口对象国。目前，比利时政府采取措施，努力寻求欧盟以外的出口对象国，大力协调中央与地方的关系，以便充分发挥各级地方出口和吸引外资的积极性。

比利时外贸局（OBCE）是根据比利时1948年法令成立的公益性机构，属联邦政府管辖，其董事会由国营部门和私营部门的代表组成。比利时外贸局的使命是促进比利时和卢森堡的工业产品、技术和服务的对外输出。1988年和1993年，比利时规定各大区拥有出口方面的职权，也确认了外贸局在提供信息、促进出口和协调等方面的作用。比利时外贸局的职能有三项：一是提供有关国外市场法规、贸易机会、招标及大型项目等方面的信息，以及对外贸易统计数据；二是为促进贸易提供服务，如组团出访，接待国外来访，举办博览会、展览会、展销会，以及举办贸易周、技术研讨会等，宣传比利时的技术和产品，为产品进入国际市场提供服务；三是进行协调。外贸局与联邦政府和各大区政府保持着密切联系，与其驻外使领馆、商会、协会等也保持经常的联系，并在具体业务中起到协调作用。为配合比利时外贸权力地方化改革，比利时政府从 2001 年起将外贸局原来的半官方性质改为企业型对外贸易促进机构，并改名为比利时联邦出口署，人员由原来的 180 人减少到 50 人，多余的人员分配到三个大区的出口促进局，其职能仅保留统计、收集处理并提供信息，以及受委托组织由王储率领的经贸代表团出访的事宜。

二　对外投资和外国资本

2011 年，比利时对外投资总额为 548 亿美元，2013 年为 892 亿美元。重点投资国家是瑞典、西班牙、法国、荷兰、卢森堡、英国、巴西、美国、德国。应当指出，比利时对外投资的速度和规模也在不断增长。2000 年底，比利时对华投资项目有 327 个，协议投资额 7.55 亿美元，实际投入资金为 4.02 亿美元。2015 年底，比利时在华投资项目增加到 960 个，实际投入 15.14 亿美元。

在开展对外投资的同时，比利时政府也对外国资本采取鼓励政策。1994 ~ 1996 年，比利时吸收外国资本总额为 327.33 亿美元，1997 年为 125 亿美元，2012 年吸收外资总额增加到 707.7 亿美元。在比利时，外国资本以多国或跨国公司形式居多，主要投资国为卢森堡、法国、美国、荷兰、德国、英国和日本。这对解决比利时的就业问题和扩大出口起到了积极的促进作用。外国投资的主要部门为工业和服务业。比利时吸引外资的主要原因在于其优越的地理位置、便利的交通和通信、高素质的劳动力，以及较高的购买力。

三　对外援助

在金融危机爆发前，比利时用于发展合作的经费呈逐年递增趋势：

1999年为7.17亿欧元，占国内生产总值的0.3%，在经济合作与发展组织中排名第十一位；2000年为8.89亿欧元，占国内生产总值的0.36%，在经济合作与发展组织中占第六位；2001年为9.68亿欧元，占国内生产总值的0.37%。2009年提供公共发展援助12.49亿欧元，居世界第十四位。2010年公共发展援助占国内生产总值的0.64%，主要受援国是刚果（金）、卢旺达和布隆迪等。2002年12月，比利时颁布的法令规定，政府每年可在预算之外增加部分对外发展援助开支，到2010年，比利时的发展援助总额达到国内生产总值的0.7%，达到经济与合作发展组织制定的目标。

然而，国际金融危机爆发后，特别是欧债危机爆发并持续蔓延以来，比利时政府为降低赤字水平实施了大规模的财政紧缩，对外援助资金也不得不大幅下降。这与其他国家继续增加对外援助的政策呈相反趋势。2012年，比利时的官方发展援助同比下降19%。2013年，对外援助资金削减了2.8亿欧元，同比下降了6.1%。2014年，比利时还进一步减少外援资金1.25亿欧元。但是，根据官方发展援助占国民收入的比例，比利时的援助水平仍高于发达国家平均的0.47%。

在比利时的发展援助总额中，约40%用于多边援助，60%用于双边援助，其中用于最不发达国家的占45%左右，用于最贫困国家的占70%，明显高于其他发达国家双边援助（22%和52%）的水平。比利时的发展援助旨在消除贫困和实现可持续发展。为此，它将社会安全、儿童保护和男女平等置于重要地位。此外，比利时还积极通过直接投资或间接投资，促进受援国民营经济尤其是中小企业的发展。

除了国家间的双边直接合作外，比利时的发展援助行动还包括双边间接合作和多边合作。双边间接合作在比利时的发展援助中占重要地位，它由发展合作总署统一计划，由全国或地区性的非政府组织、大学、科研机构等具体实施。比利时正式的非政府组织有134个。上述组织和机构的发展合作活动主要集中在教育、文化、环保等领域。多边合作行动则是由比利时与欧洲联盟，以及联合国儿童基金会、世界贸易组织、国际红十字协会等20多个国际组织共同实施发展合作。人道主义援助则旨在救助战争、自然灾害的受害者。

比利时参加的主要援助行动包括：在柬埔寨清扫地雷；协助老挝建立社会保障体系；与越南妇女联合会开办小额信贷；在民主刚果修建乡村道路；向卢旺达提供医疗帮助；为玻利维亚乡村购买疫苗；帮助摩洛哥建立饮水设施，等等。

发展合作总署是比利时实施对外援助的主要机构。它隶属于比利时外交、外贸和合作发展部。1999～2003 年，发展合作总署用于外援的开支从 5.62 亿欧元增加到 7.82 亿欧元，增长 39%。除了发展合作总署的开支外，发展合作经费还应加上其他部门用于外援的开支。

针对比利时以往的对外援助政策目的不明确、对象分散、效率低下的弊端，1996 年以来，比利时当局对发展合作政策进行了重大改革。1999 年 5 月，比利时众议院通过《比利时国际合作法》。法律提出，发展合作应旨在促进可持续发展、加强伙伴关系和增强援助的有效性。为此，该法律将援助对象定为 25 个国家和地区，并集中在 8 个优先领域。这 25 个国家和地区是：尼日利亚、布基纳法索、布隆迪、莫桑比克、马里、卢旺达、贝宁、乌干达、塞内加尔、埃塞俄比亚、科特迪瓦、刚果民主共和国、坦桑尼亚、南非、南部非洲发展共同体、摩洛哥、巴勒斯坦、阿尔及利亚、柬埔寨、老挝、越南、孟加拉国、玻利维亚、秘鲁和厄瓜多尔。优先援助领域主要涉及医疗保健、教育培训、农业和食品安全、基础设施建设、预防社会冲突、促进男女平等、环境保护和社会经济发展。

根据《国际合作法》，比利时成立了发展合作总署。此外，比利时还成立了旨在实施政府间发展援助计划的“技术合作公司”和“发展中国家投资公司”，以及负责评估发展援助政策实施效果的专门机构。该机构负责定期向比利时议会提出报告。同时，法律明确了非政府组织在发展援助方面的作用。

第五章

军　　事

第一节　概况

一　国防体制

比利时《宪法》规定，国王为武装力量最高统帅，国王通过国防部和总参谋部对全国武装力量实施领导指挥。在和平时期，国王授权国防大臣领导全国武装力量。议会负责批准国王预算和与军事有关的法律。政府负责制定防务政策。内阁防务委员会是最高军事决策机构，同时是国王的最高防务咨询机构，成员包括首相、国防大臣、外交大臣、内务大臣等，由首相任主席。“国内防务问题委员会”是协调内阁各部防务事宜的机构，由军人、外交官和公职人员专家组成，直接对首相负责，为内阁防务委员会会议做准备工作，战时改名为“防务技术秘书处”，协助内阁对防务问题做出决策。

作为政府中的一个部，国防部是比利时武装力量最高领导机构。国防大臣在首相的领导下，负责制定和执行防务政策，领导国防建设和军队建设。总参谋部是最高军事指挥机构（1830～1958年间，比利时的军队由战争部领导。1958年后创建总参谋部），下辖陆、海、空军参谋部和卫生部队参谋部。由于比利时各兵种均有各自的参谋部，其下设不同的职能部门，这使军队指挥结构多有重叠。因此，比利时国防部计划将全军的指挥机构统一化。2002年，国防部下设的国防参谋部取代了原有的总参谋部，成为最高军事指挥机构，直接领导海军、陆军、空军和卫生部队的各个部门。这样便实现了精兵简政，压缩国防开支。

武装力量由正规军和预备役部队组成。正规军分陆军、海军、空军和卫生部队四个军种。由于比利时军队大部分兵力平时已经编入北约中欧司令部序列，故战时实际上归北约盟军最高司令部指挥。

比利时现任武装力量最高统帅是国王菲利普一世（2013 年 7 月即位）；国防大臣为范德普（Steven Vandeput）；现任国防参谋长为范卡伦贝格（Van Caetenberge，2014 年上任）。国防参谋部下设人事部、预算部、作战部、物资部、设备部，以及负责采购、情报与安全的职能部门。国防参谋长是武装力量的最高长官和国防大臣的主要助手。他在政府制定的框架内负责军队的建设和管理。此外，海、陆、空三军都设有参谋长。

二　国防开支

比利时国防开支与国内生产总值的比例远低于西欧和北约主要国家的平均水平（2%）。2014 年比利时的国防开支为 39.13 亿欧元，2015 年的国防开支为 37.58 亿欧元，比上一年减少 5.8%。近年来，比利时政府大幅度缩减了国防开支的数额及其占国内生产总值的比重（见表 5－1）。从 1995 年到 2011 年，比利时的国防开支减少了 20.54%，尽管同期的国内生产总值增加了 30.26%。

表 5－1　比利时国防开支占国内生产总值的比重

年份	2008	2009	2010	2011	2012	2013	2014	2015
国防开支占 GDP 百分比	1.20	1.16	1.11	1.09	1.05	1.04	0.97	0.90

资料来源：比利时国防部。

在比利时的国防开支项目中，用于人员的经费占 70% 以上，用于军事行动和设备投资的经费则不到 30%。例如，2014 年和 2015 年用于人员的费用分别占当年国防开支的 77.8% 和 78.8%。由于财政方面的压力和出于对新战略的考虑，比利时政府计划逐渐减少军队人数，以便将更多经费用于购买军事设备和开展军事行动。国防大臣范德普在 2014 年的《战略计划》中提出，2030 年时要争取将用于人员的开支压缩到国防开支的 50%。

三 兵役制度

比利时的武装力量由正规军和预备役部队组成。1993 年前，比利时实行义务兵与志愿兵相结合的兵役制。义务兵服役期：驻本土部队为 8 个月，驻德部队为 6 个月。志愿兵服役期为 2～9 年。1993 年比利时取消了义务兵役制，实行志愿兵役制。志愿兵服役期为：驻国内部队服役期 12 个月，驻防国外部队服役期 10 个月。志愿兵服役期满后可继续延长服役期。近年来，为密切军队与社会的关系，比利时国防部推动军队向社会开放，同时鼓励社会各界了解军队。与此同时，比利时当局还制定了对复员专业军人的优惠政策。经过努力，自愿参军的青年数量明显增加。

比利时的军衔共有 5 等 17 级。军官的军衔分 3 等 9 级。将官分中将、少将，校官分上校、中校、少校，尉官分大尉、上尉、中尉、少尉。军士分 6 级：军士长、军士、一级上士、上士、中士、下士。士兵分 2 级：一等兵、二等兵。军官的最高服役年龄：将官 61 岁，校官 56 岁，尉官 51 岁。

第二节 武装力量、驻外兵力与外国驻军

一 武装力量

目前，比利时的正规军由陆军、海军、空军和卫生部队四部分组成。2013 年，比利时的现役军人共有 20200 人，其中陆军 11000 人，空军 6100 人，海军 1500 人，卫生部队 1600 人。比利时军队中的文职人员和辅助人员有 12800 余人。另外，比利时还有预备役人员 6900 余人。

1. 陆军

比利时陆军的主要任务包括维护欧洲集体安全、实行人道主义干预、保卫国土安全、救灾助民等。陆军下设作战指挥部、战斗支援部、后勤支

援部。作战指挥部下设第一机械化师、特种空降部队、轻型航空部队，以及5个训练营。战斗支援部负责军事培训和支持作战，下属5个营，以及炮兵、装甲兵、工兵、通信、航空、后勤等十多个专业的军校和培训中心。后勤支援部负责提供部队所需的物资、设施和交通工具。该部门后勤和运输部队包括5个分管陆军装备的专业，以及1个运输营。维护部队由北部、中部和南部3个部分组成。第二十九后勤营为承担紧急任务的多功能独立营。陆军作战部队主要沿本土东部和北部一线部署。

陆军的主要装备包括：

主战坦克："豹"IA5型132辆、"豹"IA1型23辆；

装甲侦察车："大湾刀"式141辆；

步兵战车：YPR-765型230辆、YPR-765型派生型53辆；

装甲输送车：M-113型185辆、M-113型派生型112辆、"斯巴达人"型115辆、"斯巴达人"型派生型79辆、YPR-765型4辆；

牵引炮：105毫米19门；

自行炮：105毫米18门，其他口径100门；

反坦克导弹："米兰"420具，M-113型56具；

迫击炮：107毫米90门、120毫米2门、81毫米100门；

高炮：35毫米自行式51门；

地空导弹："西北风"118部；

飞机："岛民"BN-2A型10架；

无人驾驶机："食雀鹰"式28架；

直升机：78架。

2. 海军

比利时海军创建于1831年，在后来的100多年中，比利时海军经历过多次覆灭和再生。1946年，比利时皇家海军正式建立。比利时海军被赋予的任务是：在出现危机和战争时与盟军协同行动，控制危机，保卫国际秩序；保卫本国海疆、港口，防止空中袭击和海上袭击；保障比利时在海上的利益，保护外交人员和商务人员；与盟军进行技术方面和军事方面的合作，参加人道主义救援行动；协助本国的海洋研究；监督渔业活动；

防止海洋污染；协助海上警察和海关执行公务；探测沉船；海上救援；培训商船人员；巡视领海和专属经济区；排除海上爆炸物；为应对危机和战争做准备；参与盟军海上威慑性巡逻；等等。

比利时海军拥有奥斯坦德、泽布吕赫 2 个基地，设有 1 个作战司令部、1 个后勤司令部、1 个训练司令部、1 个小型舰队、2 个分舰队和 1 所比荷水雷战学校。比利时海军和荷兰海军由设在荷兰登赫尔德的司令部统一指挥。

比利时海军的装备包括：

护卫舰："维林根"级 3 艘；

猎雷舰："紫苑"级 7 艘；

扫雷舰："范·哈韦比克"级 4 艘；

指挥与后勤支援舰：12 艘；

勤务舰：8 艘；

直升机："云雀"型 3 架。

3. 空军

比利时空军由参谋部、司令部和航空部队三级组成。空军参谋部负责总决策，空军司令部负责指挥，航空部队执行具体命令。参谋部设有计划、作战、人事、通信和后勤等部门。空军参谋长对三军总参谋长和国防大臣负责。空军各航空部队的训练和作战具体由空军司令部安排和指挥。比利时空军力量分为战术中队、作战支援中队、后勤支援中队和航空学校四部分。战术中队负责保卫领空、空中运输和监督航运。作战支援中队负责气候预测、导航和搜寻救护。后勤支援中队负责维护设备和通信。

比利时军方要求空军具备的基本素质是迅速反应、大半径巡逻、功能多且灵活、火力强大准确。因为，当危机和冲突出现时，只有迅速采取行动才能取得主动和有利地位，有效地保卫领空和完成救助行动。行动半径大则可使空军在数千公里内采取干预或补给行动。多功能包括巡逻、战斗、侦察等。火力强大有助于有效完成任务。近年来，比利时空军力图使用高科技、电脑化、卫星导航等手段。这有助于最大程度地减少人员牺牲，有效打击敌人。空军作战飞机主要部署在首都布鲁塞尔以东地区。

比利时空军编有5个攻击战斗机中队、1个攻击/侦察机中队、2个运输机中队、4个教练机中队、1个搜索救援中队。其主要装备包括：

攻击/战斗机：F-16A型72架、F-16B型18架、“幻影”-5BA型12架、“幻影”-5BR型12架、“幻影”-5BD型3架。

运输机：“大力神”C-130型11架、“空中客车”-A310-200型2架、HS-748型3架、“猎鹰”-20型2架、“猎鹰”-900型1架、SW-111A“默林”型5架。

教练机：SF-260型34架、“阿尔法喷气”式31架、CM-170型11架。

直升机：“海王”MK-48型5架。

地空导弹：“西北风”24部、“响尾蛇”AIM-9、“阿姆拉姆”AIM-120空空导弹、“小牛”AGM-65空地导弹若干。

4. 卫生部队

比利时的卫生部队中包括医生180余人，药剂师30人，牙医和兽医15人，护士长150余人。卫生部队担任的主要任务是在和平时期和战争时期救死扶伤。除治疗伤病外，卫生部队还承担疏散伤员、提供血液、药品、医疗器械等任务。兽医则负责治疗各个军事基地的警犬。卫生部队在比利时各地下设医疗队和地区医疗中心。近年来，比利时卫生部队在实行人道主义救援行动中发挥了显著作用，受到了比利时人民的赞扬。

二　驻外兵力与外国驻军

比利时积极派军队参加联合国、北约等国际组织的维和行动。它曾在德国驻有部队约2000人，即1个机械化步兵旅（下辖1个步兵营、1个炮兵营、1个侦察连）。在联合国驻波黑/克罗地亚边境的维和部队中，有比利时军队550人、军事观察员1人；在驻南斯拉夫维和部队中有900名比利时军人。此外，比利时军队在驻意大利北约空军一体化部队中派有F-16战斗机4架，在印度/巴基斯坦边境派有军事观察员2人，在中东派有军事观察员6人，在西撒哈拉派有军事观察员1人。另外，比利时还派出一个装甲旅共170名官兵参加欧洲军团。近年来，为打击国际恐怖主义，比利时还向阿富汗派出了两百多人的军队，向伊拉克政府军提供军事教官，并于 2015 年派出 6 架战机参加多国部队打击“伊斯兰国”的行动。

外国在比利时也有驻军。北大西洋公约组织总部设在布鲁塞尔；北约组织欧洲盟军最高司令部驻在比利时的蒙斯市；西欧联盟军事计划小组也设在比利时。在比利时有美国驻军 790 人，其中陆军 170 人，海军 100 人，空军 520 人。

第二节 国防科技和军工作业

比利时用于军事科学研究的开支不多，从未超过国家研究发展预算的 1.6%。相比之下，法国和英国则占其国家发展研究预算的 40%，美国占 54%。

由于国际地位与美、英、法等大国不同，比利时并不将其军工产业及其出口作为谋求国际地位的工具。比利时是一个小国，但在常规武器制造和出口方面却不是小角色。赫斯塔尔公司（Fn Herstal）长期代表比利时在世界轻型武器和生产方面的首要地位。梅卡公司（Mecar）和赫斯塔尔公司以生产小口径武器而闻名世界。比利时的军工产品大部分供出口，少部分产品用于国内。比利时的军火出口以常规武器为主。它的轻型武器性能较好，在世界范围内颇有市场。1945～1990 年间，全球有 10% 的冲锋枪是比利时制造的。

冷战结束后，世界军火贸易大幅度缩减，军火市场在近十多年中缩小了一半。在欧洲，大批制造常规武器的军工企业转产、倒闭或合并。近年来，欧盟决定在发展援助中限制受援国的军备开支，这便减少了对军火的需求。欧盟各国政府必须对军工产业进行结构性改造，以适应国际局势的和平与稳定发展，同时保证国内社会经济稳定。

比利时的军工行业规模呈缩小趋势。继军队完成装备更新后，军工产业从 20 世纪 80 年代初开始出现萎缩，国防部的采购大幅度减少。2001 年，比利时军工行业有直接雇员 6900 人，间接就业人员 14000 人。国防行业 1980 年有直接雇员 27000 人，1990 年为 13534 人，1997 年为 7000

人，2001 年为 6900 人。这即是说，20 年来，比利时国防工业规模大幅度缩小，减少就业人数 3/4。比利时军工产业 80 年代到 90 年代初处于低谷。1997 年后，军工产品的国际需求有所回升，但由于产品需求主要涉及电子和航空航天等高科技行业，所以就业并未增加。如今，比利时的大部分军工行业经过了结构性调整，有不少企业转产或破产。

在比利时的公共开支中，军工生产并不明确列入国防系列，有不少项目包括在其他工业部门中。比利时的军工企业多被列为金属加工业。主要的军工企业有赫斯塔尔公司、泽布勒赫冶金公司、梅卡公司。赫斯塔尔公司每年出口的武器占比利时的 50% ~70%。梅卡公司和泽布勒赫冶金公司 90% 的产品供出口。

国防预算有相当一部分与军工企业的生产有关，它们可以满足国防部门的部分装备需求。国外用户多为发展中国家。因此，军工生产和出口政策涉及内政、外交、经济与社会等多方面。1991 年 8 月 5 日法律规定了军火进出口和过境的规定，要求政府每年向议会提出报告。军火出口需向联邦或大区政府主管部门申请许可证。

据比利时国家统计局统计，1995 年以来，军火出口占军火生产的比重稳定在 83% 左右，其中 90% 面向发展中国家。沙特阿拉伯是其最主要的客户，占 59%。欧洲国家进口比利时军火占 15.8%，美国和加拿大进口占 7%，亚洲国家占 6%。20 世纪 80 年代以来，除沙特阿拉伯以外，比利时的主要军火客户还有土耳其和印度尼西亚。比利时官方发展援助额的 1/5 左右被用于军火订货款。这也表明了比利时与第三世界的关系。

第四节　国防政策

国防事务在比利时政府的政策中不占主要地位。冷战结束后，为适应形势的变化，比利时当局实行了国防现代化改革。1993 年，比利时最早取消义务兵役制，完全实行军队职业化。8 年后，为了适应国际局势提出的新挑战，比利时开始对军队进行深入的结构性改革。2000 年 3 月，比利时国防部召开欧洲防务国际研讨会，确定比利时军队建设新思路。2000

年5月，政府通过《比利时武装力量现代化战略计划（2000~2015）》。这是比利时第一次订立全面的国防现代化计划。国防现代化目标是提高军队素质和战斗力，以适应欧洲防务和加强北大西洋公约组织的要求。

国防现代化的措施包括提高军队素质，减少部队人员，以达到少而精的目标。政府计划将现役部队从原来的4.45万人逐步缩减到3万人(2015年预计)。军队人员年龄结构也在改善，平均年龄从36.4岁降到了33岁。此外，比利时计划推动军事装备标准化，实现机械化和空中运输和移动能力，加强特种部队的行动能力（如解救人质），增加多功能战斗机的数量，扩大空中、海上和地面运输能力；改进排雷设施，加强救护能力；等等。为实现以上改革，比利时政府将提高国防预算。在经费使用中，用于提高人员素质和改进设备的开支比例明显增加。

比利时十分重视在国外参加军事干预行动，以加强本国的国际地位和影响。国防现代化目标之一是加强军队适应在国外执行干预行动的能力。比利时政府曾派出大量部队和人员参与联合国的维和行动、救灾行动以及北约的军事合作行动。

由于比利时属欧洲小国，军事力量十分有限，它只能靠国际合作的方式达到事半功倍的效果。比利时在北约、欧盟、西欧联盟等框架内经常与各成员国会晤，以使其在国外的行动更加明确和有效。在欧盟框架内，比利时国防部部长与其他国家的国防部部长和外交部部长定期会面，制定欧洲安全和防务政策。对比利时而言，与欧洲其他伙伴加强合作使其可以获得协同和互补的益处，并可降低行动的成本和提高效率。

比利时与荷兰和卢森堡两国之间具有十分密切的军事合作关系。从1992年起，卢森堡的部分军队定期加入比利时的部队中。比利时与荷兰、卢森堡两国于1996年签署空军合作协议，决定共同训练，实行人员和技术交流，共同使用设施，共同完成联合国、北约的支援和维和等任务。根据协议，三国空军由一常设机构计划开展共同训练，协调空军力量。比利时与荷兰空军从1996年起便组成混编部队共同在巴尔干执行任务。比、荷、卢三国的海军开展了积极合作。早在1948年，比利时与荷兰的国防大臣便签订了军队组织、战术和武器标准化协议。后来，这一协议扩展到扫雷行动、战术培训和协同作战等方面。1994 年，两国海军创建了一个共同指挥部。从 1996 年起，比荷海军共同指挥部开始执行比、荷、卢三国的国防和国际维和行动。共同指挥部的正、副指挥官分别轮流由两国军人担任。这使比利时海军得以在国际范围内参加一些大规模的军事行动。此外，比利时还与法国、希腊、奥地利等国进行了军事合作。1996 年，比利时与法国国防部签署合作框架协议，旨在扩大两国海军在训练、培训、供给和共同作战方面的合作。在第一次海湾战争中，比、法两国海军实现了共同协调行动。此外，比利时空军与葡萄牙和卢森堡空军在科索沃共同执行侦察任务。近年来，为进一步压缩国防开支和适应新的国际局势，比利时的一些政治家和舆论还提出了将比利时军队与荷兰军队合二为一的主张。

第六章

社　会

第一节　国民生活

一　收入水平

作为欧洲发达国家，比利时人拥有较高的生活水平。人类发展指数是国际社会用于衡量经济社会发展水平的指标。根据联合国2013 年人类发展报告，在 187 个国家中，比利时的人类发展指数名列第 17 位。欧洲统计局 2013 年的数据显示，比利时全国的金融资产为 7702 亿欧元，按人均计算，为每人 67158 欧元（不动产不计），排名欧盟第一，是全欧人均资产最富有的国家。排名第二的是荷兰，人均 61219 欧元，卢森堡人均 60366 欧元，排名第三。英国、丹麦分别位列第四、第五。法国和德国分别位列第七和第九。有分析认为，比利时之所以排名第一，是因为该国的亿万富翁把平均值提高了，所以这一排名与实际情况并不完全相符。比利时对资产和不动产的收税低，而对工资和所得税的税率却很高，因此这些政策对外来富豪极具吸引力。而且，比利时人有与生俱来的忧患意识，越是经济不景气，越注意攒钱储蓄。

一个世纪以来，比利时人的预期寿命有很大增长。2014 年，比利时男子的预期寿命为 78.6 岁，女子为 83.5 岁。比利时现有家庭约 400 万个，平均每个家庭不足 3 人。单亲家庭占家庭总数的 10%。单身男女的比例占 28% 左右。

2010 年，比利时员工的平均税前月工资是 3103 欧元。其中有 51% 的员工月工资在 2000～3000 欧元，10% 的员工收入超过 4679 欧元，另有 10% 的员工低于 1967 欧元。2014 年，比利时人均国民收入为 47030 美元。据统计，2014 年比利时的人均税前月工资为 3300 欧元，其中布鲁塞尔的人均工资水平最高，为 3813 欧元。整体来讲，中产阶级占据大头，不同人员之间的整体差异不大，收入基本均衡，但地区间的差异不小（见表 6－1）。

表 6－1　比利时全国及各大区收入水平（根据报税计算）

单位：欧元

年份		2010 年		2011 年		2012 年	
地区	报税方式	平均收入	中等收入	平均收入	中等收入	平均收入	中等收入
布鲁塞尔首都大区	个人申报	18690	14357	19288	14844	20243	15509
	家庭申报	39993	28309	41212	29128	43446	30285
弗拉芒大区	个人申报	18827	16301	19650	17002	20659	17819
	家庭申报	45569	37201	47106	38487	49092	39978
瓦隆大区	个人申报	17509	14856	18246	15537	19120	16306
	家庭申报	43712	35788	45273	37133	47096	38623
比利时全国	个人申报	18367	15630	19137	16296	20095	17085
	家庭申报	44622	36097	46142	37370	48098	38849

资料来源：比利时经济信息统计总署。

当然，上述收入都是税前的。比利时是高税国家，如果税前收入 4000 欧元的话，税后的实际收入可能只剩下 2500 多欧元了。值得一提的是，比利时是世界上性别收入差距最小的国家之一，性别之间的差异只有 9%，明显低于其他发达国家，尤其是日本和韩国（分别为 33% 和 38%）。

为保障工薪劳动者的权益，比利时制定了较为完善的劳动法规。《劳动法》规定：工资水平应当随物价波动而变化；雇主每年应支付员工 14 个月薪金，雇员每周工作时间不得超过 38 小时，制造业为 39 小时，每日不得超过 8 小时，并可采取弹性工作时间。另外，法律规定，员工加班时数每季度不得超过 65 小时，加班费标准在薪金基础上增加 50%～100%。

法律还规定：每周工作6日的工薪者每年享有带薪休假24天，每周工作5日者每年享有带薪休假20天。

二　物价

在物价方面，比利时属于物价水平较高的国家。据比利时经济信息统计总署的报告，2014年，比利时的消费品价格比欧盟国家平均水平高出11%，仅低于卢森堡（19.2%）。在国内购买力排行榜上，布鲁塞尔名列第十三位，排名前三的分别是苏黎世、悉尼和卢森堡。在布鲁塞尔，工作19分钟可以买一个巨无霸汉堡，11分钟可以买一公斤大米，13分钟可以买一公斤面包，11小时可以买一部iPhone手机。以下为若干一般生活消费方面的价格：普通餐馆8～15欧元一餐，酒吧啤酒2～5欧元一杯，瓶装可乐1.5欧元一瓶，牛奶0.8欧元起一升，面包加沙拉2.5～3.5欧元一份，三文鱼20欧元一公斤，排骨3.5欧元一公斤，土豆1～2欧元一公斤，黄瓜0.9欧元一根，白菜3欧元一棵，理发16～25欧元一次。

和其他发达国家一样，比利时的消费价格指数和通胀率也呈逐年增长的趋势（见表6－2）。

表6－2　比利时消费价格指数和通胀率（2013年为基数100）

年份	消费价格总指数	通胀率	食品价格	其他商品价格	服务价格	房租价格
2006	85.48	1.80	81.31	86.79	85.48	89.95
2007	87.04	1.82	84.25	87.67	87.10	91.56
2008	90.95	4.49	89.16	92.88	88.85	93.30
2009	90.90	－0.05	90.10	90.36	91.38	95.17
2010	92.88	2.18	91.49	93.22	92.68	96.22
2011	96.17	3.45	93.71	98.12	94.74	97.26
2012	98.90	2.84	96.51	100.81	97.74	98.74
2013	100.00	1.11	100.00	100.00	100.00	100.00
2014	100.34	0.34	99.88	98.96	102.14	102.09

资料来源：比利时经济信息统计总署。

三 消费

在消费结构方面，居民的日常消费主要用于住房（32%）、食品（包括烟酒和饮料，共15%）、交通和通信费用（15%）、文化消费（16%）、家具和家用电器（7%）等（见表6－3）。

随着科学技术的不断发展，越来越多的科技新产品进入了比利时人的家庭。移动电话、家用电脑以及国际互联网的使用者每年都有大幅度增加。2015年，在全国1100多万居民中有网民964万，85%以上的家庭拥有至少一台电脑，全国手机或移动通信设备用户有1300多万个，网上社交和购物日渐普及。

在日常生活方面，2014年，平均每个比利时家庭的年消费额为36000欧元左右（见表6－3）。

表6－3 2014年比利时全国及各大区家庭平均年支出情况

单位：欧元

地区	比利时全国	布鲁塞尔首都大区	弗拉芒大区	瓦隆大区
食品饮料	4710	4250	4890	4570
烟酒消费	700	590	690	760
服装鞋帽	1640	1250	1930	1270
住房和水电气	10430	10210	10590	10240
家具和日用品	2090	2010	2280	1790
卫生保健	1660	1520	1740	1560
交通出行	4280	3220	4620	4070
通信交流	1070	1010	1110	1020
文化休闲	2950	2220	3270	2650
学习进修	180	260	200	110
外出食宿	2320	1880	2750	1710
个别照顾	3890	2960	4000	4020
合计	35920	31380	38070	33770

资料来源：比利时经济信息统计总署。

在交通方面，汽车已成为欧洲发达国家十分普及的工具。现在，平均每两个比利时人就拥有一辆私家车。绝大多数的比利时人每年都有机会利用假期外出旅游，其中到法国和西班牙度假的人数最多。还有不少人由于工作原因，经常有出差旅行的机会（见表6－4）。

2014年，比利时共有各种机动车700多万辆，其中私家轿车的数量占78.5%，摩托车占6.4%，各种运输车辆占10.6%（见表6－4）。

表6－4　比利时各种车辆拥有量

单位：辆

年份	2002	2010	2013	2014	2014比2002
车辆总数	5913747	6689065	6993767	7076238	+19.7%
私家轿车	4787359	5276283	5493472	5555499	+16.0%
公交大巴	14769	16226	15822	15976	+8.2%
运货汽车	540637	690837	739402	752266	+39.1%
牵引车	46789	46673	45000	44693	-4.5%
农用拖拉机	162687	177989	183638	184722	+13.5%
专用车	55996	62142	65640	66570	+18.9%
摩托车	305510	418915	450793	456512	+49.4%

资料来源：比利时经济信息统计总署。

在住宅方面，比利时65%左右的家庭拥有单独住宅，20%左右的家庭租用单独住宅，11%左右的家庭租用公寓住宅，3%的家庭拥有公寓住宅。绝大多数的住宅有暖气、洗浴、厕所、厨房等设施。

到2014年，比利时共有用于居住的建筑445万多座，约合528万所住宅，比1995年增加了19%。在比利时，地产和住房的价格近年来也呈逐年递增趋势。到2014年，一所普通住宅的价格约为20万欧元，一所别墅的价格约为33万欧元，一套单元房的价格约为20多万欧元（见表6－5）。

表6－5　比利时房地产交易价格

年份		1975	2000	2005	2010	2013	2014
普通住房	交易量（套）	51651	69082	69245	65785	62772	66712
	平均价（欧元）	18765	79661	131954	181015	197676	199868

续表

年份		1975	2000	2005	2010	2013	2014
乡间别墅	交易量(套)	2696	7977	16645	17769	18020	19477
	平均价(欧元)	67074	266927	262650	319644	331652	333736
单元住宅	交易量(套)	16081	30047	33029	44540	43398	44179
	平均价(欧元)	30011	88943	141304	189795	207926	209516
建筑用地	交易量(块)	49002	27175	26940	19850	16295	15822
	平均价(欧元/平米)	8.8	38.5	71.3	102.7	111.8	117.1

资料来源：比利时经济信息统计总署。

在饮食方面，比利时人以吃西餐为主，其饮食特点是不喜欢油腻，偏好清淡，爱吃酸、甜之物。比利时人的主食多为小麦，烤面包与甜面包是他们最爱的面食。在肉类方面，比利时人一般爱吃鸡肉、鱼肉和牛肉，而不大吃肥肉和动物内脏。比利时人还偏爱土豆，用土豆制作的菜肴，是每天餐桌上的必备之品，故比利时有“土豆王国”的称号。

比利时人的食品结构也在不断改善。例如，1955 年比利时的水产品人均消费量为 9.2 公斤，到 20 世纪 90 年代则上升为 19.1 公斤。这不仅表明比利时人饮食习惯的变化，同时反映出冷藏和运输设备的发展。

四　移民

在比利时的 1000 多万人口中，“土生土长”的比利时人有近 888 万人，外籍移民及其子女有 130 多万人。到 21 世纪初，有 40 多万在比利时出生的移民子女获得了比利时国籍，他们被称为“新比利时人”。在“移民”中，有 40% 为欧盟成员国国民，35% 为“新比利时人”，只有 25% 是来自其他国家的国民（见表 6－6）。

表 6-6 取得比利时国籍的外国移民

单位：人

原国籍	2004 年			2014 年		
	人数	百分比	排名	人数	百分比	排名
摩洛哥	8704	25.0	1	2408	12.9	1
意大利	2271	6.5	4	1199	6.4	2
罗马尼亚	314	0.9	17	824	4.4	3
波兰	465	1.3	12	742	4.0	4
刚果(金)	2566	7.4	3	713	3.8	5
荷兰	665	1.9	9	705	3.8	6
土耳其	4467	12.9	2	691	3.7	7
俄罗斯	244	0.7	27	641	3.4	8
法国	780	2.2	7	586	3.1	9
喀麦隆	266	0.8	25	546	2.9	10
其他国家	14004	40.3	-	9671	51.6	-
总计	34746	100	-	18726	100	-

资料来源：比利时经济信息统计总署。

在比利时工作和生活的外籍人口不断增加。到 2015 年，比利时的外籍人口达到 125.5 万人占总人口的 11.2%。而 20 年前，比利时外籍人口的数量为 92.2 万人，占总人口的 9.1%。在欧盟各国中，比利时外籍人口的比例是最高的。这些外籍人口的 68.3% 来自欧盟成员国（见表 6-7）。

外来移民和外籍劳工为比利时的社会经济发展做出了重要贡献。但在就业方面，他们，尤其是非洲裔和阿拉伯裔人的失业率却明显高于比利时本土国民。在比利时，歧视外来移民和外籍劳工的事件也时有发生。

表 6-7 侨居比利时的外籍人口

单位：人

国籍	2005 年			2015 年		
	人数	百分比	排名	人数	百分比	排名
法国	117349	13.5	2	159352	12.7	1
意大利	179015	20.6	1	156977	12.5	2
荷兰	104978	12.1	3	149199	11.9	3

续表

国籍	2005 年			2015 年		
	人数	百分比	排名	人数	百分比	排名
摩洛哥	81287	9.3	4	82009	6.5	4
波兰	14521	1.7	11	68403	5.4	5
罗马尼亚	5632	0.6	16	65768	5.2	6
西班牙	43203	5.0	5	60386	4.8	7
葡萄牙	27374	3.1	8	42793	3.4	8
德国	36330	4.2	7	39294	3.1	9
土耳其	40403	4.6	6	36747	2.9	10
其他国家	220770	25.4	–	394358	31.4	–
合计	870862	100	–	1255286	100	–

资料来源：比利时经济信息统计总署。

五　危机导致失业和贫困化

2008 年爆发的全球金融危机对比利时产生了很大影响。10 月 6 日，比利时三大工会组织举行全国大罢工，抗议经济危机造成的购买力下降。大罢工使列车班次受到严重影响，公交与地铁减班行驶或完全停驶，学校及商店等也因罢工而无法运作。此次大罢工使比利时陷入了全面瘫痪状态。金融危机和经济危机导致增长乏力，失业率上升，贫困人口增加，对比利时国民的生活水平产生了负面影响。

2013 年 6 月，比利时的失业率达到 8.7%，是近 10 年来的最高水平。7 月份的就业形势更加严峻，失业人数超过 61 万人。比利时 25 岁以下青年人失业率更高达 19.8%，是 25 岁以上居民失业率的近 3 倍。尽管与欧元区 12% 的失业率相比，比利时的就业形势尚可，但前景却不容乐观。

2010 年，比利时的贫困线标准为中等收入水平的 60%，即单身人士每月 1000 欧元，四口之家每月 2101 欧元。据统计，2013 年比利时有 15.3% 的个人、38.5% 的单亲家庭、20.2% 的老人和 37.8% 的失业者生活在贫困线以下。与此同时，比利时的贫富差距也在不断拉大，2005

年，10%的最高收入是10%的最低收入的46倍，到2009年这个比例则上升到62倍。领取政府贫困救济的人数逐年增加：2003年为7.3万人，2006年为7.8万人，2008年为8.2万人，2009年为9万人，2010年为9.5万人。2013年，比利时有15%的居民生活在贫困线以下。政府把贫困救济金标准定为每月817欧元（单身个人）和1089欧元（单亲家庭）。

第二节　社会保障与医疗卫生

作为“福利国家”，比利时建有发达和完善的社会保障制度。这是比利时国民生活质量的基本保证。

一　社会保障

社会保障旨在实现社会成员之间的互助，如就业者与失业者、有劳动能力者和丧失劳动能力者、生病者与健康者、有子女家庭和无子女家庭之间的互助。比利时的社会保障制度包括“传统的”社会保障和“社会救助”两部分。传统的社会保障内容包括养老保险、失业保险、工伤保险、职业病保险、家庭补贴、医疗保险和带薪年假。

2013年，比利时各类社会保障的支出总额为1135亿多欧元，占国内生产总值近30%（见表6－8）。在各类社会保障支出中，养老保险、医疗保险、伤残津贴等开支占到70%以上，并有逐渐增长的趋势。

表6－8　2013年比利时各类社会保障支出状况

保障类别	金额（百万欧元）	占国内生产总值	所占比重
医疗保险	32563.76	8.51%	28.68%
伤残津贴	9280.38	2.43%	8.17%
养老保险	37802.31	9.88%	33.29%
遗属补助	8010.23	2.09%	7.05%
家庭补贴	8446.35	2.21%	7.44%
失业保险	13241.45	3.46%	11.66%

续表

保障类别	金额(百万欧元)	占国内生产总值	所占比重
住房补贴	955.20	0.25%	0.84%
社会救助	3256.33	0.85%	2.87%
合计	113556.01	29.68%	100　%

资料来源：比利时联邦社会保障管理局。

比利时社会保障的资金基础是：有劳动能力者按其收入多少缴纳社会保障金；全体公民参与社会保障基金的补充；工会、互助组织和雇主组织共同决定社会保障制度的运作方式。比利时的社会保障制度主要承担三项职能：一是使人们在失业、退休或丧失劳动能力后能够获得补充收入；二是使有教育子女或支付医药费等“社会负担”的人获得额外收入；三是在失去任何收入时可得到社会救助。

比利时社会保障制度的建立深受俾斯麦思想和贝夫里奇思想的影响。德国首相俾斯麦 19 世纪末在德国建立起以企业和劳动人口为基础的保障制度，由劳资双方共同出资，国家参与保险金的分发。英国的贝夫里奇在 20 世纪初提出以税收为资金来源，建立面对全体公民的社会保障体系。比利时的社会保障体系兼有两种制度的特征，既有根据投保额计算的补贴，也有普遍的补贴，如住院费和社会福利等。

1. 历史演变

比利时的社会保障制度是经过 150 多年的发展，逐步建立和完善起来的。因此它必然带着某些历史的遗迹。比利时最初的社会保障制度发源于工业革命和资本主义产生时期。贫困问题开始成为社会问题，于是出现了一些救助贫苦人的慈善机构。在工业化进程中，工人们承担着许多风险，如疾病、事故、失业、丧失劳动能力等。为预防这些风险，工人们自行创建了“互助会”，并将部分劳动收入用于风险基金，以防不测。一些信奉基督教的雇主也为多子女的工人创建了家庭补贴基金。但这些都是私人行为，没有国家的介入。

1886 年，严重的经济危机导致了全国性的大罢工运动。这使国家开始介入社会问题的解决。从 1891 年起，国家开始对互助会组织给予资助，并产生了积极效果。不久，各地方不同行业的互助会开始联合起来，实行更有效的管理，并组建了全国互助会联盟。这时，参加投保仍具自愿性质，尚未成为义务。1903 年建立的劳动事故保险制度首次采取了义务投保制。在两次世界大战期间，义务保险制度有了很大发展，退休、养老、职业病、家庭补贴和年度休假都采取了强制保险的做法。自由劳动者从 1937 年后才实行家庭补助义务保险。疾病保险和失业保险仍属互助会和工会关注的领域。其间，比利时颁布了第一个关于保障残疾人收入的法令，但这基本上属于社会救助措施。

第二次世界大战期间，工会代表、雇主代表和政府官员共同协商制定了“社会互助协议”。1944 年，劳、资、官三方正式签署这一社会公约，旨在改善劳资关系和工人生活条件。其重要创新在于：规定所有劳动者都必须加入包括失业和病残在内的社会保险；提高了补贴标准；创立了收缴社会保障金的机构——国家社会保障局；社会保障的管理由劳资双方共同负责。但职业病和工伤事故保险，以及残疾保险不在社会公约之内。职业病、工伤事故仍属私人保险，对残疾人的救助仍由公共税收资助。此外，该公约只涉及工薪劳动者，不包括自由劳动者。

从 1937 年起，自由劳动者必须参加家庭补贴保险。强制性养老保险和医疗保险后来才开始实行。1964 年开始实行自由劳动者强制性医疗保险。从 1971 年起，自由劳动者失去劳动能力后也能享受补贴。第二次世界大战后经济的高速增长促进了社会保障体制的扩展和完善。自由劳动者被纳入社会保障体系，养老保险、失业保险和家庭补贴的标准也不断提高。这也导致保险资金来源的变化：国家对社会保障的介入越来越多。比利时的社会保障制度逐渐从预防不测发展到面对每个人的安全保障体系。1974 年，比利时颁布法令，确定了最低生活标准。

1969 年 6 月 27 日和 1978 年 7 月 3 日生效的法律对比利时劳工的社会福利、医疗保险、工资、工作时间、休假日、工作环境即工会组织等事宜都做出规定。为保护劳工利益和解决劳资纠纷，法律规定雇主、劳工组织以及政府有关部门成立国家劳工委员会、联合委员会、工作环境安全卫生改善委员会、企业委员会等协调组织。《劳工法》规定，雇用50名员工以上的公司应至少选派1名工会代表，监督和保障员工利益。所有工薪者和经营者都必须参加社会保险，该保险包括对员工及其直系子女的补助以及医疗保险、养老保险、失业保险等。1997年，比利时开始实行《社会保险者宪章》。该宪章明确规定了社会保险的受益者拥有的权利和义务，并以其作为各种社会保障制度的原则。

从1975年起，社会保障体系受到经济危机的威胁。由于失业日益严重，领取失业补贴者大量增加，社会保障资金难免出现赤字。据统计，失业补贴从2001年的61.9亿欧元增加到2002年的69.6亿欧元，增长了12.4%。唯一的解决办法是增收节支。从1982年起，比利时政府为渡过危机而对社会保障制度进行了深刻改革。在失业保险方面制定了不同等级，同居夫妇、独身者和待业青年的失业补贴明显减少。近年来，为提高企业竞争力，雇主对社会保障的资金投入明显减少，亏空部分只能由增值税收入补充。

2013年，比利时的社会保障开支总额为1184亿多欧元，占国内生产总值的30%以上（见表6-9）。由于人口老龄化，经济不景气和社会保障经费使用不善等原因，欧洲的福利国家制度普遍面临入不敷出的危机。比利时的情况也是如此，其社会保障资金已多年呈现结构性赤字。2010年，社会保障赤字为230亿欧元，2014年为550亿欧元，2015年达到610亿欧元。

表6-9　2013年比利时社会保障开支状况

开支	金额（百万欧元）	占国内生产总值	所占比重
各类社会保障费用	113556.02	2.67%	95.89%
管理费用	3595.46	0.94%	3.04%
其他开支	1271.23	0.33%	1.87%
合计	118422.71	3.94%	100　%

资料来源：比利时联邦社会保障管理局。

2. 社会保障金的筹集

社会保障所需费用约2/3是由社会保障体系的受益者负担，约1/3由政府拨款。个体经营者、雇员及其雇主均须缴纳社会保险金。

工薪劳动者的社会保险金由工薪劳动者和雇主共同分担，由国家社会保障局收取和管理，并由其分配给各项保险补贴发放部门。工薪劳动者需缴纳普通社会保险金和特殊社会保险金。普通社会保险金以劳动者的报酬总额为计算基数，计算基数还要乘以系数 1.08。对于个人所得税而言，普通社会保险金可从税基中扣除。特殊社会保险金是不能从税基中扣除的社会保险金。夫妻中即使只有一人纳入该社会保障系统，仍须按夫妻的合计所得计算缴纳。与比利时签订社会保险协议的其他国家公民，可以免缴。

雇主按季缴纳的一般缴款和特殊缴款均以其所有雇员的报酬总额为计算基数，但有关工薪劳动者的计算基数也要乘以系数 1.08。对公司所得税而言，社会保险缴款为可扣除营业费用。

除了工薪劳动者与雇主的份额外，国家每年还向全国社会保障局注入部分资金。2000 年，国家注入的数额为 4841.36 万欧元。为保证社会保障制度的正常运转，并减轻雇主的负担，比利时政府向社会保障投入大量公共开支。这种补充资金主要来自增值税。2000 年有 21% 的增值税，即 37 亿欧元被用于社会保障资金，其中 95% 注入了工薪劳动者社会保障；5% 注入了自由劳动者社会保障。2005 年，政府提取 67.411 亿欧元用于工薪阶层的社会保障，提取 1.242 亿欧元用于独立经营者的社会保障。2013 年，由雇主、政府和社会保障受益者提供的社会保障资金为 1209 亿欧元，其中雇主缴纳部分为 40%，政府注入部分为 38%（见表 6－10）。

表 6－10 2013 年比利时社会保障收入状况

收入	金额(百万欧元)	占国内生产总值	所占比重
雇主缴纳部分	48413.20	12.65%	40.03%
政府注入部分	45980.94	12.02%	38.02%
受益者缴纳部分	23889.07	6.24%	19.75%
其他资金来源	2666.09	0.70%	0.70%
合计	120949.30	31.61%	100%

资料来源：比利时联邦社会保障管理局。

比利时法律规定，个体经营者从开始经营活动起的 90 天内，就必须参加独立劳动者社会救济局，并应每季度向各自的社会保障金库缴纳社会保障金。其数额按其 3 年前的职业收入水平而定。经营不足 3 年者须预付款，3 年期满时再行结算。

在公务员方面，合同制的管理人员享受和工薪劳动者一样的社会保障制度。非省级及地方单位的公务员个人只需分摊养老保险的 7.5%、医疗保险的 3.55%，其他社会保障经费均由录用单位承担。省级与地方单位的公务员的病残保险由本人与录用单位分摊（单位 3.8%，个人 3.55%），家庭补贴由单位承担 5.25%，职业病保险由单位承担 0.17%，养老保险由单位承担 20%、个人承担 7.5%，其他部分则由公共开支补足。

据经合组织的统计，比利时 2013 年社会保障支出占国内生产总值的 30.94%，仅次于法国（33%）和丹麦（30.8%），居世界第三位。

从长远看，比利时的社会保障体系面临人口老龄化的威胁。联邦社会保障部门指出，1991 年时，比利时劳动人口与享受社会保障人口的比例为 4∶1，如今这个比例是 3∶1，而到 2060 年，这个比例将达到 2∶1。

3. 社会保障金的主要内容

比利时的社会保障包括家庭津贴、失业救济、退休保险、遗属补助、医疗保险、生育补贴、工伤和职业病津贴等。

家庭津贴。家庭津贴包括：一般家庭津贴、孤儿津贴、儿童放置个人家庭看护的整体津贴、（社会、儿童患传染病或残疾、年龄）补充津贴、出生津贴和领养金。涉及发放者、领取者和受益儿童三个主体。

失业救济。失业救济金是工薪阶层失业后，在满足一定条件的情况下，可以享受失业金。失业金的计算，以当事人的最后阶段的月薪以及当事人的家庭情况作为标准。原则上讲，失业救济金只发放给工薪阶层。独立经营者缴纳社会保障金中没有失业救济金的份额，但如果独立经营者在取得独立经营者身份之前是领取工薪者，那在某种条件下是可以享受失业救济金的。公务员也不缴纳失业救济金的社会保障金份额，因为他是终身任命的，没有失业的可能性，如果他被解雇，有一个特殊的体制可以使他领到失业救济金。还有一种平行的体制用于军人。

比利时有1000万左右的人口，失业率为8%左右，与欧盟平均水平相当。比利时政府用社会保障政策引导就业，即便是从未参加过工作的人，到了法定的工作年龄后如果没有找到工作也可享受失业救济。目前，每年有近百万人从联邦就业局领取失业救济金。比利时建立了较为健全的就业促进政策体系。在联邦政府一级设有就业局，主管全国失业救济金的发放；在三大行政区分别设有布鲁塞尔职业介绍中心、瓦隆大区职业介绍与就业培训中心和弗拉芒大区职业介绍与就业培训中心，分别负责本区的职业介绍和就业培训工作。

比利时政府还制定了就业促进计划，如企业雇用失业两年以上的人员，企业在为该雇员缴纳社会保障金时，可享受50% ~75%的优惠，优惠期为2~5年。而这名雇员在找到工作后，仍可以继续从政府那里领取一定数额的失业救济金，最高限额为每月500欧元，可享受3年。还有"服务卡"计划，帮助失业人员实现再就业。它主要是针对社区内的家政服务（如保洁、照看婴儿和老人等）而特别设计的，主要是针对失业两年以上的人员。需要家政服务的人可事先向社区服务公司购买按小时付费的"服务卡"，雇主实际支付的价格仅相当于每小时4.69欧元，而提供服务的人可获得每小时21欧元的报酬，其中的差价一半由社会保障部门承担，一半由地方政府承担。

退休保险。比利时国家退休金体系有三种形式，分别适用于工薪阶层、独立经营者和公务员。在1991年1月至1997年6月期间，男性雇员和女性雇员都可以从60岁起退休，男性的工龄应为45年，女性的工龄应为40年。目前，男女性雇员退休的年龄都是65岁，工龄年限均为45年。符合这些条件者才能拿到全额退休金。工作年限不少于35年，年满60岁的人也可提前退休，退休金会相应减少。

独立经营者的退休年龄与工薪阶层的情况大致相同，但公务员根据职业不同，退休的年限有所不同，如法官的退休年限比较长，而一些军官的退休年限比较短。不论适用于哪种形式，要想领取退休金至少要工作15年。

遗属补助。遗属补助是支付给那些需要赡养的寡妇和鳏夫的，并根据去世的配偶的工作历史，是否退休及需要抚养的孩子的数量来决定。要想领取这笔养老金，未亡人的年龄必须满45岁，但严重丧失工作能力者则可以不必达到这一年龄。另外，未亡人必须与去世的配偶结婚一年以上或共同生育一个孩子。

生育补贴。比利时妇女的产假最长可为15周。前30天其工资标准为原月薪的82%；30天后则为75%。生产前1周和生产后8周的假期是法定的，另外6周在产前或产后的假期是可选择的。在某些情况下，产假也可以由父亲假期代替。父母双方可以在孩子出生或收养后的四年内享受无薪的三个月父母假期。此外，父亲在孩子出生后30天内有一个特别的10天的父亲假期。

工伤和职业病津贴。工伤是指在工作地点及赴工作地的路上所发生的伤残。对于大部分职业病（即疾病是由工作直接导致的，或工作是导致疾病的主要原因之一）而言，都有特别的国家保险。由雇主和雇员共同缴纳的全国性保险基金在雇员生病期间，将为其支付工资。此外，对于无法由该基金支付的一部分天数的工资，雇主可能会被要求向个人支付。

此外，比利时还设立了一套社会辅助体系，以帮助那些低收入者融入社会。

二　医疗卫生

比利时的医疗保险制度是全世界最先进的制度之一，全社会成员都能在一定程度上得到健康保障。据统计，2010年比利时全国共有全科医生1.79万名，专科医生2.15万名，药剂师1.23万名，护士6.27万名，医院病床总数约7.4万张。平均每万人拥有医生30名、护理和助产人员3名、牙医7名、药师12名、医院床位663张。比利时政府规定，所有比利时公民及在比利时居住的外国人都必须参加医疗保险。比利时的医疗保险属国家社会福利制度，属于强制性保险。约85%的居民参加比利时的全面医疗保险，其余15%的居民（多为独立经营者或其他人员）仅参加重大医疗项目险。在这种保险制度下，大多数的医疗费用，包括医疗及药费均可部分或全部退还。

在比利时，医疗保险领域由两大部分组成。一个是法律，即《社会保障法》。《社会保障法》包括的范围很广，其中之一就是医疗。社会保障基金总额的2/3来自政府拨款。比利时政府要从纳税人所缴纳的税款中拿出相当大的一部分用于解决本国公民的看病问题。另一个是医疗保险机构，其职责是具体落实《社会保障法》。《社会保障法》是每一个公民都必须遵守的法律。根据这部法律规定，当一个青年人开始工作并拿到第一份工资时，必须缴纳自己所应该承担的医疗保障基金，其比率约为每月工资的3.7%。医疗保障基金的缴纳具有强制性。此外，用人单位也必须承担受雇人的包括医疗保障基金在内的社会保障基金，这部分费用的缴纳也是强制性的。独立经营者也必须缴纳包括医疗保障基金在内的社会保障基金，并同样享受医疗保险。个人和单位所缴纳的费用加起来就构成了个人医疗保障基金。

比利时的医疗机构分公立和私立两大类。公立医院除了负责接收急诊和病人住院治疗，还要负担国家指定的科研任务。其规模较大，科室较齐全，设备较完善，人员也较多。私立医院的主要功能是接收急诊和病人住院治疗。比利时人看病大都先找私人医生。所有私人医生都是与医院及药房联网的。如果私人医生当场无法做出确诊或需要更高级的设备进行诊断，便会将病人转到专门的检查中心进行检查。比利时法律规定，除了住院病人的药品由医院负责提供外，医疗和医药截然分开，无论是私人医生所开设的诊所还是正规医院，都必须照此执行。

参加社会保障体制的人生病时，不但能得到医疗补偿，而且能得到由于生病而收入减少的补偿。对工伤和职业病的补偿另有规定。对工薪阶层、独立经营者和公务员的补偿有所不同。

比利时的医疗体制建立在高税收、高福利的社会体制之上。法律规定，凡是本国公民都享有看病的权利和便利，医疗机构不是商业机构，不能以商业的形式和办法来运作。在比利时购买的医疗保险属于全球性的医疗保险，即保险申请人在全球任何一个国家发生的医疗费用都可以拿回比利时报销。

在比利时，报销医药费的情况视所看医生和用药不同而有所区别，大致报销比例在70%左右。一般来说，政府鼓励民众选择普通药和看普通医生。在遇到大病的情况下，由于医疗费金额较高，便可在结算医疗费时凭相关证明，直接支付个人所应承担的部分，从而免除患者先行垫付的困难。

在比利时，儿童社会医疗保险采取互助会的形式，所有在比利时的孩子都可加入，即便是来比利时短期工作的外国人，只要依法纳税，都可让子女加入医疗互助会。孩子看完病后，家长凭医生处方和购药付款凭证便可到当地互助会机构获得补偿。

第七章

文　化

第一节　教育

在高度工业化的比利时，教育起着关键性的作用。各级政府高度重视教育，对国民教育给予很大的投入。正因为如此，各类学校培养出大批高素质的人才和劳动力，使比利时在许多领域建立了自己的强项和特色。根据世界经济与发展组织的统计（2010 年），比利时的教育经费开支占国内生产总值的 6.4% 左右，超过大多数发达国家的水平，仅低于丹麦、冰岛和挪威三国。教育由地区政府管理，实行 6～18 岁免费义务教育制。从幼儿园、小学、中学到大学，比利时每年的在校学生约为 240 万名左右。在全国高等教育机构中，有大学 12 所，高等专科学院 45 所，高等艺术学院 17 所。在 6 所综合性大学中，建于 1425 年的鲁汶大学历史最为悠久。2009 年，比利时接受学前教育的儿童约 40 万人，小学在校生约 74 万人，中学在校生约 81 万人，各类高等院校在校生共计约 31 万人。到 2014 年，比利时接受学前教育的人数为 45.9 万人，小学在校生为 77.3 万人，中学在校生为 81.4 万人，各类高校在校生约为 48 万人（见表 7－1）。

表 7－1　比利时 15 岁以上居民受教育比例（2014 年）

单位：%

教育程度	男子	女子	平均
小学	14.0	17.4	15.7
初中	21.3	19.7	20.5
高中	36.5	32.5	34.5

续表

教育程度	男子	女子	平均
职业大学	12.2	17.2	14.8
综合大学	16.0	13.1	14.5
合计	100	100	100

资料来源：比利时经济信息统计总署。

据统计，2014 年，比利时 30～34 岁国民中有 43.8% 拥有高等教育学历，该比例明显高于欧盟国家 37.9% 的平均水平（见表 7－2）。然而，比利时女子受高等教育的比例高于男子，50% 以上的 30～34 岁的比利时女子拥有高等教育文凭，而同年龄段受过高等教育的男子只占 37.1%。

表 7－2　比利时及欧盟国家 30～34 岁居民拥有高等教育文凭的比例

单位：%

年份	2004 年	2008 年	2012 年	2013 年	2014 年
欧盟	26.9	31.2	36.0	37.1	37.9
比利时	39.9	42.9	43.9	42.7	43.8
德国	26.8	27.7	31.8	32.9	31.4
法国	35.7	41.2	43.5	44.1	44.1
卢森堡	31.4	39.8	49.6	52.5	52.7
荷兰	33.6	40.2	42.2	43.1	44.6
英国	33.6	39.7	46.9	47.4	47.7

资料来源：比利时经济信息统计总署。

一　概况

1831 年，比利时法律规定了教育自由的基本原则。第二次世界大战后，比利时的教育政策以提高民众的教育水平、促进教育民主化为宗旨。为此，小学和中学教育实行了免费，并建立起一整套奖学金制度。如今，比利时在欧洲成为教育程度最高的国家之一。

1958 年后，在比利时有三种教育体制并存：国立学校、省立和市镇学校、由国家资助的私立学校。1963 年后，教育和学校按语言文化区划分教学语言。在布鲁塞尔则根据学生的母语分为两种语言教学。1425 年建立了比利时最古老的鲁汶大学。根特大学和列日大学建于 1817 年，布鲁塞尔自由大学建于 1834 年。1965 年，在蒙斯和安特卫普建立了公立大学。在安特卫普、布鲁塞尔、根特、列日、蒙斯等城市设有王家美术学院、王家音乐学院，以及农学院。

从 1989 年起，比利时联邦将教育管理权限下放到语言文化区，同时赋予各学校更多自主权。如今，比利时的教育政策由三个语言文化区分别制定，学校分为公立和私立两类。教育体制由三个网络构成：语言区开办的学校、私人办学、各省市办的学校。另一方面，随着欧洲一体化的进展，欧盟对各国的教育采取了越来越多的干预政策。这使教育不再只是本国事务，例如增加新技术学科、注重对移民子女的教育、促进男女平等、实行文凭一致化和加强国际交流等。

比利时实行 6～18 岁免费义务教育制，在 6 岁之前还有学前教育。学前教育主要对象为 3～6 岁未届学龄儿童，通常 2 岁半以上即可入学，其主要目的在辅导幼童养成良好习惯、认知与心理发展、学习适应群体生活及发挥自我表达的能力。小学学制为 6 年。小学教育的教学重点是语言及算术，课程标准由政府制定，学校只要符合教学目标，可自行设计课程；政府亦无明确规定每班最少或最多学生人数。

学校教育包括普通中学、技术中学、艺术中学和职业中学。中学教育为 6 年，分三个阶段，每阶段为 2 年。其中第一阶段的第一年分为 A 与 B 两类型，90% 学生选择 A 类型课程，可继续第二阶段的普通教育、技术教育与艺术教育。B 类型课程主要为职业训练做准备，于第二阶段继续职业教育。第一阶段注重共同核心课程，其中包括：本国语言（荷语、法语、德语）、数学、历史、地理、外语、科学及科技教育、体育和艺术教育、宗教或伦理课程；第二阶段分为普通教育、技术教育、艺术教育及职业教育。学生可选修特定课程，至第三阶段可选择的范围更广。比利时的中小学可自行制定课程表，但须经政府有关部门认可。

另外，比利时教育当局十分重视对教师的培训。按规定，担任小学教师和初中教师应在高等师范学院培训3年。担任高中教师应在大学培训4~5年。培训包括知识课程和教学法等课程。在比利时，教师不属于国家公务员，他们要在学校取得固定的职位需要工作若干年。

在教育方面存在的主要问题是：在中小学教育阶段偏重给学生提供更多专业选择，但对基础知识的培养有所忽视，因此中小学中留级者比例有所提高。另外，由于教育体制多样化和各地区自行管理教育，教学水平难以统一，学校教学水平和学生成绩存在明显差异。

二　高等教育

比利时高等教育的基本任务是积累、传播和发展科学技术，教学与科研密切结合。按照学术方向、组织形式和目的要求，比利时的高校分为综合性大学和高等专科学院。目前比利时有6所综合性大学：荷语鲁汶大学、法语鲁汶大学、荷语布鲁塞尔自由大学、法语布鲁塞尔自由大学、列日大学（法语）、根特大学（荷语）。综合性大学至少要包括以下5个传统学科的学院：哲学和文学院、法律学院、理学院、医学院、工学院。比利时前三大名校情况见表7-3。

表7-3　比利时前三大名校情况（2013年）

名称	建校年份	学生人数	外国学生数	教师人数
鲁汶大学(荷语)	1425年	36923	5078	1463
鲁汶大学(法语)	1968年	26018	4226	2612
根特大学(荷语)	1816年	34750	3533	2777

综合性大学的学制为4~7年，一般文科为4~5年，工科为5~6年，农科为5年，医科为7年。大学学习分三个阶段。第一阶段为基础阶段，学习2~3年，对学生进行基础教育、专业入门教育。第二阶段为本科阶段，也叫学士阶段，学习2~3年。以荷语鲁汶大学的工学院为例：除建

筑系外，第一阶段只修一些由理学院所开设的共同必修科目，如数学、物理、化学、力学之类的共同科目；第二阶段才开始分机械系、土木系等专业科目。本科毕业后可取得学士学位。医学、药学和工科毕业生被授予医生、药剂师、工程师资格。因此，当学生第二阶段毕业时，他们所领到的文凭是一张学历证明，也是一份执照。有了这份文凭，也就可以开业或做生意了。值得一提的是，比利时没有技师认证考试。所有的开业执照均需经过求学而来，连厨师也不例外。第二阶段结束后便可以申请进入博士班就读。第三阶段为专业学科研究阶段，即攻读博士或大学后学位的专业化学习阶段。在比利时，大学本科毕业可直接注册攻读博士学位，时间为2~3年。

正规大学授予学位分为两类：法定学位和科学学位。法定学位是按比利时的法律规定的研究必须条件、研究课题以及研究期限而批准授予的。科学学位是法律规定以外的，由大学根据大学所从事研究的必需条件、研究课题及期限而批准授予的。比利时大学一般每年9月底10月初开学，次年7月结束。多数学校实行三学期制。第一学期自10月初至12月底（圣诞节前）；第二学期自1月中旬至4月中旬（复活节前）；第三学期自4月下旬至7月中旬。有的学校是两学期制，中间放寒假。每学期结束要进行考试，学年结束由学年考试决定升留级，凡不及格者有一次补考的机会（一般在新学年开始前的9月份）。

比利时正规大学中的各研究中心担负着全国90%以上的基础理论研究任务，有些学科居世界领先地位。比较先进的学科有：荷语鲁汶大学的固体物理、分子生物、微电子学、自动化、企业管理；法语鲁汶大学的回旋加速器、细胞和分子病理学、食品加工、农学、经济学、法律；法语布鲁塞尔自由大学的冶金、非平衡态统计物理、法律；荷语布鲁塞尔自由大学的理论物理、电子学、计算机应用；列日大学的矿物学、电子学、植物学；根特大学的分子生物学、基础矿物学、遗传学；安特卫普大学的化学；蒙斯理工学院的冶金、太阳能的光电转换；朗布鲁农学院的农学；等等。

高等专科学院负责高等技术教育、高等经济教育、高等农业教育、高等医学教育、高等社会学教育、高等艺术教育、高等师范教育等7种专科教育形式。高等专科学院的教育侧重于科学知识在各个职业部门的应用，主要培养工业、农业、商业、医务、社会服务、教育、艺术等各个方面的专业人才。其教育形式有全日制和业余两种，学习期分长期与短期两种。学生毕业后被授予不同的证书，如工业工程师毕业证书、护士毕业证书、建筑师毕业证书、翻译毕业证书等。比利时比较著名的高等专科学院有蒙斯理工学院、让博鲁农业科学院、布鲁塞尔圣路易学院、布鲁塞尔高等工业学院、那慕尔和平圣母学院、王家军事学院、王家高等艺术学院、王家高等音乐学院等。

第二节 科学技术

一 概况

比利时国家虽小，但是科技水平和经济实力很强，政府也高度重视科技发展。先后有多名比利时的科学家获得了诺贝尔奖。比利时在诸多领域——如生物技术、信息技术、核技术、航空和航天技术、农业以及有色冶金等领域——具有较高的科技水平和优势，并取得了世界公认的成就。在空间技术领域，比利时素有“欧洲空间科技小巨人”的雅号，它在欧洲空间局的贡献率排名第四。

在比利时，从事科研开发的科学家、工程师和工作人员有5.4万人，其中一半以上属于各企业部门，其他则效力于高校和政府研究部门。在比利时平均每万名劳动者中有研究开发的科学家与工程师40人。

为保障研究开发和创新计划的持续发展，比利时每年都要为此支出大量经费。到2020年将用于研发事业的经费提升到国内生产总值的3%，这是比利时和欧盟国家制定的共同目标。据统计，比利时用于研发的经费总额2010年为74.8亿欧元，2012年为91.4亿欧元，2014年达到98.5亿欧元。这些经费70%以上源于企业，其余部分来自政府预算和其他机构。也应当指出，尽管比利时用于科研和开发的经费投入每年都在增加，但距离3%的标准尚有距离，在欧美和发达国家中的排名居中等地位（见表7－4）。

表7－4 部分发达国家研发经费占国内生产总值的比例

单位：%

年份	2009	2010	2011	2012	2013	2014
欧盟国家平均	1.94	1.93	1.97	2.01	2.03	2.03
比利时	1.99	2.05	2.16	2.36	2.43	2.46
法国	2.21	2.18	2.19	2.23	2.24	2.26
德国	2.72	2.71	2.79	2.87	2.83	2.87
英国	1.74	1.69	1.69	1.62	1.66	1.70
丹麦	3.07	2.94	2.97	3.00	3.06	3.05
芬兰	3.75	3.73	3.64	3.42	3.29	3.17
美国	2.82	2.74	2.77	2.81	—	—
日本	3.36	3.25	3.38	3.34	3.47	—

资料来源：欧洲统计署。

二 管理体制与科技政策

1. 管理体制

1980年的《体制改革法》规定，联邦政府、语言文化区和大区政府都有制定和推行科研发展政策和参与国际合作的权力。联邦政府负责在全国组织各科研机构之间的信息交流网络，开展国际航天研究，组建联邦科研机构，促进协调大区和语言文化区之间的合作项目，参与国际范围的科技合作等。语言文化区主要负责与人文有关的研究项目，如教育、文化、保健、家庭、老年等方面的科研工作。大区政府主要负责与经济、政治、能源、公共工程、环境、交通、开发新产品、技术发明和推广等相关的研究项目。联邦、语言文化区和大区政府都可要求高等教育机构参与研究项目。

科研政策部门会议是协调联邦、语言文化区和大区政府间科研工作的机构。该机构由联邦、语言文化区和大区内阁部长组成，负责制定国内或国际合作协定，推动信息沟通。根据联邦政府要求，准备和实施科研计划，协调各部门的科研活动。它负责每年提出科研政策预算总计划。国际合作委员会和联邦合作委员会则是科研政策部间会议下属的常设机构。它们分别负责国际和国内的科研合作事务。

在联邦政府内，由内阁会议决定科研政策的大政方针，由经济与科研大臣具体主管和执行。经济与科研部是科技主管部门，负责全面协调政府科研活动，参与科学政策部际委员会的决策。经济与科研部下设科技文化事务处，负责落实和协调联邦范围的科研事务。科学政策部际委员会是一个跨部门的协调机构，负责制定和执行针对跨部门科研活动的科学政策，编制全国科技年度预算。各语言文化区和大区政府都有负责科研的大臣，并分别设有具体负责组织和协调工作的行政部门。

科研咨询机构有联邦科研政策委员会和农业发展咨询委员会，主要负责向政府提出各种建议，为政府制定中长期科技政策出谋献策。前者由科学、社会、经济等部门代表组成，负责对联邦政府的计划提出意见、要求和建议。农业发展咨询委员会由农业部部长提议建立，旨在向农业部提供有关农业科研和发展方面的咨询。另外，还有若干官方或私人的基金会对大学或科研所的科研项目提供资助。

2. 科技政策

比利时政府十分重视科学技术的发展。为提高本国的科技实力，它把增加科研经费、突出重点研究领域、强化基础研究、增强大学与工业界的联系和加强国际合作作为比利时科技政策与战略的核心。比利时政府还将空间技术、信息技术（人工智能、软件和微电子技术）、生物技术、新材料、远程通信和海洋学确定为优先发展的科技领域。进入 21 世纪，比利时政府进一步改善了对科技事业的宏观管理。作为欧盟成员国，它以欧盟的未来 10 年战略目标为背景，并结合本国的实际制定了新的科技政策。这一新政策的主要内容包括以下方面。

与欧盟科技研究协调同步。欧盟委员会题为《走向欧洲空间研究》的报告是欧盟科研部部长理事会新思路的总结。比利时政府为了与欧盟的科研步伐协调一致，加快了联邦化的步伐，将科研管理权力进一步下放给三个大区，让各大区参与欧盟的科技合作项目，而联邦政府则负责协调和解决合作中出现的问题。除了强调对内增强大区间的科技合作外，比利时政府还决心在欧盟占有一席之地，并希望进一步增强与美国和日本的科技交流与合作。比利时政府认识到，科学技术的竞争是人才的竞争，要促进经济持续增长，就需要拥有特殊才能的研究人员，特别是电子网络方面的科研人员。为吸引世界科研人员，联邦政府建议对第三世界国家科研人员创立科学奖学金。

技术创新与科技进步。比利时政府认为，创新是社会和经济发展的需要和科学技术进步的动力。因此，政府制定的科技政策将基础研究和应用研究放在同等重要的位置，并在资金投入方面给予了优惠政策。政府各部门也就此达成共识，大力开展研究创新和技术创新，改进企业的老工艺，执行新的研究战略政策，鼓励研究机构向企业部门提供技术支撑和援助，以达到创新目的。创新能力将被作为衡量科研机构的一条重要标准。政府还把加强技术成果的转化、研究机构与企业的合作、培养青年科学家作为一项战略决策。鼓励科研人员的成果、科研人员的研究方向和大学的博士论文选题面向企业。这既可在实际工作中检验研究人员的成果，也有助于科研人员加强对企业工艺发展过程的了解。

完善信息交流网络。政府的优先战略目标是进行良好的科研计划合作、促进网络工作、增强信息技术交流能力。为此，联邦政府调整了原有计划，加快科研网络建设，以适应欧洲新的战略计划节奏。1987 年，比利时决定建立大学校际间的技术网络系统，并每年投入 8 亿比郎资金。这项工作促进了比利时全国网络化的发展，大大增强了科学研究的凝聚力，同时获得了许多资助。比利时研究网络，首先应保证本国科学研究人员使用，并将根据需求不断扩容，还将借助新的信息技术，创建跨国科学研究机构网络。近年来，比利时与欧盟各国间互相公开、研究开发新的大学校际间高技术网络，取得了良好成效。完善后的科技网络是比利时各地区科研合作的成果，它为参与欧洲乃至全球的研究工作奠定了坚实基础。

积极参与欧洲空间计划。比利时在与欧洲空间局的合作过程中受益匪浅，获得了很多研究项目，许多相关的工业、科研机构和大学得到了回

报。1999年5月在布鲁塞尔召开的欧洲空间局部长理事会会议上，比利时作为东道主，表示将继续把科技的重点放在空间应用，特别是通信、基因工程、运载火箭和导航等领域。在此之前，比利时政府召开内阁会议，确定优先发展空间科学技术政策，并确认参与欧洲空间局合作的重大科研计划和地面设施及实施计划，即地球观测、卫星导航、阿丽亚娜系列火箭和国际空间站。

政府科研机构的任务。比利时把科学研究和科技服务列为科研机构的两大任务。科技服务包括：向用户宣传和提供科技、文化和教育信息，培训科技和文化方面的人才。政府要求联邦科研机构要成为“信息社会”大家庭的主角。研究任务包括：开展基础研究、应用研究和创新工作。政府要求科研机构加强对科技进步的贡献率，密切与大学和企业的联系，参与欧洲科研计划和国内特殊研究计划，促进先进工艺推广和使用，以提高比利时在欧洲和全球的经济竞争能力。政府认识到，联邦科研机构研究人员匮乏、断档的问题比较突出。针对这一问题，政府决定从大学毕业生中选拔培养青年科学工作者，并与科研机构共同进行全民爱科学的教育。

社会科学研究计划。多年来，联邦政府对不同的科研领域制定了多个科研政策计划，例如“信息社会”和“可持续发展”计划。比利时政府的科技政策不仅涉及自然科学领域，也包括社会科学领域和人文科学领域。这些科研计划的主题紧密结合比利时社会发展的实际需要，并旨在加强这些领域的应用研究、基础研究和成果创新。比利时政府近期实施的社会科学研究计划是“可持续发展”和“社会凝聚”。

鼓励发明专利申请。发明专利是科技成果的重要标志。但是，比利时的专利申请数量和人均数是很低的。据世界经济合作及发展组织报告，按人口统计申请专利件数，欧盟是比利时的2.8倍，美国是比利时的4.4倍，日本是比利时的7.8倍。为改变这一状况，比利时政府开始采取一系列政策，大力鼓励发明专利申请，改进专利申请审批程序，并注重采用欧洲专利，增强与欧洲专利局的合作。其主要措施有：降低专利申请成本、加强专利信息的传播、大力开发和销售“专利”产品。为此，比利时政府努力促进科研机构、大专院校和企业的接触，鼓励在尖端科学技术领域的重大发明和突破。政府还强调：在使用专利技术和成果转化的过程中，专利发明人的权利和知识产权应该受到保护。

优惠的税收政策。在比利时，对科研人员的税收条件不如美国等国宽松。这不利于鼓励和吸引科技人才。针对这一问题，比利时政府着手制定有利于科研人员的税收办法。其中包括：博士级研究人员免缴人头税；对国家级科研奖学金实行免税等。政府还制定了吸引外国研究人员或专家的税收措施。来比利时的外国前沿领域研究人员、与本国科技人员进行合作研究的外国学者、享受北大西洋公约组织津贴或其他补贴的科研人员等，都可享受比利时优惠税收政策。比利时还对参与创新和投资的企业实行优惠税收政策。进行科技产业化的企业，从创建时就享受优惠税收政策，企业获得的赢利可以免缴不动产预扣款、减免注册税、减免印花税和其他捐税，增强企业自供资金（把部分利润用作投资），促进企业的滚动式发展。

建设比利时千兆网。比利时近年来在网络建设方面投入大量资金，但与欧洲其他国家相比仍属落后，更是无法与美国相比。比利时的邻国英、德、法等正在开发千兆比特速率研究网络，英国已进入网络安装阶段。为了迎头赶上欧洲其他国家，比利时根据自身的经济实力和技术条件，积极调整信息技术硬件设施建设结构，从2000年开始启动千兆网络建设，通过招投标方式建设了2.5～10千兆比特输送信息量速率网络。这一传输网络将比利时各地区的大学和科研机构互联起来。这一工程竣工后，比利时的科学技术研究在信息技术利用方面处于领先地位。随着网络的建成，比利时的科研、教育和企业将免费开放，只对商务互联网实行象征性收费。

制止人才外流。比利时面临科研人员匮乏的局面，与欧洲其他国家一样，大量科学技术研究人员流失到国外。不少高年级大学生去美国深造（50%的欧洲学生在美国攻读博士学位并长期留在美国，甚至定居于美国）。为阻止这种现象继续发展，比利时政府努力采取措施改善研究人员工作条件，并修改或制定一些优惠性的规章制度和政策，如税收制度、

“弹性工作制”、优惠贷款等。联邦政府支持科研人员到欧洲其他国家工作，以便学习同行的长处，同时更欢迎欧洲国家的研究人员到比利时工作，鼓励在美国获得奖学金的学者或博士后人员学成归国，并帮助贷款建立实验室。政府还要求各接收单位制定相应措施，对这些人员实施特殊优惠政策。

最后，鼓励全民爱科学。由于物资生活丰富，地理环境优越，国民中养尊处优之风渐长，对科学的兴趣减弱。比利时政府认为，如果一个民族的文化科技素质低下，便不可能承担经济持续发展的重任。为了改变这种局面，政府制定措施，对国民实行终身教育，使其掌握信息技术、外语和工作技能，还大力鼓励成人和儿童爱科学。联邦政府通过媒体对全民进行科技文化素质教育。科技文化事务主管部门通过网络和科技信息处对国民进行空间远程教育，并组织中学生参观美国国家航空航天局、圭亚那宇航中心和法国空间研究中心。政府还极为重视培养儿童对科学的兴趣，从小学便大力开展热爱科学和崇尚科学的启蒙教育。

三　科研机构

1. 比利时国家科研基金会

比利时国家科研基金会是最主要的官方基金会。它成立于1928年，是由比利时国王阿尔伯特一世倡导，由比利时银行家和企业家出资5亿比郎建立的。基金会的宗旨是促进比利时的科学研究，推广知识传播，支持大学、科研单位及个人从事基础科学研究。第二次世界大战后，基金会相继成立了医学科学研究基金会、大学间核科学研究所、基础研究联合基金会3个联合基金会。1992年以来，该基金会成为法语国家科学研究基金会和弗拉芒国家科学研究基金会的统称，分设的法语和弗拉芒语基金会理事会具有自主决定权。理事会主席由本地区所属大学校长轮流担任。基金会共有34个学科委员会和300多位评审专家。

现在，该基金会的资金来自各级政府部门及雇主委员会的拨款和个人捐赠。为了保证资金的合理使用，比利时政府对基金会进行监督，并派一名特派员对资助项目的效益进行审查。基金会可向研究人员提供科研经费，资助学术讨论会或人员培训，并支持与国外的合作研究，还向研究生颁发奖学金。获得资助者要定期向基金会科学委员会提交报告，并接受检查和监督。

比利时国家科学研究基金会与中国科学院、中国社会科学院和中国国家自然科学基金委员会均建立了科学合作协议关系。根据1988年同中国国家自然科学基金委员会签订的科学合作协议，中比科学基金专家在天文学、催化化学及环境科学等领域进行了合作交流。

2. 政府研究机构

比利时联邦和地方政府建立了众多研究机构。这些研究机构具有各自的研究领域，分别如下。

比利时皇家自然科学研究所　该所鼓励保护和研究在比利时的动物和植物，同时向公众介绍其研究成果，并对全世界动物和古生物资料进行比较研究。

利奥波德王子热带医学研究所　该所从事研究热带医学生物学、性传播疾病、分枝杆菌、麻风病、出血热、锥虫病、利什曼病、疟疾、血吸虫病、囊虫病、寄生传染病免疫病理学等。

中非皇家博物馆　该博物馆是有关非洲的科学研究机构，从事人类学、地质学、动物学研究，人类学包括人种起源、社会和宗教文化、历史、音乐、语言学，地质学包括构造地质学、地图学、矿物学、远距离探测，动物学包括昆虫学、寄生虫学、哺乳动物学。

比利时皇家天文台　比利时王家天文台主要研究地球的自转、大地测量学、导航卫星、地震、地球和行星内部的物理学、月球轨道、小行星与彗星、天体大气、光谱学等。

比利时皇家气象研究院　比利时王家气象研究院研究领域是气候学、水文学、生物气候学、气体力学、放射性与污染研究、应用气候学、高空气象学、地球物理学。

比利时国家植物园　比利时国家植物园主要从事植物生长研究、非洲与欧洲植物分类研究。

农学应用研究中心　农学应用研究中心主要从事农作物（大麦、燕麦、甜菜、小麦）生产研究、作物保护、作物管理、畜牧生产及农业工

程、食品科学、园艺学等研究。

公路研究中心　公路研究中心主要负责设计和建造高速公路、公路、机场跑道，降低费用，安全有效地利用公路网。其主要研究范围包括：公路网计划、公路铺设与加固设计、铺路材料特性、测量仪器等。

金属制造业科技研究中心　金属制造业科技研究中心主要研究领域是铸造、机械工程、钢生产、塑料、自动化和工业信息学。

建筑科技中心　建筑科技中心主要研究材料、结构、供热、卫生设备、隔热、隔音、细木工技术、装修玻璃、涂层、油漆以及建筑工程技术管理，并提供技术咨询、资料与信息服务。

海洋科学研究所　这是一家由西弗拉芒省政府和其他地方政府资助的独立的非营利研究机构。比利时大学和研究中心的135名海洋科学家在该所工作。该所也是各大学的海洋科学家就海洋科学基础和应用研究交流意见、制订计划和协调行动的场所。

卫生与流行病研究所　该所研究有关预防和改变危害人体健康因素的问题，并研究对人和环境有害的各种流行病，以及控制方法和途径。

化学研究所　化学研究所主要研究与工农业相关的化学问题，其中包括土壤施肥、作物保护、农产品等级评价、环境保护等。

工农业科学研究发展促进研究所　该所为实现工农业科学研究计划开展工作。农业研究包括动物繁殖、园艺学、植物生物学、植物病理学等。工业研究包括化学、电力、机械手、生物技术、计算机科学、新材料等。

细胞与分子病理学国际研究所　该所主要研究课题涉及基础生物学领域，如生物化学、细胞和分子生物学、遗传学、生物技术、微生物、内分泌和免疫学，以及解决医学应用、药理和工业中的问题等。

大地测量学与地球物理学国际联盟　其宗旨是促进和协调地球及其空间环境方面的物理、化学和数学研究，包括几何图形、地球引力和磁场、地震、火山、水文、地球海洋、大气、电离层、电磁层、太阳与地球的关系，以及与月亮和其他星体相关的问题。

雷克蒂塞尔研究与发展中心　该中心主要研究热绝缘、声学应用、过滤、生物技术、阻燃性、能量吸收、低温应用、包装材料、密封技术等。

核能研究中心 该中心旨在支持核能的研究与开发，加压冷反应堆开发的工业服务，开展快中子增殖反应堆的专项研究，包括材料、燃料测试，安全试验，反应堆物理性能；核燃料回收技术研究；水调节（高温除渣）及防护装置；非核研究及其发展和服务，特别是特殊环境问题、能源存储、电解系统、太阳能系统、新材料等。

国家放射性元素研究所 该所主要研制放射性元素，诸如碘－123、碘－131、铱－192、氪－81、钼－99、氙－133，从事放射性元素的开发、生产与管理。

布拉班巴斯德研究所 该研究所研究领域包括：病毒学、微生物学、免疫学等。

洛林研究中心 该中心主要从事古生物学研究，出版有学术刊物。

国家科技资料中心 该中心负责收集和整理科技成果资料，向比利时全国的科技人员提供资料服务。

比利时宇宙大气物理研究所 该所隶属于比利时联邦政府，完成国家在宇宙和大气物理方面的科研任务。

国家统计研究所 该所从事社会、经济等方面的调查和研究，并向比利时官方提供和向社会公布调查统计数据。

3. 大学研究机构

在比利时，科研与教学相结合具有长期传统。从 19 世纪后半叶起，基础研究都是在大学中开展起来的。如今，各主要大学都从事尖端的科研工作。

鲁汶大学 该大学在美国等国家建有合作实验室，主要研究人类遗传学；高血压、血栓、血管研究；心脏病学；微生物学；AIDS 研究、振动测试仪器、合成材料、微电子等。该大学下设农学院、应用科学院和理学院等。鲁汶大学人类遗传研究中心在基因技术研究方面享有国际声誉。它的细胞和分子病理研究所致力于在基础生物学研究和医学研究之间架起一座桥梁。该大学校际微电子中心建于 1984 年，主要从事芯片技术研发，有科研人员数百人。

根特大学 该大学下设农学院、应用科学院、医学院、药学院、科学

学院、兽医学院、卫生环境中心、信息中心。该大学的植物基因系统研究所是1982年在原基因试验室基础上建立的，在国际上也很著名。该研究所主要从事抗病植物的开发。根特大学还拥有一个庞大的细菌库。1999年9月，根特大学的研究人员研制成抗流感通用疫苗。该疫苗的特点是抑制流感病毒的适应能力，从而避免了每年都更新疫苗。该研究成果不久将投入市场。

安特卫普大学　该大学下设医学院和科学院。该校在材料电子结构和激光运用的研究方面处于领先地位。在医学研究方面，安特卫普的热带医学研究所从事非洲艾滋病研究的皮佑（Peter Piot）教授和布鲁塞尔自由大学主持欧洲艾滋病治疗网的克鲁梅克（Nathan Clumeck）教授都是国际知名的专家。

列日大学　该大学下设应用科学系、医学系、科学系、兽医学系。该校的空间研究所是一个著名的实验室，它与欧洲航天局有密切的合作关系。布鲁塞尔自由大学从事基础和应用研究，研究领域涉及医学生物学、电子学、核科学、环境科学、材料学、经济学、地球学等，下设应用科学院、医学院、科学院。大学的分子生物学系在转基因研究方面十分活跃。

那慕尔和平圣母学院　该学院下设医学院、信息学院、理学院、药理学院、电子显微镜学多学科研究系和核反应实验室。它在微电子工业化生产方面做出过杰出贡献。

让博鲁市（Gembloux）农业科学院　专门培养更加抗病和有专门用途的新品种，从事生物技术的研究并参与欧洲生物技术研究计划。

蒙斯工业学院教学研究机构　它主要研究导热、合成材料、电性、铁矿烧结、铸钢、节能和再生能源等。下设矿业开采、地质、金属冶炼、热力学、普通化学、应用化学、化学工程、电力测试及电磁、电气工程、电力工业应用、自动化、应用机械、机械设备制造、材料承受力、民用建筑、民用工程、普通物理等学科。

4. 其他研究机构

除了政府和大学研究机构之外，比利时还有一批由不同企业建立的或独立的科研所。这些研究所的研究领域的研究项目与生产结合得十分密切。

比利时企业家协会研究所　该研究所主要从事机械设备疲劳程度、安全保养及维修、环境污染特别是排气及噪声的研究，下设机械测试实验室、物理测试实验室和无损测试实验室。

天然气研究中心　天然气研究中心是一家独立的研究中心，专门研究天然气的特性及质量、运输、分配和应用，并与比利时天然气皇家协会开展合作，交流信息。

国家水泥工业科技研究中心　国家水泥工业科技研究中心是一家独立的研究中心。专门从事水泥、混凝土和砂浆的研究与测试。

冶金研究中心　该中心建于1948年，是一个非营利研究协会，主要研究金属加工程序、金属产品（铁、钢、有色金属）的质量。另外，它还进行实验室研究，并与其他专科实验室联系解决具体问题。

比利时焊接协会研究中心　该中心主要从事焊接技术研究，包括焊接材料、断裂力学、焊接结构性能、陶瓷、高温材料、全息照相、激光技术等。

冯·卡尔曼流体动力学研究所　该所于1956年作为空气动力实验培训中心而成立。现已成为一个国际科学协会。其任务是从理论和实践上，以及通过各种实验研究流体动力学，促进该领域的知识传播。

比利时原子核有限公司　比利时原子核有限公司主要从事能源开发，包括太阳能和其他再生能源，以及反应堆的开发和水处理。此外，需要时它还与比利时研究中心和大学实验室合作开展基础研究。

格拉韦贝有限公司　格拉韦贝有限公司从事用于建筑、汽车工业、园艺和筑路方面的特种玻璃的研究与制造，特别是提供紫外线不易穿透的热解玻璃等。

电力－水力工业有限公司　电力－水力工业有限公司研究核放射性污染处理技术，以及水处理程序。

詹森制药实验室　詹森制药实验室主要致力于开发医药产品，从事医学、生物学、农学和食品科学，以及电子科学研究。

比利时电子工业实验室　比利时电子工业实验室于1962年由12家电力工业和比利时电子技术委员会联合创建。工作涉及工厂发展的各个阶段，从研究、设计到施工、生产。研究领域包括电力工程、电子与自动化控制、计量学、应用机械、应用物理学、化学、生态学等。

布鲁塞尔菲利普实验室　该实验室研究应用数学、计算机科学以及与菲利普公司相关的计算机和通信系统。

索尔韦和西有限公司中央实验室　该实验室从事现有产品和程序的开发，包括碳酸钠、氢氧化钠和其他钠化合物，氯及其衍生物，过氧化物、过氧化氢，聚合物、聚乙烯、建筑用塑料产品，包装与工业自动化等。该实验室还负责为环境保护、降低能源消耗开发新的生产程序、新技术和自动化设备。

赛特电子公司工业部　赛特电子公司工业部主要从事远距离通信研究，包括卫星通信、信号处理、数据处理、程序控制应用局部网络等。

四　著名科学家

比利时人口虽然不多，却涌现出不少成绩卓著的科学家。在历史上，比利时人共获得9次诺贝尔奖，其中5次属于自然科学奖。这5位诺贝尔奖获得者是：博尔戴（Jules Bordet，1870－1961），1919年，因在免疫学领域的发现而获得诺贝尔生理学或医学奖；海曼（Corneille Heymans，1892－1969），1938年，因在研究呼吸调节中颈动脉窦和主动脉的机制中的杰出贡献而获得诺贝尔生理学或医学奖；克洛德（Albert Claude，1898－1983），由于他对细胞内部成分的结构和作用的发现而获得1974年诺贝尔生理学或医学奖；德·杜夫（Christian de Duve）与克洛德共同获得1974年诺贝尔生理学或医学奖。他们主要研究碳水化合物在肌肉收缩过程中的新陈代谢，并发现了细胞内起新陈代谢作用的微小单元；普里格金（Ilya Prigogine），由于他创立了耗散结构理论而获得1977年诺贝尔化学奖。他主要研究领域是热力理论、熵的增值，以及一些化学现象和反应的不可逆性。

其他著名科学家还有以下几位。

贝克朗（Leo Baekeland，1863－1944） 比利时化学家，酚醛树脂的发明人。贝克朗和爱因斯坦、弗洛伊德等人一起，被1999年3月29日的美国《时代》杂志评为20世纪全球最伟大的20个人物。贝克朗曾在根特大学学习化学，1884年以优异成绩获得博士学位。他1889年前往美国工作，在那里研究照相技术并发明了快速洗印纸。后来他开始从事合成树脂的研究。1907年，贝克朗制造出了现代塑料——酚醛树脂。从纽扣到收音机，这种产品已经广泛用于人们的日常生活中。

德·热尔拉什（Adrien de Gerlache，1866－1934） 比利时海员、南极探险家。17岁放弃在布鲁塞尔理工学校的学业而当上一名见习水手。后进入航海学校学习，并在国家海军中担任中尉。1897年8月，他带领5名科学家和14名船员乘一艘三桅捕海豹船离开安特卫普，驶向南极。他们经历了千辛万苦，在南极度过冬天，并带回了有关这一地区的基本资料。德·热尔拉什在《南极15个月》中讲述了在南极的种种历险，并激起了读者的极大兴趣。

弗里姆（Dirk Frimout） 1963年获得电子工程师文凭，1970年在根特大学获得实用物理学博士学位。1972年赴美国科罗拉多州大气与空间物理实验室攻读博士后。后回到比利时空间大气物理研究所从事研究工作。1977年，弗里姆第一次提出担当宇航员的申请。15年后，他成为进入太空的第一个比利时人。1992年3月24日至4月2日，他与6名美国人乘坐“亚特兰蒂斯”号航天飞机进行了太空旅行。他负责航天飞机上的科学实验工作。弗里姆实现了太空旅行的梦想，他的功绩在比利时人中激起巨大热情。比利时国王授予他大骑士勋章和子爵称号。

格拉姆（Zénobe Gramme，1826－1901） 比利时科学家，发电机的发明者。格拉姆曾在列日木工夜校上课，1856年后到巴黎定居，并在一个制造科研仪器的工场工作。1867年，他获得了改进交流发电机的第一项专利。1871年，他制造出了第一台直流发电机，从而实现了机械能和电能的相互转换。这一发明极大促进了技术和工业的发展。以煤炭为能源的蒸汽时代逐渐被电力时代取代。

勒梅特（Georges Lemaittre，1894－1966） 比利时天文学家和宇宙学

家。勒梅特曾在鲁汶大学学习数学和物理，后曾担任教士。1927 年开始在鲁汶大学任教，并开始研究爱因斯坦、弗里德曼和哈勃关于宇宙的理论。这一年，勒梅特在他的研究笔记中提出了他关于宇宙扩张的理论。英国天文学家埃丁顿（Arthur Eddington）翻译并发表了勒梅特的笔记。勒梅特被邀请到伦敦参加科学会议，并首先提出“原始原子”是宇宙扩张本源的假说。他认为，宇宙最初是一个巨大的分子，该原始分子的爆裂引发了宇宙的扩张。这便是大爆炸理论。此后，勒梅特不断深化自己的理论，并被人们视为新宇宙物理学的带头人。1934 年，勒梅特荣获佛朗基奖。1941 年当选为比利时皇家科学与美术院院士。

皮佑（Peter Piot） 享有国际声誉的艾滋病防治专家。1974 年，他在根特大学获得医学博士学位，后专攻微生物学。在安特卫普热带医学研究所任职期间，他曾赴美国、肯尼亚、布隆迪、科特迪瓦、扎伊尔等国开展研究。1987 年后，他领导了世界卫生组织的一项防治艾滋病计划。1994 年，联合国秘书长加利任命他为联合国防治艾滋病合作项目负责人。皮佑的研究成就得到了广泛肯定。1995 年，他被授予男爵称号，东弗拉芒省也将文化大奖颁发给他。2000 年 10 月，美国医学研究院选举皮佑为外籍院士。

第三节　文学艺术

一　文学

比利时的文学在世界文学史上具有一定的地位。比利时人创造了自己的文学宝库，也产生了如诺贝尔文学奖得主梅特林克和侦探小说大师西默农这样的著名作家。

比利时曾长期处于异族统治下，1830 年革命后宣布独立，此后比利时的民族文学才获得发展。由于在历史上，比利时中部从穆斯克龙至维塞形成一条语言分界线，南部的瓦隆族讲法语，北部的弗拉芒族使用弗拉芒语。因此，比利时文学主要由法语文学和弗拉芒语文学两部分组成，它们在精神与气质上具有统一性。

1. 法语文学

现代比利时南部的列日、埃诺、卢森堡、那慕尔诸省和布拉班的瓦隆部分，从中世纪起便产生了法语文学。由于当时比利时尚未独立，有些文学史家也把上述地区的文学归于法国文学的一部分。比利时独立后，一部分出生于比利时地区的作家长期住在巴黎，甚至加入了法国国籍，于是他们就被认为既是比利时文学家，又是法国文学家。

9世纪末产生于皮卡第地区的《圣女欧拉丽赞歌》是迄今发现的最早的古法语文学作品，然后是11世纪中叶的叙事诗《圣阿莱克西行述》。1200年前后出现了《道德经》。生活在布拉班公爵府中的阿德内·勒鲁瓦写了一些武功歌和冒险小说。13世纪初的埃诺省编出了说唱体的弹词《奥卡森与尼柯莱特》。14世纪出现了列日人若望·勒贝尔写的《实录》、若望·德·乌特勒默兹的诗体《列日武功歌》和散文体《历史宝鉴》，以及雅克·德·昂里库的《埃斯拜贵族宝鉴》。著名编年史家傅华萨写了4卷《闻见录》，记述了1325～1400年间许多重要史实。15世纪的作家有乔治·沙特兰和若望·莫利内相继写了勃艮第王朝的编年史。此外，还有菲利普·德·科曼的《回忆录》，以及无名氏的《新短篇小说百篇》。

16世纪，随着印刷术的发展，创作活动趋于活跃，这时著名的作家有若望·勒梅尔·德·贝尔热，以及与法国“七星诗社”有联系的诗人路易·德·马叙尔、沙尔·于唐奥夫、亚历山大·范登比施等。16世纪下半叶，尼德兰爆发了争取独立的大规模起义，其中涌现出不少著名作家，如马尼克斯·德·圣阿尔德洪德。他出生于布鲁塞尔，使用两种语言创作，作品以《宗教分歧概述》比较著名。

西班牙统治时期和奥地利统治时期，比利时法语文学趋于衰落，1789年法国资产阶级革命后又逐渐活跃。菲利普·莱斯布鲁萨著有爱国诗歌《比利时人》，勒马耶的颂诗《比利时的诗》也受到读者欢迎。此外还有斯塔萨的《寓言集》（1818），亨利·莫克的历史故事《海上乞丐，或阿尔法公爵统治下的比利时》（1827）和《绿林乞丐，或1566年的比利时爱国者》（1828），沙尔－约瑟夫·德·利涅的34卷杂文集（1795～1811），这些都是当时的名著。

1830 年比利时获得独立后，文学上出现浪漫主义运动。浪漫派诗人泰奥多尔·弗斯滕拉德于 1834 年发起成立了鼓励和发展比利时文学全国协会，并出版机关刊物《比利时杂志》。他在诗中首次表现新的社会题材。其代表作《火车头》（1840）描写布鲁塞尔和列日之间铁路的通车，《高炉》（1844）表现比利时工业的进步。他还著有《抒情诗集》（1848）。浪漫派作家沙尔·波特万是自由和民主的歌手，著有诗集《诗与爱》（1838）、《太阳的诗》（1853），剧本《乞丐》（1867），评论《弗拉芒的艺术》（1867），等等。与上述创作倾向对立的诗人安德烈·范·哈塞尔特组织了一个诗文社，他写有宗教史诗《基督的四个化身》（1849 ~ 1867）；作家奥克塔夫·皮尔梅的作品《孤独的日子》（1869）、《哲学的时辰》（1873）等表现出基督教的唯心论，明显受到法国作家夏多布里昂的影响。

随着工人运动的兴起，1850 ~ 1880 年比利时文学逐渐进入现实主义时期。作家沙尔·德·科斯特的名著《欧伦施皮格尔的传说》（1867）取材于 16 世纪尼德兰民族解放斗争，把人民群众表现成创造历史的动力，充满革命乐观主义精神。科曼斯的风俗小说表现了社会各阶层的生活。女作家卡罗利娜·格拉维埃尔的小说揭露资产阶级的自私冷酷，同情穷人，呼吁妇女解放。

19 世纪 80 年代后，比利时文坛出现一种文艺复兴的景象。1874 ~ 1884 年间发行了 25 种文学报刊，其中的 3 种对比利时的文学发展产生了重大的影响。《青年比利时》杂志在创作上倾向自然主义和帕尔纳斯派，初期团结许多作家，由于主持人马克斯·瓦莱尔强调“为艺术而艺术”，引起内部分裂，逐渐走向衰落。《现代艺术》周报为埃德蒙·皮卡尔所创办，它主张文艺反映社会生活，提倡民族性，曾与《青年比利时》发生论战。《瓦隆区》杂志的创办人是阿尔贝·莫凯尔，它鼓励象征主义和自由诗。围绕这些报刊，出现了一大批重要作家。在小说方面，卡米耶·勒蒙尼耶著有地方色彩浓厚的自然主义小说《男人》（1881）、《肉食者》（1886）、《资产者的末日》（1892）等。创作风格相近的小说家乔治·埃克豪特著有《主保瞻礼节》（1884）、《新的迦太基》（1888）。欧仁·德莫尔德著有《翡翠路》(1899)。昂利·莫贝尔著有《水与酒》(1893) 等。

在诗歌方面，维尔哈伦早期是象征派诗人，后来他的创作具有广阔的社会内容，成为现代主义诗人，著有诗集《妄想的农村》(1893)、《触手般扩展的城市》(1895)、《复合的光彩》(1906) 等。从帕尔纳斯派转向象征主义的抒情诗人有乔治·罗登巴赫和费尔南·塞弗兰。“青年比利时”集团的诗人有阿尔贝·吉罗、伊旺·吉尔金、瓦莱尔·吉尔等。象征派诗人沙尔·范·莱尔贝格著有《夏娃之歌》。马克斯·埃尔斯康普著有《不抱幻想的歌曲》等诗集。

在戏剧方面，象征派剧作家莫里斯·梅特林克的剧本《普莱雅斯和梅丽桑德》(1892)、《莫娜·娃娜》(1902)、《乔赛尔》(1903)、《青鸟》(1908) 具有丰富的想象和诗意的幻想。他于 1911 年获得诺贝尔文学奖。

20 世纪初，比利时文坛出现一批“地方派”小说家，分别描写他们的家乡，如乔治·维雷斯写的林堡地区的小说《悲惨的陌生人》(1906)，埃德蒙·格莱瑟纳反映列日省生活的小说《弗朗索瓦·雷米的心》(1904)，路易·德拉特尔以埃诺省为背景的小说《乡村医生的笔记本》(1910)，于贝尔·克兰写的列日省小说《黑面包》(1904)。稍晚时期的作家亨利·达维尼翁写了小说《一个比利时人》(1913)，让·图瑟尔写了反映贫苦人生活的小说《灰色的村庄》(1927)，安德烈·巴永也写了同情底层小人物的作品《一位玛丽的故事》(1921)，等等。

在现代作家中，弗朗兹·埃伦斯的作品既有属于现实主义的，也有属于“魔幻现实主义”的。他曾创办文艺刊物，组织布鲁塞尔作家的“星期一聚会”，参加的作家有罗贝尔·维维埃、沙尔·普利斯尼埃、玛丽·热韦尔等。知名的小说家康斯坦·比尔尼奥、乔治·兰泽、马赛尔·蒂里、吕西安·克里斯托夫还写了不少诗歌。侦探小说家乔治·西默农的作品善于分析犯罪者的心理。小说家沙尔·帕龙曾来中国访问。此外，以弗朗索瓦兹·马莱-若里斯和皮埃尔·梅唐斯等为代表的一批中青年作家也颇有影响。

在诗人中，勒内·韦尔博姆善于写情诗；阿尔芒·贝尼埃著有抒情诗集《透明的世界》（1956）。其他诗人有亨利·米绍、莫里斯·卡雷姆、埃德蒙·万德尔坎蒙、阿德里安·让斯、罗歇·博达尔等。

在剧作家中，费尔南德·克罗姆兰克的闹剧主要演出于20世纪20～30年代。米歇尔·德·盖尔德罗写的剧本包括悲剧和喜剧等各种体裁。此外还有埃尔芒·克洛松、乔治·西翁、沙尔·贝尔坦等。

2. 弗拉芒语文学

在比利时北部的西弗拉芒、东弗拉芒、安特卫普、林堡诸省和布拉班的弗拉芒部分，中世纪的文学作品是用荷兰方言弗拉芒语写的，有些文学家把这些地区的文学归于荷兰文学的一部分。最早出名的作者是12世纪林堡的诗人亨德里克·范·费尔德克，他著有《圣徒塞尔韦传》。13世纪出现查理大帝世系的史诗，1400多行。还有诗人威廉依据法国《列那狐的故事》续作的讽刺作品。雅各布·范·马尔兰特最初写骑士小说，后来发表了3部内容广泛的作品。扬·范伦斯布鲁克是散文作家和哲学家，他写了不少有影响的论著。14世纪时出现了闹剧的形式。

16世纪尼德兰人民起义后，尼德兰北部的荷兰赢得了独立，南部诸省仍处在西班牙的奴役下。从此弗拉芒语文学长期陷于萧条状态，直到1830年比利时独立后开展了弗拉芒运动，才逐渐繁荣起来。

扬·弗朗斯·威廉斯是弗拉芒运动的积极倡导者之一。他毕生致力于复兴弗拉芒语和弗拉芒语文学，写了一部重要的著作《论弗拉芒语法和文学》。他是诗人、戏剧家和民歌收集者，还用现代弗拉芒语翻译了不少作品。1835年，他在国家的赞助下建立支持弗拉芒语言和文学协会，并主办文学期刊《比利时博物馆》。卡雷尔－洛德维克·莱德汉克是浪漫派诗人，他的代表作《三个姊妹城》（1846）颂扬布吕赫、根特和安特卫普。诗人普吕登斯·范·德伊斯所作的大陆抒情歌曲和颂歌，对民族文学运动也具有影响。亨德里克·孔西廷斯的作品努力提高弗拉芒人民的民族意识。他的代表作《弗拉芒的狮子》（1838）描写中世纪弗拉芒人民在“金马刺战役”中战胜法国骑士的过程，生动地反映了史实，充满爱国主义的激情，有较大影响。

此外，扬－雷尼埃·斯尼德斯和奥古斯特·斯尼德斯写了不少叙述农村和小城市生活的小说和历史故事，宣传宗教思想。天主教神甫奎多·赫泽勒也从事诗歌创作等文学活动，他为歌颂上帝而描写大自然。他的一些抒情诗带有感伤和神秘色彩。

19 世纪下半叶出现了一批反映社会生活和阶级矛盾的作家。罗萨莉·洛弗林和维吉妮·洛弗林姐妹合作写了 3 部短篇小说集，描绘下层人民的日常生活。多米尼克·斯莱克斯曾创办弗拉芒语的报纸和杂志。他是现实主义小说家，代表作是《在港区》（1861）。他还写了二十多部剧本。安通·贝尔赫曼仿照斯莱克斯的幽默笔法，写了一些有关弗拉芒小资产者的短篇小说和故事，心理分析较为细腻。朱利于斯·弗伊尔斯泰克 1836 年生于根特，是当地学生运动的中心人物，具有自由主义思想。他是弗拉芒青年学生喜爱的诗人，著有反映社会问题的诗集 3 卷、散文集 4 卷。朱利于斯·德·海特也是具有战斗性的诗人。他的作品有全集 7 卷，包括著名的史诗《卡雷尔皇帝和尼德兰王国》和战斗歌曲，以及关于弗拉芒运动的论著等。

弗拉芒语杂志《今日与明日》于 1893 年在布鲁塞尔问世，对推动弗拉芒民族文学的发展起到了重要作用。创办人之一奥古斯特·弗尔梅伦写有大量论著，涉及文学、艺术、政治、哲学等多方面内容。他的《永世流浪的犹太人》（1906）是弗拉芒文学史中一部重要的象征主义小说。《今日与明日》系统的另一个代表作家西里尔·伯伊斯在小说《最强者的法律》（1893）、《穷人们》（1902）和剧本《帕梅尔一家》（1903）等作品中，反映了弗拉芒农民遭受压迫剥削的悲惨命运。斯泰因·斯特勒弗尔斯是著名的小说家，代表作《亚麻田》（1907）、《工人》（1913）等描写贫雇农奴隶般的劳动，然而流露出宿命论思想。他写了约 50 部作品，在散文方面颇有影响。

卡雷尔·范·德·武斯泰纳是象征派诗人，1897 年起为《今日与明日》杂志撰稿。他的诗集《金币的影子》（1910）、《流浪汉》（1921）等具有悲观的色彩，散文《农民之死》显示了他多方面的才能。赫尔曼·泰尔林克也在《今日与明日》杂志上发表诗作和散文。

他也是象征派作家，著有诗集《太阳》（1906）、小说《坏人的活动》（1904）、《象牙的小猴》等，其部分作品有怀疑主义倾向。他的剧本《慢镜头影片》（1922）、《绞架上的喜鹊》（1937）都对表现派戏剧起了推动作用。1956年他获得比利时与荷兰首次共同颁发的荷语文学奖。费利克斯·廷默曼斯的主要小说有《巴利爱特》（1916）、《安娜-玛丽》（1920）、《农民的诗篇》（1935）等，他的一些作品使用独特的隐喻表现手法。

第一次世界大战后，安特卫普的《宇宙》杂志吸引了一批年轻的作家。诗人保尔·范·奥斯泰耶是弗拉芒语文学中现代派的发起人，不断变换创作手法，如未来主义、达达主义、表现主义、一体主义等。他的诗集有《信号》（1918）、《忙碌的城市》（1921）等。维斯·蒙斯也是有影响的诗人，他的诗集宣传宗教道德和人类友爱的信念。勒内·德·克莱克善于写民歌和战斗歌曲，早期作品有社会内容，如诗集《事实》（1909）等，后期以《圣经》作为创作题材的来源。他也写剧本。莫里斯·鲁兰茨发表了《我们梦想的生活》（1931）等4部长篇小说，同时也写短篇小说、诗歌和文学评论，他擅长描写小资产者的内心世界。热拉尔·瓦尔斯哈普是一个多方面发展的作家，他的小说《豪特基特》（1939）等文笔简练，偏重于描写病态、反常的人物。威廉·埃尔斯霍特的社会小说构思巧妙，善于用讽刺的笔调揭露骗子和冒险家。马尼克斯·海瑟是评论家、荷语文学史家，也写诗和游记。洛德·齐伦斯的小说描写穷人的苦难生活，也流露出悲观的情绪，代表作《妈妈，我们为什么活着》（1934）曾引起较大的反响。

当代作家约翰·戴斯纳是弗拉芒文学中“魔幻现实主义”的首创者，代表作有小说《剃光头的人》（1947）等。他也是诗人、戏剧家和文艺评论家。路易-保尔·博恩写了不少表现个人与社会冲突的小说。皮特·范·阿克的一些小说描写工人和农民的生活。于贝尔·兰波的小说同戴斯纳的相似，交织着幻想与现实。存在主义作家许戈·克劳斯著有小说《打野鸭》（1951）、《空手的人》（1957）等，他也是诗人和戏剧家。其他作家还有许戈·拉斯、瓦尔德·勒伊斯林克等。

二　戏剧

比利时的戏剧艺术起源于中世纪，当时表演的题材多取自《圣经》和神话，形式与诗歌吟诵相近。14 世纪时开始出现了诗歌戏剧协会，还经常组织比赛。这对戏剧的发展有很大促进。15 世纪，受观众欢迎的戏剧是宣扬道德伦理的传统和历史剧。在当时，演员的表演比剧本本身更受到重视。15 世纪末至 16 世纪末，法国戏剧传入比利时，一些大型戏剧竟能持续演出若干天。1700 年，比利时第一座大型剧院——莫内剧院在布鲁塞尔建成。它很快成为具有国际声誉的剧院，许多意大利歌剧在此上演。

1830 年比利时独立前，其本国的戏剧事业并不发达，专业剧作家不多，也缺少职业剧团。莫内剧院基本上由外国剧团巡回演出。独立后，比利时政府鼓励民族戏剧发展。首都布鲁塞尔和安特卫普、根特等地陆续建立起一些新剧院。但最初的戏剧多用法语演出，一些法语剧团在全欧都享有很大声誉。但是，弗拉芒语戏剧未得到相应发展。除著名剧团外，比利时还涌现出一些十分活跃的小型剧团，它们对戏剧的创新起到了很大作用。当时，一些浪漫主义剧作家写出不少历史剧，鼓舞了比利时人的爱国热情。努瓦耶的散文剧《巴伐利亚的雅克琳》1834 年在莫内剧院演出获得成功，后又发表《西梅翁》（1836）。瓦康于 1841 年在该剧院演出三幕诗剧《朗塞的神甫》，后又写了《安德烈・谢尼埃》（1844）等三部诗体历史剧。根据比利时历史题材创作的剧作家是波特万和纪尧姆。波特万的作品有《雅克・德・阿特韦尔德》（1860）、《乞丐》（1867）、《鲁本斯的母亲》（1877）。纪尧姆最初发表了几出喜剧，后改写历史剧，其代表作是五幕诗体历史剧《斯特吕昂塞》（1861），描写的是一个政治家的生涯，充满浪漫的悲剧气氛。

19 世纪 90 年代初，比利时兴起象征主义戏剧。诗人莱尔贝格的三幕神秘剧《预感者》（1892）首开先河。梅特林克的剧本《青鸟》具有浓郁的抒情性，是象征主义的代表作。诗人维尔哈伦写了四部剧本：《黎明》（1904）歌颂一位保民官，风格粗犷；《修道院》（1900）揭露宗教界的虚伪；历史剧《菲利普二世》（1901）描写16世纪西班牙宫廷内的斗争，抨击镇压尼德兰革命的暴君；诗体悲剧《斯巴达的海伦》（1912）为古典悲剧。诗人罗登巴赫写有独幕诗剧《面纱》（1894）。“青年比利时”派诗人吉尔金著有表现历史人物的《萨瓦纳罗尔》、《埃格蒙特》和表现1902年彼得堡起义的《俄国大学生》等剧。吉尔写了神话剧《这只是一场梦》和《牺牲》。昂塞写了诗剧《维特的学校》、《万事如意》和《追加遗嘱》。莫贝尔写有分析人物内心生活的《少女研究》、《根》及《水和酒》。范聚普创作了十多部剧本，有揭示金钱腐蚀作用和乱伦的《孩子》和《你的父母》，有宣扬责任和牺牲的《阶段》、《播种》等。朗西受范聚普影响，写了剧本《最后的胜利》（1921）和几部独幕剧，赞扬对粗野本能的克制。女作家迪泰梅写了《怪物之家》（1913）和《爱神庙》（1922）等。

20世纪初的代表作家是斯帕克，他的喜剧《卡吉》（1908）宣扬爱国思想。诗剧作家博德松写了一部揭露世态炎凉的喜剧《百万富翁皮埃罗》，后又写了《弗朗索瓦·拉伯雷修士》和《佩托王朝廷》。此外，基斯特梅克创作了几出表现爱情的戏，如《本能》《创伤》《情敌》等。

19世纪末至20世纪初，弗拉芒语作家斯里琴斯的剧本反映了冷酷的现实，如《偷猎者》（1899）和《渔夫的名誉》（1901）。布伊斯的剧本具有自然主义的风格，如《范·帕梅尔一家》（1903）和《第十二夜》（1903）。赫根斯里特的剧本《斯塔卡德》（1897）是哈姆雷特式的故事。此外，著名剧作家还有历史剧作家费尔斯赫夫、心理分析剧作家萨布等。第一次世界大战后，布鲁塞尔建立了马莱剧院及一些专业剧团，进一步推动了戏剧创作。最初，克罗梅兰克的闹剧风行一时，如讽刺嫉妒心理的《慷慨的乌龟》（1920）。索马涅著有《乱蹦乱跳的舞蹈家们》（1926）、《玛丽夫人》（1928）等，他的风格和克罗梅兰克很相似，其代表作是闹剧《另一个救世主》（1923）。诗人孔拉迪1926～1935年写了一系列悲剧和闹剧，如《哈姆雷特》和《无法无天的普罗米修斯》。

为鼓励弗拉芒语创作，格鲁伊特于1920年创办弗拉芒人民剧院。弗拉芒语作家泰尔林克成为表现派戏剧的先驱，他的剧本《慢镜头影片》

（1922）借用电影手法同时表现一对想跳河自杀夫妇的现在和过去。其他作品还有《没有身体的人》（1925）和《绞架上的喜鹊》（1937）。马唐斯的剧作《来自天国的莱彻》（1919）、《大鼻子》（1925）和《天堂的乞丐》（1932）等都具有地方色彩的讽刺性。

在两次大战之间，法语剧作家盖尔德罗德的创作颇丰，发表了《大露天赈济游艺会》等50多部剧本。他把现实和幻想交织在一起，风格怪诞，采用了表现主义手法。第二次世界大战后，他的作品引起欧美一些国家的关注。克洛松不仅是戏剧史家，也写了《莎士比亚，或奇遇的戏剧》（1938）、《火的考验》（1944）、《博吉阿》（1945）等神话剧。

1943年，艾蒂安建立了布鲁塞尔之幕剧院。该剧院当年演出了西昂的《以弗所妇女》（1943）。西昂还写了《中国公主》（1951）和《帕默拉的箱子》（1955）等，其剧作兼容了荒诞与真实，嘲讽与严肃。诗人贝尔坦的《求婚者们》（1947）和《唐璜》（1948）是根据古老的传说改编的。他1966年发表的《幸福王》是一部闹剧。

莫甘与克罗梅兰克的风格类似，他的《给人人吃饱》1950年演出获得成功。马尔索也喜欢创作闹剧，并富有独创性，其代表作《蛋》（1956）写一个学徒如何被社会败坏。维朗斯的特色是将现实与梦幻相结合，写有《熊皮》（1951）、《屋中雨》（1962）、《朦胧的城市》（1966）、《奥斯汤德的镜子》（1974）等大量作品。反映当代生活的剧作还有卡利斯基的《斯康达隆》（1970），他写了自行车赛冠军之死，以及弗勒博的《橙色记事本》（1972）、卢韦的《回头见，兰先生》（1972）、《在瓦隆区谈话》（1977）等。

当代弗拉芒语剧作家克劳斯写有20部剧本，有社会问题剧《星期五》（1969）和《家》（1975），残酷剧《复仇！》（1968）和《菲德拉》（1980）。其他著名剧作家还有先锋派的斯泰克斯、荒诞派的布鲁林等。

三　著名作家简介

莱德汉克（K. L. Ledeganck，1805－1847）　弗拉芒语诗人。他出生于东弗拉芒的埃克洛一个教师家庭。毕业于根特大学法律系，后在根特

任省的督学。著有诗集《我的春季之花》（1839）、《三个姊妹城》（1846）和《流传的遗留的诗》（1852），其中著名的诗三部曲《三个姊妹城》歌颂根特、布吕赫和安特卫普三城市，深受人们的喜爱和重视，影响较大。

孔西廷斯（H. Conscience，1812－1883） 弗拉芒语作家。生于安特卫普一个海员家庭。1830年参加比利时争取独立的战争，曾根据战斗经历写成《1830年的革命》。他的处女作是《奇异的年代》（1837）。他著有一百多部小说，主要有描写14世纪初布吕赫市民反抗法国骑士的历史小说《弗拉芒的狮子》（1838）和《阿特费尔德的雅科布》（1849）。他的作品还有短篇小说《财运亨通》（1844）、《罗瑟马尔的鞋匠西斯卡》（1844），乡土小说《征兵》（1850）、《主人甘生东》（1850）和《双目失明的罗莎》等。他是近代第一个用弗拉芒语写小说的作家。

德·科斯特（Ch. De Coster，1827－1879） 法语作家。1847年同一些青年学生组成文学团体“快乐社”，开始写作。1855年在布鲁塞尔大学毕业。1856年给文艺周报《欧伦施皮格尔》写稿，以后又经常撰写抨击教会和维护工人利益的文章。1870年后担任法国文学史教授和美术课辅导教师。他热心研究弗拉芒民间故事。他的《弗拉芒传说集》（1858）具有浓厚的地方色彩，风格独特，语言清新简洁，是19世纪比利时文学中的重要作品。1861年出版《布拉班故事集》，收录故事7篇。他的代表作《欧伦施皮格尔的传说》（1867）是1830年比利时独立后的第一部现实主义历史名著，表现出民族意识的觉醒。全书以16世纪的尼德兰革命为背景，描写了比利时人民为了反抗西班牙的政治和宗教压迫，举行声势浩大的起义的场景。尼德兰反抗运动的一些重大历史事件在这部作品中几乎都有反映。主人公梯尔·欧伦施皮格尔是民间传说中的一个农民英雄，他和拉姆·戈查克是被称为“乞丐”的游击战士的典型代表，为解放祖国进行了英勇斗争，体现出“弗拉芒人民的精神”。作者把人民群众作为历史发展动力，书中表现出乐观主义精神。

赫泽勒（G. Gezelle，1830－1899） 弗拉芒语抒情诗人。生于布吕赫一个园丁家庭。1854年毕业于鲁瑟拉勒神学院，后任教师、神甫。他的诗主要描写自然界。1858 年发表第一部诗集《弗拉芒诗练习》，后陆续发表散文集《墓地之花》（1858），诗集《诗词、歌曲与祈祷》（1862）、《时代的花环》（1893）、《韵文的排列》（1897）和《最后的诗》（1902）等。他的代表作《芦苇沙沙响》、《深夜静悄悄》和《母亲》等深受人们喜爱。

皮卡尔（E. Picard，1836 –1924） 比利时作家、文艺评论家，用法语写作。生于布鲁塞尔一个律师家庭。1854 年在中学修辞班毕业，1860 年获法学博士学位。曾创办《自由报》（1865），编纂巨著《比利时法典》。他写了不少小说、散文、回忆录、剧本，如《关于律师的反论》（1879）、《海军上将》（1883）、《我的法学家叔叔》（1884）、《执达员的夜班》（1885）、《陪审员》（1887）、《简单的生活》（1893）、《关于戏剧更新的讲话》（1897）、《认错》（1901）、《祖国的感情》（1904）、《一个青年的海上日记》（1910）、《在讲两种语言的地区》（1923）等，他还编过《比利时散文选》（1888）。1881 年，皮卡尔和奥克塔夫·莫斯等创办文艺周报《现代艺术》（1881 ~1914），由于他不满于《青年比利时》杂志主编瓦莱尔的“为艺术而艺术”的主张，从 1883 年起与该杂志展开论战。皮卡尔大力提倡社会的、政治的、民族的文学，吸引了一大批进步作家，包括维尔哈伦、勒蒙尼耶等人，对比利时文艺摆脱外来影响、向民族化方向发展起了重要作用。

勒蒙尼耶（C. Lemonnier，1844 –1913） 法语小说家、艺术批评家。生于布鲁塞尔。1863 ~1881 年发表了许多美术论文、短篇小说和儿童文学作品。1881 年他的成名作《男人》问世，叙述一个偷猎者在森林中的恋爱故事，受到法国自然主义作家左拉等人的影响，但景色描写诗意盎然，说明作者对绘画传统的偏爱，使整部长篇小说具有浓厚的比利时民族特色。以后的创作加强了心理分析。《死人》（1881）、《癔病患者》（1885）、《吕帕夫人》（1888）等揭露资产阶级的腐败和伪善。他每年冬天在巴黎居住，为法国文学杂志《吉尔·布拉斯》撰稿，并写了一些长篇小说和短篇小说，强调生理因素和生活环境的支配作用，仍受到自然主义创作方法的影响。他有不少作品广泛反映了社会生活，如《肉食者》

（1886）和《资产者的末日》（1892）反映资本家对工人的剥削和工人的反抗。《克洛迪娜·拉穆》（1893）描写歌女的生活，对她们寄予同情。还有一些作品则写得富有诗情画意，如《荒岛》（1897）、《风车中的风》（1901）、《潺潺的溪流》（1903）等。勒蒙尼耶的著作丰富，全集约有70卷。艺术评论主要有《比利时美术史》（1887）、《生活的画家》（1888）、《绘画中的比利时派》（1906）和一些画家专论。此外，还有剧本、游记、回忆录等。他的巨著《比利时》（1888）表达出他对祖国人民的热爱之情。

埃克豪特（G. Eekhoud，1854－1927） 小说家、诗人、文艺批评家，用法语写作。生于安特卫普。曾任编辑。27岁时参加“青年比利时”文学运动，后同维尔哈伦、德莫尔德等另办《红公鸡》杂志。其作品多为长篇小说和短篇小说。他倾向于自然主义，作品以故乡为背景，主人公多为庄稼汉、流浪者、亡命徒等。1884年发表的《保瞻礼节》描写令人乐极生悲的乡村节日。1888年发表的代表作《新的迦太基》描写安特卫普城内富人的穷奢极欲，与穷人的苦难形成鲜明对照，将各阶层的人物描绘得栩栩如生。其他作品有长篇《马林的被枪决者》（1891）、《安特卫普的不信教者》（1912）、《最后的主保瞻礼节》（1920）、《具体化的乡土》（1922），以及短篇小说集《另一种观点》（1904）。他还翻译、改编了莎士比亚的某些剧本。他始终保持对底层民众的同情，反对贪婪的资产者，但并未提出社会改革的主张。

罗登巴赫（G. Rodenbach，1855－1898） 法语诗人，生于图尔奈，1874年在根特大学学习法律。1877年发表第一部诗集《家庭与田野》。1878年赴巴黎进修，回国后发表诗集《悲伤》（1879），注重表达内心感情。1883年在布鲁塞尔任律师和记者。1866年发表的《虚度的青春》表达怀旧心情。他以后的作品，如小说《布吕赫——死去的女人》（1892）、《敲钟人》（1897），诗集《寂静的笼罩》（1891）、《紧闭的生活》（1896）、《故乡天空的镜子》（1898），以及一些短篇故事和剧本也都表现出对故乡的追忆和感伤的情调。他的写作风格逐渐转向象征主义。

维尔哈伦（E. Verhaeren，1855－1916） 法语诗人、剧作家、文艺

批评家。生于圣阿芒镇一小业主家庭。1868 年去根特上中学，1874 年进鲁汶大学读法律，与后来发起“青年比利时”文学运动的一些作家和画家结识。1881 年去布鲁塞尔任见习律师，开始写诗，最初为象征派诗人，后逐渐注意社会问题。维尔哈伦的第一部诗集《弗拉芒女人》（1883）如弗拉芒画派般赞美尽情享乐。后来发表的诗集《修道士》（1886）又宣扬天主教的禁欲主义。1887～1890 年间写的诗集《黄昏》、《瓦解》和《黑色的火炬》是倾诉世纪末颓废心情的三部曲。1891 年，维尔哈伦接近工人运动，后加入比利时工人党，参加建立“人民之家”的艺术分会，创作上也转向现实主义，发表了诗集《我路途上出现的事物》（1891）、《妄想的农村》（1893）、《触手般扩展的城市》（1895）、《幻想的村庄》（1895）等。这些作品大多描写城乡对立，农村人口流向城市，城市人民群众的斗争等。他开始摆脱了悲观情绪，歌颂工人阶级和工业现代化，深信生产力的发展必将促进社会进步，并享有“现代生活的诗人”的声誉。1888 年，他发表四幕剧《黎明》，描写群众和士兵的起义，预言社会主义必将胜利。后定居巴黎，在法国写了《生活的面貌》（1899）、《喧嚣的力量》（1902）、《复合的光彩》（1906）、《最高的节奏》（1910）、《熊熊的火焰》（1917）五部诗集，表现了人民的力量和对未来的信念。此外，他还写了画家评传《伦勃朗》（1905）、《鲁本斯》（1910），历史剧《菲利普二世》（1901）、《斯巴达的海伦》（1909）。他的《整个弗拉芒》（1904～1912）包括五部诗集，是献给祖国比利时的史诗般的作品。第一次世界大战爆发后，他写了散文集《浴血的比利时》（1915）和诗集《德国的罪行》等表示抗议。他到处奔波演讲，不慎在鲁昂被火车轧死。

伯伊斯（C. Buysse，1859－1932） 弗拉芒语作家。生于东弗拉芒的内弗勒。《今日与明日》杂志的创办人之一，《伟大的荷兰》月刊的主编，是弗拉芒语文学中的重要作家，有“弗拉芒的左拉”之称。著有长篇、短篇小说 40 部，主要描写农民在教会和地主压迫下的痛苦生活，其中的杰作有《最强的法律》（1893）、《锄地的农民》（1893）、《穷人们》（1902）、《小驴马》（1910）、《如此如此》（1921）、《姑母们》（1924）和剧本《帕梅尔一家》（1903）等。他还曾与其姑母——著名女作家菲吉妮·洛弗林合著了长篇小说《生活的教训》(1912)。

克兰(H. Krains, 1862-1934) 小说家、文学批评家，用法语写作。生于列日省瓦莱费斯地区一个农民家庭，受过中等教育。曾任助理报务员。1895 年担任万国邮政联盟驻伯尔尼办公厅秘书。1920 年进入法兰西语言和文学学士院，后当选为比利时作家协会主席。1890 年开始发表短篇小说，曾与埃克豪特等合办《红公鸡》杂志。后出版短篇小说集《好父母》(1891)、《狂人故事集》(1895)、《乡村的爱情》(1899)，多描写农民和小资产者，乡土气息浓厚，文风严谨朴素。长篇小说《黑面包》(1904)是其代表作，描写在建设一条铁路的过程中，进步与落后两种势力的斗争。他的短篇小说集《我的朋友们》(1921)获比利时皇家学院法语文学奖。他的最后一部长篇小说是《在麦田的中心》(1934)。

梅特林克(M. Maeterlinck, 1862-1949) 法语作家、诗人。生于根特，中学毕业后学习法律，当过律师。1886 年去巴黎，参加象征派文学活动。1889 年发表诗集《暖房》和第一部剧本《玛兰纳公主》。他是象征派戏剧的代表作家，其作品充满诗意。早期作品带有悲观颓废色彩，多表现没落阶级的病态心理，如《不速之客》(1890)、《普莱雅斯和梅丽桑德》(1892)、《丁达奇尔之死》(1895)等。1896 年，梅特林克移居巴黎，并发表散文集《卑微者的财宝》。此后，他的几部散文集，如《明智和命运》(1898)、《蜜蜂的生活》(1901)、《花的智慧》(1907)等，以泛神论的思想对抗天主教，用蜜蜂、蚂蚁的集体生活批判社会的个人主义。他的三幕剧《娜·娃娜》(1902)在爱情问题上提出了新的道德观，演出后曾引起热烈争论。其代表作《青鸟》(1908)为六幕梦幻剧，描写兄妹二人历尽千辛万苦寻觅幸福的经历，说明只有奉献者才能获得幸福。1911 年，梅特林克获得诺贝尔文学奖。第一次世界大战后，他出版了散文集《大秘密》(1921)、《蚂蚁的生活》(1930)等，以及《圣安东尼显灵记》(1919)等剧本。1932 年，比利时国王将其封为伯爵。第二次世界大战期间，他流往美国，1947 年返回欧洲，两年后病死在法国的尼斯。梅特林克的戏剧在 20 世纪 20 年代介绍到中国，1983 年《梅特林克戏剧选》在中国出版。

范聚普（G. Vanzype，1869－1955） 比利时剧作家、文艺评论家、记者、小说家。用法语写作。早期剧作揭露西方社会中腐败和堕落，如《孩子》（1894）、《你的父母》（1897）等。后期创作偏重于正面宣扬有益、责任、勇气、无私等美德。其代表作《阶段》（1907）写一个医生家庭祖孙三代在创新医学理论和维护亲情方面出现的理性和情感的冲突。《关系》（1911）写遗传规律对婚姻的影响。其他作品如《播种》（1919）、《面孔》（1922）、《力量》（1930）、《孤独》（1936），也大都宣传某种主张，具有“观念剧”的特点。

斯帕克（P. Spaak，1870－1936） 剧作家、诗人，用法语写作。曾任布鲁塞尔莫内剧院院长。他的作品宣扬故乡山河之美，激励爱国热情。其作品多为诗剧，文体细腻，结构灵巧。1908 年演出的《卡吉》是他的代表作，写一个青年画家的爱情故事。其后又发表两部独幕剧《圣母像》和《第十天》。1912 年演出的《弗兰德的达姆港》是出象征剧，同年发表的六幕剧《巴尔杜和若西娜》，描写了诗人巴尔杜与少女若西娜的爱情悲剧。斯帕克还写了歌颂 16 世纪尼德兰人民起义的剧本，如《倒下的尽管倒下》等。

弗尔梅伦（A. Vermeylen，1872－1945） 弗拉芒语作家。曾创办《年轻的弗拉芒》（1899）和《今日与明日》（1893）等杂志，并担任主编。1901 年在布鲁塞尔任大学教授，1930 年在根特任弗拉芒大学首任校长。曾为比利时参议院社会党领袖。他是弗拉芒文学的革新者和评论家，主要著作有《评论集》（1905），小说《永世流浪的犹太人》（1906）、《弗拉芒文学史》（1912）、《从赫泽勒到廷默曼斯》（1923）、《比利时语言的几个问题》（1918）和《欧洲雕塑与绘画艺术史》（1922）。

武斯泰纳（K. van de Woestijne，1878－1929） 弗拉芒语诗人。生于根特，早年学习哲学，后研究诗歌，曾任记者，从 1920 年起在根特任荷兰文学史教授。著有诗集《父亲的房子》（1903）、《鸟果园》（1905）、《金币的影子》（1910）、《插曲》（1914）、《流浪汉》（1921）、《厌烦的心》（1926）。在散文方面，著有《弗拉芒早期艺术家》（1903）、《背离》

（1910）、《弗拉芒的艺术和精神》（1911）、《永恒的存在》（1918）和《化学原理》（1925）等。

埃伦斯（F. Hellens，1881 - 1972） 小说家、诗人，用法语写作。生于布鲁塞尔，青年时在根特学习法律。长期任国会图书管理员。发表了一百多部作品。早期以现实主义手法写出长篇小说《在死城中》（1905）、《潜伏的光明》（1912），以及三部自传体小说《幼稚的人》、《想望的少女》、《弗雷德里克》（1926 ~ 1935）。第一次世界大战后，他在法国居住，开始探索现代派创作手法。1920 年发表的梦幻小说《龙尾裸体的女神》成为超现实主义的早期作品。1931 年，他出版了文艺论文集《荒诞的现实》，开始采用一种将现实和幻想交织在一起的“魔幻现实主义”写作手法。后来又发表论文集《新荒诞的现实》（1941）和《现实的幻想物》（1967）等。他发表的小说有《分享的女人》（1929）、《海洋的微风》（1933）、《埃塞纳的回忆录》（1954）等，其中有对现实生活的观察和分析，也有荒诞的幻想。在诗歌方面，他著有《昨天和明天的诗》（1932）。埃伦斯是 20 世纪 20 年代文学杂志《比利时与法国的信号》和《绿盘》的创始人，对比利时现代文学具有很大影响。

克罗梅兰克（F. Crommelynck，1885 - 1970） 剧作家、演员，用法语写作。生于布鲁塞尔一个演员家庭，14 岁开始创作剧本。1906 年，布鲁塞尔公元剧场演出他的诗体戏剧《我们不再去树林》。他的《面具雕刻者》（1911）由剧作家维尔哈伦作序。《悔恨的商人》1913 年在巴黎上演，他曾饰演该剧主角。1920 年，作品剧院演出他的代表作《慷慨的乌龟》，获得成功。该剧主人公因怀疑妻子不贞而将其推入他人怀抱，是一出悲喜剧。1921 年，他的三幕剧《孩子气的情人们》上演。1925 年，他的闹剧《金肚子》在香榭丽舍剧院上演，表现一个吝啬鬼如何吞吃自己的财宝。1929 年，作品剧院上演他的《卡丽娜》。1934 年，布鲁塞尔和巴黎先后上演了他的《心胸偏狭的女人》和《热和冷》。克罗梅兰克的剧作大都围绕爱情问题展开，描写一些好走极端的人物的可笑之处，题材变化不大，但具有弗拉芒民族的粗犷风格。第一次世界大战后，他的闹剧或滑稽戏适应观众要求轻松的愿望，因而风行一时。

廷默曼斯（F. Timmermans，1886 - 1947） 弗拉芒语作家、画家。生于利尔，只受过中等教育。1910 年发表小说《死的微光》，以后陆续完成《巴利爱特》（1916）、《安娜 - 玛丽》（1921）、《开花的葡萄园和神甫》（1922）、《灯笼里的蜡烛》（1924）、《橙树开花的地方》（1926）、《美丽的常春藤》（1927）、《海纳特一家》（1941）等小说。他还写过若干剧本，其中最著名的是《星星停止的地方》（1925）。廷默曼斯是弗拉芒皇家学院和莱特学院的成员。

费丽叶尔（Anne-Marie Ferrières，1888 - 1992） 比利时著名女演员，原名郝维娜（Jeanne Hovine），享年 104 岁。费丽叶尔出身于戏剧世家。她早年从事连环画创作，其作品《尼克与纳克》受到国王阿尔贝一世的喜爱。费丽叶尔不久便投身戏剧表演。她和贝里（Jules Berry）、堡维（Berthe Bovy）、勒杜（Fernand Ledoux）、勒努（Madeleine Renaud）等女演员活跃在布鲁塞尔的戏剧舞台上，表演过众多角色，深受观众喜爱。1973 年，她因在改编的英国戏剧《退位》中扮演女王玛丽而获得戏剧“夏娃”称号，此后告别舞台。

盖尔德罗德（M. de Ghelderode，1898 - 1962） 剧作家，用法语写作。生于大布鲁塞尔南郊的伊克塞尔，早年在布鲁塞尔上学，曾因病中断学习。1915 年进音乐戏剧学院，1918 年开始从事戏剧创作，共写过五十多部剧本，主要有《死神在窗口窥视》（1918）、《浮士德博士之死》（1925）、《阿勒万老爷》（1934）、《睚鲁小姐》（1934）、《嗨，先生!》（1936）、《小丑学校》（1937）等。1962 年盖尔德罗德在布鲁塞尔去世。《阿勒万老爷》是其代表作之一，取材中世纪弗拉芒的传说，充满神秘和仿古的气氛。《睚鲁小姐》由《圣经》中耶稣使一个姓睚鲁的姑娘复活的故事改编而成。盖尔德罗德是现代比利时富有特色的剧作家之一。他偏爱恐怖的题材，经常运用表现主义手法，剧中人物犹如木偶，对话则丰富多彩。

西默农（G. Simenon，1903 - 1989） 法语作家，生于列日，曾当过书店职员，1919 年任《列日日报》记者，并发表第一部小说《在阿什桥上》。19 岁到巴黎从事文学创作。1945 年后前往美国，后移居法国和瑞士。1952 年起成为比利时皇家文学院院士。西默农从 1930 年后发表了大量犯罪心理分析小说和侦探小说，以写梅格雷探案而闻名于世，其中包括《拉脱维亚人皮埃尔》、《已故加莱先生》、《圣福利安的吊死鬼》、《一个人的头》、《黄狗》、《十字路口之夜》、《我的朋友梅格雷》、《梅格雷的手枪》、《梅格雷在纽约》、《梅格雷旅行》等近百部作品，深受群众喜爱。他的作品与一般的侦探小说不同，具有较高的文学价值，注重案件的因果关系和环境对人物的影响，而很少对具体罪行做出判断。他的代表作是《雪是脏的》（1948），写纳粹统治下一个青年的堕落，同类小说还有《给我法官的信》、《奥古斯特之死》、《奥迪尔的失踪》、《玻璃笼子》等。这些作品都以细腻的手法刻画人物心理，反映了社会现实。1973 年后，他宣布停止写作小说，仅发表了一些回忆录式的作品。他的小说有不少被改编成影视作品或连环画，并译成几十种语言。

克罗斯（H. Claus，1929 - ） 弗拉芒语作家、诗人、戏剧家和画家。他生于布鲁日，1950 年发表的第一部小说《猎鸭》描述了一个破落农民家庭的生活。后又发表《三伏天》（1952）和《空手人》（1956）。这两部作品描述了年轻人在险恶社会环境中的遭遇。他的第一本诗集发表于 1947 年，后来又有多部诗集问世。克罗斯还创作了一些戏剧作品。1955 年，他发表的第一部剧本《早上的未婚妻》获得好评。后又创作了《糖》（1958）等多部戏剧。克罗斯同时从事绘画创作，并是第二次世界大战后颇具影响的“哥本哈根 - 布鲁塞尔 - 阿姆斯特丹”（COBRA）画派的成员。此外，他还创作过一些电影作品，如《敌人》（1967）、《星期五》（1980）、《弗拉芒雄狮》（1983）等。1983 年，克罗斯发表的小说《比利时人的悲伤》大获成功，这使他成为国际文坛的著名人物。弗拉芒图书促进协会将该书评选为 20 世纪最佳弗拉芒文作品。克罗斯曾荣获众多文学奖，并多次被诺贝尔文学奖评选委员会提名。

哈普曼（Jacqueline Harpman，1929 - ） 法文女作家，生于布鲁塞尔，从事心理分析师职业。已发表十余部小说和文集，其中包括《野蛮的好人》（1966）、《奥斯唐德海滩》（1992）、《我不了解男人》（1995）等。1996 年，她的小说《奥兰达》荣获法国美第奇文学奖。书中讲述了女主人公如何实现其变为英俊男子的梦想。作品对两性关系进行了深入细致的分析。

里拉尔（Suzanne Lilar，1901－1992）　女小说家、戏剧家，用法语写作。曾在根特学习法律，任律师 7 年后开始从事文学创作。1946 年，她改编了一部传统戏剧，并因一改唐璜玩弄女性的形象，将他写成一个真诚的受害者而为人瞩目。后来她又创作了《条条大路通天堂》（1947）、《麻风王》（1947）。1952 年，里拉尔发表了《比利时当代戏剧史》。在《夫妻》（1963）、《关于萨特和爱情》（1967）和《第二性的误会》（1969）等女性文学作品中，她对妇女在性爱中的作用提出了思考。她还发表了《根特童年》（1976）和《寻求童年》（1979）。她和丈夫里拉尔先生在 1976 年被国王分别授予男爵和男爵夫人称号。1956 年，她入选王家法语语言文学院院士。

诺通博（Amélie Nothomb，1969－　）　女作家，用法语写作，生于日本。1993 年，她发表了第一部小说《凶手的卫生》，并在巴黎获得“文学才华奖”。她以亲身经历为基础所写的小说《惊讶与震撼》描写了一个年轻日本职员在等级森严的社会中所遭受的磨难。该书在社会中引起很大反响，并使她获得了 1999 年法兰西学院奖。

四　电影

比利时的电影业开始于 19 世纪末。地处欧洲中部的比利时，是欧洲种族与文化的交汇处。在过去的两千年内，凯尔特人、罗马人、德意志人、法国人、荷兰人、西班牙人和奥地利人在这里来来往往，都给这块土地赋予了自己的特色、留下了文化的痕迹。从好的方面来说，见证了各种文化兴盛与衰败的比利时人在文化的多元性这一点上得天独厚。但从另一方面来说，比利时战略性的地理位置，导致了持续数个世纪的列强之间在这里争夺，现在又具有整个欧洲意义上的政治中心地位。这些复杂性导致比利时文化的发展很难拥有属于自己的鲜明个性和气质。电影业就是一个比较明显的例子。

1896 年，在布鲁塞尔国王大厅首次公开放映了法国电影发明人卢米

埃尔的影片。此后，电影制作业在比利时迅速发展起来。法国人帕德在早期的比利时电影业中占主导地位。1908 年，他的合作者、法国移民马尚在布鲁塞尔郊区创办了比利时第一家电影制片厂，1904～1914 年期间拍摄了一些短故事片，如《德菲特的女儿》（1908）等。第一次世界大战后，在布鲁塞尔附近建立起新的电影制片厂，试图发展比利时民族电影。

比利时第一个电影制作人是肯皮内，他曾拍摄了几部影片，但他的制片场在 1923 年遭火灾被毁。由于美、德、法等国电影公司的竞争和一些电影工作者移居法国，比利时本国只摄制一些纪录片、科普片和民族风俗片，如《往南美洲中心去》（1924）、《印第安人格兰－恰科》（1925）、《在以带发头皮作为战利品的部落》（1930）。这三部影片的导演都是德·华弗兰。有声电影出现后，比利时既摄制法语影片，也摄制弗拉芒语影片。最初，一批比较知名的电影有舒肯斯导演的《克林丹斯一家》（1929）和《最美的梦》（1930）。这一时期，比利时电影导演们在外国电影艺术作品的影响下开始探索新的富有表现力的手法。

斯笃克和德刻克莱尔对比利时电影的发展做出了突出贡献。当时，他们主要是拍摄风光片和民俗片。从 20 世纪 30 年代中期起，开始拍摄故事片。到 30 年代末拍摄了一些有关艺术理论的影片。许多影片是分析弗拉芒古典艺术作品的。斯笃克 1907 年 9 月生于奥斯坦德，1927 年在家乡创建了电影俱乐部。1930 年拍摄了富有诗意的纪录片《奥斯坦德景象》。同年拍摄了一部超现实主义的影片《维纳斯之死》。1931～1933 年，他在法国给导演格莱米永和维果做助手。回国后拍摄了关于登山运动的纪录片《三条生命和一条绳子》，后又拍摄了优秀的民族风俗片《复活节岛》（1935）和关于造型艺术和美术的影片《古老的比利时一瞥》（1936）等。他的主要影片还有《走私者的宴会》（1951）、《被喜爱者是幸福的》（1962）、《比利时的节日》（1973）等。德刻克莱尔在影片《灵感的源泉》（1938）里用平行蒙太奇手法表现弗拉芒老艺术大师的人物和风景绘画。以他们为代表的“比利时纪录片流派”成为比利时电影人的骄傲。

第二次世界大战中断了比利时电影业的发展。在德国法西斯占领时期，比利时的银幕上充斥着德国影片，也上映一些专供消遣的法国影片。

20世纪50年代初，由于引进外国资本拍片，比利时电影的状况开始好转。这种合作拍摄的第一部影片是斯笃克的《走私者的宴会》（1951）。1953～1962年，比利时拍摄了长故事片48部，大部分影片是与法国、联邦德国、荷兰合作拍摄的。这一阶段摄制的优秀影片有《海鸥在港口死去》（1955）等。1963年，比利时政府实行对电影生产给予国家补贴的政策。所以，60～70年代，比利时摄制了不少具有象征主义、神秘主义内容的影片。例如，在导演德尔沃的《剃光头的人》（1966）、《有一次夜晚在列车上》（1968）和《在布赖会面》（1971）等片中，细微的心理描绘、现实和虚幻的镜头不断交替出现。充满象征主义和自然主义描写的影片有导演屈默尔的《马尔贝突伊斯》（1971）、《红唇》（1972）和导演高列与德洛的《拥抱》（1968）。在比利时电影里出现了一些表现普通人相互关爱的充满诗情画意的现实主义影片，其中有拉米导演的《家，可爱的家》（1973）、维尔哈维特导演的《新兵》（1973）。此外，还出现了一些反映现代生活的影片，如安德里恩导演的《阿姆尔的儿子死了》（1974）、德尔沃导演的《处于狗和狼之间的女人》（1979）、阿凯曼导演的《与安娜相遇》等。

在比利时电影里，艺术家和美术家的传记影片占有显著地位，如斯笃克导演的《保罗·德尔沃笔下的世界》（1946）和《鲁本斯》（1948），维叶尔冈斯导演的《叶伦尼姆·波修》（1963），哈扎尔茨导演的《詹姆士·恩索尔的面具和面孔》（1950）和介绍弗拉芒派绘画的彩色片《黄金世纪》（1953）。

比利时的纪录片剪辑巧妙，摄影技术高，富有诗情画意，例如德日林导演的《船坞》（1955）、德鲁阿吉导演的《比利时组曲》（1958）、希勒曼和布兰特导演的《森林的主宰者》（1958）。还有许多纪录片反映了现代社会问题和政治问题，如比延斯导演的《为我们的权利而斗争》（1961）和《公开对话》（1971），以及戈洛贝尔导演的《瓦隆尼亚》（1971）。

从1964年起，比利时电影业开始受到官方资助，这给比利时电影业的发展注入了活力，有助于新一代电影人的成长。这一时期，比较著名的比利时电影导演有迪登、汉塞尔、德·海尔和阿克曼等。

从20世纪60年代起，比利时电影在国际范围受到重视和好评，特别是在当代纪录影片、艺术家的传记影片，以及动画电影等领域。比利时出品或合作出品了一些较成功的电影，也涌现出一批著名导演和演员，例如全球知名的女影星奥黛丽·赫本（Audrey Hepburn）和在好莱坞取得巨大成功的动作片明星尚格·云顿（Jean-Claude van Damme）。《安托尼亚》是比、荷、英合拍片，1996年获第六十八届奥斯卡最佳外语片奖。该片讲述四代妇女的生活，部分在比利时拍摄，有若干比利时演员担任重要角色。在获奥斯卡奖之前，该片已在乌得勒支、多伦多、芝加哥、纽约和日内瓦等电影节上获奖。《性格》是比利时与荷兰合作片，男主角由比利时著名演员德克雷尔（Jan Decleir）担任，导演为荷兰人。该片讲述一个法庭职员如何以严酷方式塑造儿子性格的故事。1998年在洛杉矶获得奥斯卡最佳外语片奖。《第八天》是比利时导演多尔麦1991年的作品。影片讲述了一名精神残障者与一个正常人偶然相遇后，前者给予后者的人生启示。片中的精神残障者由比利时人迪盖纳扮演，他还由于其杰出表演而荣获戛纳电影节金棕榈奖。由考尔比尤导演的电影《法里内利》在1995年贝弗利希尔斯电影节上获得最佳外语片奖，并获奥斯卡最佳外语片提名。1998年，比利时导演考南克斯的影片《里赤》在德国的比贝拉什电影节上获得最佳作品奖。达尔戴（Dardenne）兄弟导演的《罗塞塔》在1999年第五十二届戛纳电影节上获得金棕榈奖。该片以直白的方式讲述了一个18岁女孩克服重重困难，努力与命运抗争，争取过正常生活的故事。由比利时年轻导演德布罗维拍摄的《波利娜与波莱特》在2001年北美最重要的电影节——多伦多电影节——上获奖。该片讲述了一个女人与她的残疾姊妹之间的亲情，细腻地表现出残疾造成的各种个人问题和社会问题。该片在比利时、法国和美国上映后受到观众好评。比利时导演塞尔维的《塔桑德里亚》在1996年罗马国际电影节上荣获大奖。他在影片中将动画和特技效果结合在一起，使影片充满超现实主义色彩。导演塞尔维在1979年曾获得戛纳电影节短片金棕榈奖。2001年第五十八届威尼斯电影节评委对他的艺术成就给予了特别表彰。格登是比利时著名女导演和动画制作家。她1941年生于安特卫普，2000年3月去世。她的许多作品享有国际声誉，她制作的动画短片《希腊悲剧》获得1986年奥斯卡最佳动画片奖，但其最后一部三维动画片未能完成。

此外，比利时女演员勃克在1995年第八届日内瓦电影节上获得了最佳女演员奖；雷尼耶在1998年获得第五十一届戛纳电影节最佳女演员奖，并因在《天使的梦幻生活》中的杰出表演获得1999年凯撒奖。

比利时1938年设立了比利时皇家电影资料馆。在比利时举办的国际电影节有安特卫普幻想片电影节、布鲁塞尔国际电影节、布鲁塞尔国际科技电影节、根特国际电影节、克诺克－赫斯特国际实验片电影节。

当然，比利时与法国、德国、荷兰等国的合拍片仍然占据显著地位。即使在今天，高投入的国产影片也很少；在比利时创作多部电影的导演也不多。但现在，比利时导演们的经验越来越丰富，导演三部以上作品的人数也在呈增长趋势。

在电影票房方面，美国影片制造的票房大约占80%，法国影片占15%，剩下的5%的票房来自本土和世界各地的影片。比利时自己生产的电影数量不多，基本上是每月上映一部新故事长片，即一年的电影产量为12部左右。比利时的电影院不够多、电影院线发展不够成熟，这也是比利时人看电影相对不多的原因。在巴黎，一部新片上映时，电影院门口经常可见长长的队伍，这样的景象在布鲁塞尔很少见到。在新片上映时间上，布鲁塞尔也稍晚于其他一些欧洲大都市。至于票价，一般是7.5欧元/张，比起比利时人大约2000欧元/月的平均收入而言，应该说不算贵。

五 音乐

从15世纪的复调音乐作曲家到现代流行乐歌手，比利时孕育了一大批世界著名的音乐家，例如音乐大师拉苏，钢琴家、管风琴家和作曲家弗兰克，著名法语歌唱家勃莱尔，以及萨克斯管的创造者萨克斯等。此外，比利时还产生了许多闻名世界的爵士音乐家和流行乐队。

比利时的音乐史可追溯到9世纪初。历史学家在列日主教堂发现了为

悼念查理大帝去世（公元 814 年）而谱写的古乐谱。这是最早的音乐史料，其作者是一位名叫高隆邦（Colomban）的修道院院长。10～12 世纪，在礼拜时吟唱宗教歌曲在列日公国成为习俗。中世纪的教堂和修道院成为当时的音乐中心。最初的宗教歌曲为独唱，后来发展为合唱。13 世纪时，比利时人雷欧迪安西（Jacobus Leodiensis）编著了一部《音乐大百科全书》，对当时各重要的音乐流派做出了精辟的分析和评论。14 世纪末，比利时已涌现出众多杰出作曲家，其中以列日的西高涅（Jean Cigogne）最为著名。比利时的音乐作品还流传到意大利等欧洲国家。除宗教音乐外，由行吟诗人创作的民间世俗音乐也逐渐流行起来。这些音乐歌曲表现出更多的个性色彩。

15～16 世纪是比利时复调音乐兴盛的时代。由比利时、荷兰和法国北部构成的勃艮第地区涌现出众多复调音乐和歌曲作者。他们在全欧洲享有很高的声誉，并受到意大利、西班牙、日耳曼等地王宫贵族和教会的邀请，在那里担任作曲家、演唱家、音乐教师等重要职务。拉苏（Roland de Lassus）是 16 世纪比利时最著名的音乐大师。在这一时期，音乐出版物的诞生促进了音乐的普及。印刷业发达的安特卫普在这方面发挥了重要作用。

17～18 世纪，为键盘乐器所作的曲目成为主流，一些键琴大师也应运而生。在教堂众多的比利时，管风琴发挥了突出的作用，宗教音乐再度风行，并成为音乐艺术的主导。交响乐作品开始出现，作曲家开始普遍使用对位法，音乐的表现力大为丰富。小提琴、钢琴和管风琴的演奏技巧出现新的改进。在比利时和欧洲其他国家，巴洛克风格的音乐成为主流。在此期间，比利时的乐器制作业也开始在欧洲占有一席之地。但是，由于经济相对落后和政治动荡，比利时在音乐领域的地位逐渐下降，西班牙、法国和意大利成为欧洲古典音乐的中心。众多有才华的比利时音乐家到国外发展，并取得卓著成就。

19 世纪是浪漫主义音乐流行的时代。在主题方面，世俗音乐逐渐取代宗教音乐，并且在音乐教育方面占据了主导地位。比利时出现了最早的音乐学院。1883 年，独立后的比利时在布鲁塞尔建立了王家音乐学院，费第（François-Joseph Fétis）成为第一任院长。在国王利奥波德一世和政府的指示下，比利时的音乐家还为发展全国的音乐事业制定了一套组织规划。此后安特卫普也建立起弗拉芒王家音乐学院。著名作曲家和歌唱家康波努（François van Campenhout）为新获独立的比利时谱写了国歌《布拉班人之歌》。在这一时期，比利时涌现出众多著名小提琴演奏家，他们在全欧洲也享有盛誉。

比利时人在乐器制作方面也颇有贡献，比利时乐器制造商萨克斯（Adolphe Sax，1814－1894）创造的萨克斯管现已流行全球。萨克斯出生在布鲁塞尔一个著名乐器制造商家庭，从 1828 年开始在布鲁塞尔王家音乐学院学习长笛与单簧管，并改进单簧管及其他管乐器。1840 年创制萨克斯管，后又创制萨克斯号，并在 1841 年布鲁塞尔国际博览会上参展。在演奏时，由于当时无人知晓这一新乐器，人们便用“萨克斯的声音”（saxophone）将其命名。1842 年，萨克斯到法国巴黎寻求发展，并在那里创建了乐器制造场，年产乐器 4 万余件。但由于政治动荡和商业竞争，他在法国的萨克斯管生产场多次陷入困境，并最终于 1894 年破产。1857 年，萨克斯曾在巴黎音乐学院教授萨克斯管，并编有教材。1994 年，为缅怀这位比利时著名乐器制造家和音乐家，在萨克斯的家乡迪南市组织了纪念他逝世 100 周年的活动。

20 世纪初，比利时在欧洲音乐界仍占有很高的地位。弗兰克（César Franck）、皮特（Flor Peeters）、琼根（Joseph Jongen）等大师级人物培养和影响了众多新一代欧洲音乐家。弗兰克 1822 年出生于根特，1890 年去世于巴黎。他是著名作曲家和管风琴家。弗兰克从小就表现出音乐天赋，他 11 岁便在欧洲进行巡回演出，15 岁到巴黎师从于著名作曲家雷夏（Reicha）。1846 年，他创作了第一部清唱剧。从 1848 年起，弗兰克开始了一种隐居生活，直到 1872 年才在法国国立音乐学院担任管风琴教授和教堂乐师等职。他在管风琴演奏方面的即兴创作才能受到李斯特和德彪西等音乐大师的好评。他在创作上崇尚巴赫的复调风格，并发展了传统的和声、复调技术和单主题在乐曲的各乐章中贯串发展的手法。其音乐往往在沉思冥想中迸发出奔放的热情，反映出他对人生意义的思索和追求，而以宗教的理想境界为其归宿。主要作品有钢琴曲《前奏、圣咏与赋格》，钢琴乐队《交响变奏曲》《d 小调交响曲》《A 大调小提琴奏鸣曲》，以及根据《圣经·新约全书》中“山上垂训”一节写成的清唱剧《至福》等。1871 年，他参与创建“民族音乐协会”，1886 年担任主席。肖松（Ernest Chausson）等人是他的学生，并以他为中心形成了“法国乐派”。

随着现代音乐的产生，1925 年在布鲁塞尔以吉尔松（Paul Gilson）为首的一批比利时作曲家组成了“合成乐派”。广播、电视等新型传媒的先后出现为具有创造精神的比利时音乐家提供了新的天地。他们突破传统，创造出众多广播乐曲、电视歌剧，以及电子音乐。比利时的流行乐队“黑人姐妹”和“电子技术”曾在美国风行一时。60 年代以后，比利时建立了一系列专门从事音乐和戏剧研究和教育的机构，如 1962 年建立的新音乐中心、1962 年在根特建立的心理声学和电子音乐研究所、1970 年建立的瓦隆音乐戏剧研究和培训中心等。在 20 世纪，比利时还产生了许多闻名世界的爵士音乐家，如托马斯（Rene Thomas）、卡特琳纳（Philippe Catherine）等。出生于布鲁塞尔的法语歌手和词曲作家勃莱尔创作了大量脍炙人口的流行歌曲。勃莱尔（Jacques Brel，1929－1978）是著名法语歌唱家、作曲家和诗人。他从 1953 年后主要在巴黎从事创作，60 年代初开始获得了极大的成功。他创作的歌曲内涵深刻，旋律动人。1966 年后，他开始涉足电影导演和表演。他所创作的最著名的歌曲有《不要离开我》、《永远的华尔兹》、《阿姆斯特丹》、《糖果》、《玛蒂尔德》等。

六　美术

1. 发展概况

比利时地处欧洲中部，其美术的发展与演变与古高卢人、罗马人以及中世纪弗拉芒人的盛衰密切相关。比利时作为欧洲文化艺术遗产的杰出护卫者，在欧洲文化发展的历史长河中扮演着重要角色，在这一点上，比利时远胜于欧洲其他国家。

很早以前，比利时就有人类生存的遗迹。现藏于布鲁塞尔皇家自然博物馆的猛犸象牙雕成的维纳斯像，属于旧石器时代。新石器时代的艺术遗迹具有西欧的特点。在埃斯拜埃、南布拉班、埃诺等地有一些居所，是大庄园的中心，平面基本呈矩形，正面有门廊，内设淋浴装置，显然是罗马的建筑形制，其周围有谷物仓、牛马厩、铁铺和制陶作坊等。在康德洛兹和埃斯拜普遍发现人经火葬后的墓地，从中出土的瓮、陶器、钱币、玻璃制品、青铜器皿和珍珠等物印证，在罗马时期这里的工艺已具有相当的水平。1~2世纪，昂泰是工艺品生产中心，制陶业具有前罗马式传统。建筑和雕塑也类似于罗马风格，一些祭坛和墓碑刻着日常生活场景，立柱和雕成神祇的所谓四神石像都是石质的。金属或陶质的雕像一般模仿地中海地区的作品。

3世纪初，法兰克人占领了包括布拉班、图尔奈在内的大片土地。他们遗留的建筑物大多被风化了，没有雕塑品，但有按日耳曼传统工艺制成的珠饰，其中有动物形象的宝石和玻璃饰品。被法兰克人捣毁的基督教中心，到国王克洛维皈依基督教之后才有所恢复。默兹地区在查理曼大帝统治时期十分繁华，教堂进一步扩大，也有平面呈矩形的。10~11世纪出现了加洛林双前门式的大型教堂，如列日修道院、列日圣兰伯特教堂。12~13世纪，哥特风格逐渐形成。宏伟的根特圣尼古拉教堂、奥德纳尔德帕梅勒圣母教堂沿着埃斯科河矗立。按法国式样所建的图尔奈大教堂歌坛成为大量后继建筑的楷模。大部分地区受科洛纳大教堂影响，只有弗拉芒人还以砖墙结构保持着其独特的风格。安特卫普圣母大教堂于1352年动工，到17世纪才竣工。这是一座重要的哥特式建筑，内有鲁本斯的《下十字架》（1611~1614）和《上十字架》等传世名作。该教堂是由奥西主持建造的，建筑师阿佩尔曼父子先后参加了设计和营造。这个时期的雕塑不很发达。图尔奈大教堂只是在入口处和一些较差的石洗礼盆上饰有雕像。默兹地区发现了一些12世纪中叶以后的大型雕塑，还有些木刻的耶稣和圣徒像。13~15世纪，法国雕刻风格在大部地区占主导地位。14世纪，默兹地区出身的许多艺术家到巴黎工作，如佩潘和列日的埃纳坎。斯吕特以充满生气的造型与富有个性的写实主义崭露头角。埃斯科河地区的艺术发展相对迟缓。除了布鲁日圣让医院里仿兰斯风格的雕像外，根特钟楼上的武士雕像是14世纪的重要代表作。布拉班的雕塑在14世纪还不突出，默兹地区和埃诺一样，到15世纪中叶才达到弗拉芒地区的水平。

中世纪以来，除大批宗教建筑外，比利时的几个主要商业城市的世俗建筑也有很高水准。一些交易中心、行会或宫廷建筑纷纷学习意大利文艺复兴的建筑形制。宗教建筑却基本保持原来的传统。一批意大利和法国的艺术家来到比利时。在梅赫伦，奥地利女侯爵吸引了一批艺术家。法国建筑师博格朗为她设计的官邸，内部装修既有地方特色，又反映出意大利文艺复兴典雅的风格，但装饰仍然属哥特式的。弗洛里设计的安特卫普市政厅（1561）是文艺复兴建筑中最优秀的精品之一，它以舒展的格局和华丽的装饰表现出强调雕像装饰的倾向。至16世纪，欧洲文艺复兴和宗教改革促进了美术事业的发展。

11世纪，比利时细密画随着蓬勃兴起的工艺美术而发展。当时最著名的是列日斯塔沃洛和圣洛朗修道院书院的作品。14~15世纪，细密画又流行于弗拉芒、布拉班特和埃诺。生于默兹地区的林堡兄弟为贝里公爵所画的祈祷书插画，以精致生动的形象和色彩，描绘了不少农耕、狩猎等风土人情。文艺复兴时期的比利时画坛，各种风格和手法百花齐放。在人文主义思想的影响下，宗教作品渗入了现实生活，描绘当代人物的肖像艺术获得长足进展，严谨细腻的北欧风格与当时意大利绘画特色交相辉映。除一些地方流派外，艺术成就主要集中在几个大城市。15世纪晚期，马西斯等著名艺术家依靠安特卫普优裕的财富和物质条件，将该地的绘画艺术大为推进。弗拉芒早期的许多艺术作品被世界各地的博物馆视为馆藏珍品。16世纪，在政治、经济较发达的布鲁塞尔、安特卫普和梅赫伦等城市，意大利的艺术风格具有很大影响。而马西斯却独辟蹊径，坚持民族传统，着力推动弗拉芒现实主义的新文化潮流。

绘画的发展也影响到雕塑艺术。在现存的人物雕像作品中，浮雕多于圆雕，如布鲁塞尔市政厅和哈勒圣马丁教堂浮雕。也有木质的圆雕肖像、耶稣受难像、歌坛座位雕饰、屏饰雕像等。

金属工艺在比利时具有悠久传统，梅赫伦和布鲁塞尔的作坊也有所发展。其制铜工艺远近驰名，所生产的供教会或家庭用的装饰箱、读经台、洗礼盆等器具远销欧洲其他国家，此外还制作一些镌刻的铜墓碑。比利时人还将其独特的艺术气息融入了挂毯和花边工艺之中。15 世纪最重要的织毯中心是布鲁塞尔，艺术大师们的设计使这里的花毯畅销全欧。直到 18 世纪，当地许多织毯作坊仍兴盛不衰。安特卫普、奥德纳尔德、根特、弗拉芒、布鲁日等地承袭了这一工艺传统，始终将织毯视为流行艺术。同时布鲁塞尔、安特卫普、列日和蒙斯还盛行圣像窗玻璃画。梅赫伦等地的全织锦花边制作和皮革工艺也有很大发展。

17 世纪至 19 世纪初，反宗教改革势力在政治、思想和艺术方面形成了以意大利风格为主的新浪潮。教堂建筑必须根据巴洛克精神而定，教堂内的布道坛、忏悔室布满雕像。在世俗建筑中，布鲁塞尔的豪华宫和安特卫普画家约尔丹斯与鲁本斯的宅邸都是优美非凡的范例。这种形式由鲁本斯的介绍广泛传播开来。鲁本斯（Peter Paul Rubens）是这一时期美术的代表。他以鲜明的个性和旺盛的创作力促进了比利时巴洛克艺术的发展。鲁本斯和他的学生的艺术才华受到世人的关注。安特卫普聚集了一批天才画家，其中凡·戴克、约尔丹斯和斯尼德斯等人形成一个画派。版画艺术的发展也十分显著，强调装饰特色的实用美术同样呈现出新面貌。除安特卫普外，各地的雕像包括肖像、祭坛以及教堂、墓室的其他装饰像，都染上了浓厚的鲁本斯式的巴洛克气氛。

在建筑方面，弗拉芒过度奢华的装饰已反映出奥地利的趣味，连大型教堂或修道院也被加上俗艳的外表。18 世纪末最重要的建筑当数巴黎建筑师波夫兰德为巴伐利亚统治者马克西米连所建的布鲁塞尔新古典主义建筑，他还在这座城市中心设计了花园区。德尔沃是当时的著名雕塑家，他曾旅居英国和意大利，其雕刻作品兼有鲁本斯的弗拉芒气质和罗可可风格，如《赫拉克勒斯像》（1770，布鲁塞尔皇家美术馆）。18 世纪末 19 世纪初，比利时画坛同时存在着鲁本斯式的巴洛克风格、罗可可风格以及新古典主义的影响。1770 年前后，安特卫普画家朗斯等人的一系列作品预示出取代新古典主义的浪漫倾向，一批本地成长的画家先后崭露头角，并

力图突破刻板的传统理论束缚。

1830 年比利时获得独立。随着民族民主运动的发展和国家工业化的进程，比利时的美术呈现出多样化的趋向。先是出现一股浪漫倾向的折中主义，宗教建筑中流行将新罗马式与新哥特式混为一体，如德拉森斯列设计的奥斯坦德教堂（1896）。世俗性公共建筑中有的将新文艺复兴风格与新巴洛克风格合二为一，如波拉尔特设计的布鲁塞尔法院（1862）。20 世纪初，装饰艺术的“新艺术”风格盛行，在比利时著名建筑大师奥尔塔（Victor Horta）和费尔德（Henry van de Velde）的推动下，达到了登峰造极的境界。1900 年前后，费尔德等人成为功能性建筑与现代风格的调和者。比利时一度成为新建筑和新艺术运动的先锋。

19 世纪初，新古典主义美术势头强劲。法国画家大卫遭流放后蛰居布鲁塞尔长达 9 年，其弟子纳韦兹成为比利时新古典主义画派的代表。比利时的雕塑也深受法国的影响。独立后，纪念性雕像兴盛，作品大多反映爱国和浪漫的热情。19 世纪下半叶出现了强大的现实主义美术流派，杰出的艺术家有麦尼埃和卢梭。麦尼埃的油画和雕塑以鲜明的个性塑造了工人的劳动和生活形象。他还与格鲁等画家创建了美术自由协会。不断更新的西方现代美术运动在比利时都有相应的表现，如印象主义技法、布拉班式野兽主义及表现主义等。1900～1910 年，一个新的表现主义运动在比利时各地展开。这一运动表现在文学领域和美术领域。在绘画中，它是对印象主义和学院画派的一种反动，作者多以突出的色彩和变形的物体着力表现某种激情。在文学中则表现为和实证主义相对立的非理性主义思潮。超现实主义从 20 世纪初在比利时出现。它主张探索人类精神境界中的未知领域，并将非意识、梦幻和臆想视为新的创造源泉。戴尔沃（P. Delvaux）和玛格丽特（R. Magritte）是比利时超现实主义流派的主要代表。比利时近代艺术家的作品也被许多世界著名的博物馆收藏。

2. “连环画王国”

比利时的连环画世界著名，并堪称“连环画王国”。在比利时，连环画的从业人员按人口密度计算占世界第一。驰名的连环画画家不胜枚举，除了《丁丁历险记》的作者埃尔热（Hergé）外，还有王德斯坦（Willy Vandersteen）、弗朗甘（Andre Franquin）、雅各布（Edgar-Pierre Jacobs）、斯林（Marc Sleen）、莫里（Morris）、佩尤（Peyo）等，他们创造了许多妇孺皆知的连环画人物，如丁丁、威利和旺达、斯皮鲁和方塔西、布莱克和默提麦尔、奈罗、幸运的卢克、蓝精灵……比利时的连环画大师们不仅创造了一系列栩栩如生的人物，更为欧洲连环画文化的发展奠定了基础，给后辈艺术家提供了创作的灵感。

在比利时，从19世纪便出现了在报刊上加入插图的做法。但是，连环画的诞生和发展还是在报刊业高度繁荣并成为重要传媒手段之后。20世纪初，在期刊上刊登的连环画最初多为国外的作品。自1926年埃尔热首次发表其连环画作品后，这种状况才开始改变。当时较著名的连环画作者还有吉杰（Jijé）和朗东克（Georges van Raemdonck）。1938年，迪比（Jean Dupuis）创立了专门刊登连环画的周刊《斯皮鲁》（Spirou），从而揭开了比利时连环画发展史新的一页。1946年，勒布朗（Raymond Leblanc）创办了《丁丁画报》。在此后数十年中，作为比利时连环画界的中心，这两份画刊发现和培养了众多连环画作者。《丁丁画报》刊登了弗拉芒著名画家王德斯坦的作品，使其创造的主人公包博与包贝特成为家喻户晓的人物。在比利时，讲法语的连环画作者习惯在专门的连环画刊上刊登自己的作品，而讲荷语的作者则主要在报纸上发表作品。

埃尔热是比利时连环画业内最杰出的人物，被誉为“比利时连环画之父”。他创造的主人公丁丁已为全世界所熟知。他原名乔治·雷米，埃尔热是他的笔名。他1907年5月生于布鲁塞尔一户普通人家，从小酷爱绘画。1925年中学毕业后，埃尔热受雇于瓦雷兹神甫主编的报纸《二十世纪》，并于1926年创作了反映童子军探险经历的连环画《冒失鬼巡逻队长托托尔》。1929年，他创造了“丁丁”的形象。这个小圆脸，头上一撮竖发的小记者以及与他形影不离的爱犬小雪立刻吸引了广大读者。《丁丁历险记》获得了意外成功。埃尔热抛弃了欧洲的漫画传统，从美国流派那里获得了启示，并很快形成了自己的独特风格。埃尔热一生中创作了大量漫画作品，但其最大的成就是创作了23集的《丁丁历险记》。风靡全球的《丁丁历险记》教育了几代不同年纪、不同阶层的读者。他们追随丁丁的足迹，漫游真实或虚拟的世界，增长了知识，陶冶了情操。这套作品中包括《丁丁在苏维埃国家》、《丁丁在刚果》、《丁丁在美洲》、《法老的雪茄》、《七个水晶球》、《月球探险》、《红海鲨鱼》等专集，其中反映抗战时期中国的《蓝莲花》（1936）是他受旅居比利时的中国人张仲仁的启发而创作的。《丁丁历险记》已被译成45种文字，销售近2亿册，1980年拍成电影。丁丁博物馆、丁丁基金会、丁丁之友协会，以及有关丁丁的影视广告、纪念品等构成了长年不衰的“丁丁热”。埃尔热的《丁丁历险记》曾引起人们的普遍关注和不少争论。一些学者还对丁丁这个人物进行了专门研究，有关的专著不下40部，卡斯特曼出版社还出版了8卷本的丁丁百科全书。

随着连环画在比利时的地位和影响的日益增加，在20世纪50～60年代，一些重要的连环画作者创建了各自的连环画制作中心。70年代末，《请看下集》画刊的创立，以及叔伊坦（François Schuiten）和皮特（Benoit Peeters）等一代新作者的出现将比利时的连环画艺术推向了新的水平。在比利时，由于拥有大量读者，连环画杂志的销量很大，连环画专业出版社也很多，而连环画专业书店在比利时也到处可见。在布鲁塞尔，以连环画人物装饰的建筑物、地铁站、书店成了比利时首都的一道景观。坐落在市中心的连环画博物馆每天吸引众多国内外观众。在这里人们可以看到珍贵的原版画幅，并了解连环画艺术的历史。

七　重要文化设施

1. 图书馆

在比利时，最重要的图书馆当数位于布鲁塞尔的阿尔贝一世皇家图书馆。该图书馆建于1837年，藏有书籍三百多万册。此外，比利时一些主要大学的图书馆也具有相当规模，同属重要的文化设施。布鲁塞尔自由大学图书馆建于1846年，藏书150万册。根特大学图书馆的历史悠久，建于1797年，藏书有170万册。列日大学的图书馆建于1817年，拥有藏书200多万册。法语鲁汶大学的图书馆建于1971年，有藏书176万册。荷语鲁汶大学图书馆则有藏书190万册。

近年来，比利时各大图书馆都进行了信息化改造，并实行了网络化。在王家图书馆和其他主要图书馆，读者可上网查阅到比利时全国出版的书目。通过比利时图书馆书目中心，人们也可查阅比利时全国各大图书馆的书目。比利时各图书馆中还增加了各种多媒体资料，例如音乐光盘、电影录像、各种DVD等。

2. 比利时皇家剧院

位于布鲁塞尔的比利时皇家剧院是欧洲大陆最著名的歌剧院之一，由国家资助。它初建于1700年，可用于上演戏剧和音乐。因该剧院建在一个铸币场原址上，所以又被称作铸币场剧院（Théatre de la Monnaie）。剧场内设有5层看台，可容纳观众1200人。当时的剧场内没有暖气设备。在寒冷的冬季，只有个别包厢备有小火炉，供少数上流人物享用。大多数观众只能在寒冷中看戏。一百多年后，该剧院已显老旧，于是人们又在其后面建造了一个新剧院。新剧院于1819年5月建成。但因使用灯火不慎，新剧院在1855年1月21日惨遭火焚，仅留下一片断壁残垣。担任重建剧院任务的是建筑师波拉尔（Joseph Poelaert）。皇家剧院的修复工作于1856年3月完成。新启用的剧院仅限于上演歌剧。波拉尔后来主持了布鲁塞尔法院的修建，并成为著名建筑师。

19世纪末，剧院大厅首次安装了电气设备。在整个20世纪中，尤其是在1985～1986年间，皇家剧院在技术设备和舞台设施方面都得到了大规模的现代化改造，并采用了电脑控制系统。再次修复的比利时皇家剧院成为欧洲第一流的艺术殿堂。1986年12月12日，比利时皇家剧院在贝多芬的《欢乐颂》乐曲中迎来了改建后的新生。尽管皇家剧院保持了波拉尔当年设计的外观，但其内部设施和结构却都得到了根本性改造。圆形穹顶和壁画装饰也被整修一新，被仔细清洗过的巨大水晶吊灯更显玲珑剔透。剧院内的1152个座席都配上了红色座套，更烘托出现代艺术的氛围。为适应希腊、德国和意大利等不同国家戏剧的要求，改造后的幕布可以按三种不同方式开闭。剧院的空间得到了更充分的利用，以便开展更多的艺术活动。尽管该剧院容纳观众数量远不如米兰、维也纳和巴黎的歌剧院，但它在艺术吸引力上却毫不逊色。

从1981年起担任皇家剧院院长的莫尔蒂耶早年学习法律和传播学，后专修音乐艺术，曾在德国汉堡歌剧院、法国巴黎歌剧院任职。他任职后采取了一系列措施，为艺术家们创造了更良好的条件，并努力寻求社会赞助，以弥补经费开支的不足。莫尔蒂耶还积极鼓励青年人喜爱艺术。在皇家剧院，年轻人看戏可享受大幅优惠。所有这些都有助于比利时的戏剧和音乐艺术的发展，并使其在整个欧洲享有盛誉。从1992年起，优秀键盘乐器演奏家佛克鲁尔继任皇家剧院院长。2000年，皇家剧院纪念了它的300周年诞辰。

3. 博杜安国王体育场

位于赫塞尔（Heysel）的博杜安国王体育场是比利时的国家体育场。在此之前，比利时曾在1930年为庆祝建国100周年而建造了第一座体育场。第二次世界大战后，在赫塞尔新建的体育场成为最大的国家体育场。该体育场可进行多种体育项目。1949年和1960年，环法自行车赛还在这里安排了一段赛程的终点。除足球外，赫塞尔体育场可进行各种田径运动。从1977年起，为纪念比利时优秀运动员达姆而举办的国际田径邀请赛每年都在这里举行。1985年，赫塞尔体育场经历了欧洲足球史上最黑暗的一日。在欧洲杯足球赛的决赛中，支持利物浦队与支持尤文图斯队的球迷之间发生了流血冲突，导致39人丧命。此后，该体育场得到了重新修整和改建，直到1995年才重新开放使用，并正式更名为博杜安国王体育场。新改建的体育场增加了现代化设施，并可容纳5万名观众。

第四节　新闻出版

一　大众传媒

比利时的法律保障新闻自由，因此大众传媒业比较发达。由于国民使用不同语言，所以无论是报纸杂志，还是广播电视，都分别使用法语、荷兰语及德语进行传播。目前，在比利时有日报30种，周报一千多种，其他期刊五千多种，它们主要用荷文和法文出版，极少数用德文出版。主要报刊有：《标准报》（荷文）、《自由比利时报》（法文）、《最新消息报》（法文）、《晚安周报》、《晚报》（法文）。《标准报》发行量三十余万份，居首位，其余报刊发行10万~30万份。除了一般性报刊外，针对青年、妇女、家庭生活和涉及其他专门内容的刊物也拥有不少读者。

比利时的广播业是由私人发起的。第一家广播电台——比利时广播电台建于1923年。当时的广播节目主要是音乐、新闻和讲座等。到20世纪30年代，广播业开始被国家有关部门垄断，私营的广播机构只能享有有限的时间和频道。1930年比利时建立了国家广播局。第二次世界大战后，各地区政府开办的广播电台也被纳入中央政府的管理范围。1960年5月，比利时颁布了关于广播电视业管理体制改革的重要法令。法令给予新建立的广播电视台更大的自主权，政府放松了对广播电视节目的检查，新的广播电视业被赋予的功能是信息、教育和娱乐。此后，比利时的广播和电视业分为荷语、法语两个独立的广播和电视台，分别隶属各语言文化区政府领导，并各自用法语、荷语广播和播送电视节目。到20世纪80年代，比利时已建有众多私营电台和地方电台。1987年创建的商业有线电视台（RTL-TVI和VTM）拥有很高的收视率和社会影响，在比利时电视业中占有主导地位。

比利时通讯社（Belga）是比利时最主要的通讯社，于1920年由阿尔贝一世国王建立。它最初的投资者是私人金融家和银行家，开始时以传输来自外国的消息为主，业务语言是法语。1925年以后，该通讯社开始收集和发布比利时本国消息。第二次世界大战时，比利时被德国占领，比利时通讯社曾中断活动。“二战”后增加了荷语业务。从1974年起，比利时通讯社与美联社、路透社、合众国际社等签订信息交流合作协议。

比利时通讯社在国外没有分社，它的国外新闻来自各国际大通讯社。国内消息由专职记者、通讯员和各党政机关的新闻处提供。它目前有300

名通讯员、74 名记者。其新闻图片则通过与法新社和欧洲图片联盟等机构订立的协议获得。比利时通讯社的资金来自报刊企业，它们同时是其新闻的顾客。国家对其提供的补贴占其预算的 6%。目前，该通讯社准备大力开展远程通信个人用户业务，例如股市信息等。

二　出版业

20 世纪初到第二次世界大战后，比利时的出版业以法文出版业为主，荷文出版业较为薄弱。20 世纪 60 年代以后，荷文的出版业迅速发展。目前，在比利时国内，用法文和荷文出版的图书品种约各占一半。全国已有出版社 129 家，其中法文出版社与荷文出版社也基本呈平分天下的态势。全国共有近 2000 家书店。比利时的大型出版社有标准出版社、阿科出版社、南荷出版社、荷兰书店出版社、拉诺印刷与出版公司等。其他著名的出版社还有卡斯特尔曼出版公司和布鲁塞尔大学出版社。比利时的出版业主要集中在布鲁塞尔、安特卫普、鲁汶及勒芬等地。

全国性的出版行业组织有比利时出版商协会、弗拉芒书业促进会、比利时书业联谊会等。在行政管理方面，比利时政府不设机构干预出版业务活动，而仅对图书、期刊征收 6% 的增值税，对进口图书征收 6% 的进口税。全国年度出书七千余种，主要同法国、荷兰进行书刊贸易。比利时 1886 年颁布《版权法》，同年加入《伯尔尼公约》。1960 年加入《世界版权公约》。1972 年采用国际标准书号，语区号为 2（法文图书）和 90（荷文图书）。比利时全国性出版物目录是《比利时图书目录》。

第五节　体育

一　概况

比利时人口不多，但在体育运动方面却成绩卓著。在专业体育方面，众多比利时运动员在国际大赛中取得优异成绩。

比利时与奥运会的联系很早就开始了，1900 年第二届奥运会比利时首次参赛就获得 5 金 5 银 5 铜，随后他们又于 1920 年在安特卫普奥运会上获得 14 金 11 银 11 铜的史上最好成绩，但此后随着竞争越发激烈，比利时人在奥运会上的成绩并没有多少亮点，他们的金牌数在 0 ~ 2 枚徘徊。在 2004 年雅典奥运会上，比利时获得 1 金 2 铜，在 2008 年北京奥运会上获得 1 金 1 银，在 2012 年伦敦奥运会上获得 1 银 2 铜。当前的比利时体育，除足球之外，似乎只有女子网球能够让人们铭记。比利时双姝贾斯丁・海宁与克里斯特尔斯曾纵横驰骋国际网坛，掀起了一股比利时旋风。随着克里斯特尔斯的提前退役，只剩下海宁一人独扛比利时网球大旗。在 2004 年奥运会上，大病初愈的海宁刚刚重返赛场就力夺女单冠军。

像其他欧洲国家一样，比利时也是个基础体育运动健全的国家。比利时对于体育一贯十分重视，首先是为优秀运动员提供更多的就业机会，使他们在现役和退役后都没有后顾之忧；还支持学校培养优秀运动员，并承认优秀运动员、教练员和体育官员及科技人员的社会地位。各体育联合会设立了专门的体育科研部门，并委派科研指导。这有助于提升比利时的整体竞技水平。各体育联合会在筹建高新体育中心的同时，也注意基础体育设施的修建。另外，比利时还大力推广体育，强调体育的重要性，把增强公民体质作为国家推广体育运动的原则。各级政府尤其把主要精力放在青年人身上，其次是老年人、妇女、移民、残疾人和一些特殊人群。为减少人们参与体育活动的障碍，政府在税收、社会地位、义工方面出台了一些政策，建立了向青年人传授体育知识的研究院所，并开设向广大青少年提供有关体育活动的咨询，增加地区体育中心的数量等。比利时政府在推动大众体育上做了相当大的努力，在安特卫普有很多大众体育优惠政策，而最有普及性的应该算是比利时联邦奥委会发起的“体育进学校”运动。这项运动旨在让年轻人认识到体育锻炼和健康饮食的重要性。2006 年比利时有三千多所学校的学生开展了圆珠笔义卖活动，所筹集的款项用于学校的体育设施建设。该活动总共筹集款项三百多万欧元。

在群众体育运动方面，比利时人十分喜爱登山、滑雪、网球、高尔夫球、扬帆出海、打猎、钓鱼、赛鸽等运动。此外，还有一些别出心裁的民间娱乐比赛。

二　主要项目

信鸽比赛。这是一项全国性的群众运动项目。比利时人口仅有一千多万人，但登记注册的鸽子比赛者竟有10万多人，拥有600万~800万只鸽子。按规定，鸽赛时间从每年的4月到9月。其间，比利时国家电视台每小时都要报告天气情况和比赛地点放鸽子的时间。鸽子通常在周四或周五装笼，运到远处的比赛出发点，有时远至法国南部或西班牙。参加比赛的鸽子数量不限。每只鸽子的腿上绑着带编号的小圈。鸽子回窝后，这个圈立即被主人取下放进密封的计时盒，以检查每只鸽子飞行所花的时间。鸽子识家的天性使它成为可靠的战士，在过去的战争中它作为“通信兵”传递信息。如今，在布鲁塞尔城中心矗立着一座半裸体的妇女雕像，她张开的一只手上托着一只鸽子，这是为了纪念信鸽在第二次世界大战中做出的贡献。

田径运动。1889年比利时创建了第一个田径运动协会——“比利时跑步协会联盟”。但不久，该联盟由于内部分歧而解散。1895年，“比利时田径体育联盟”建立，该组织管理着自行车运动和足球运动。1912年，自行车运动和足球运动独立组建协会，新的“比利时王家田径协会”成立。1978年，由于弗拉芒地区和瓦隆地区的语言之争，该协会一分为二，分别组成“比利时法语田径协会”和“比利时荷语田径协会”。两个协会各派6名代表组成一个执行委员会，负责比利时田径运动的管理工作。

第二次世界大战前，比利时在1920年安特卫普奥运会上取得了优异成绩。该国的运动员在田径运动上的表现尤其令国人骄傲。1945~1980年间，比利时出现了众多高水平的田径运动员。1946年，布莱克曼（Pol Braekman）赢得了欧洲锦标赛的银牌。1948年，在伦敦举办的奥运会上，马拉松运动员盖利（Paul Gailly）技压群雄，领先跑向终点。但不幸在离终点几米处摔倒，结果只获得第三名。比利时运动员莱福（Gaston Reiff）

则获得了5000米跑的冠军。除了这项纪录外，他还创造了2000米、3000米和2英里跑的世界纪录，20世纪50年代后半期，最著名的比利时田径运动员是蒙斯（Roger Moens）。他在1955～1962年间一直保持着800米跑的世界纪录。此外，年轻的比利时运动员罗朗（Gaston Roelants）在1960年罗马奥运会上获得了3000米障碍赛铜牌。此后他一发而不可收：1962年成为欧洲冠军，一年后又打破了这项运动的世界纪录，在1964年的东京奥运会上，他荣获一枚金牌，1966年，他又获得世界锦标赛的铜牌；在其他项目上，他还保持了20公里跑的世界纪录和1万米跑的欧洲纪录。他共打破世界纪录6次，还在1969～1974年的马拉松欧洲锦标赛上获得过第二和第三名。在20世纪70年代，普特曼（Emile Puttemans）和里斯蒙（Karel Lismont）成为比利时最优秀的田径运动员。普特曼总共16次打破世界纪录。他在1972年慕尼黑奥运会上获得了1万米跑银牌。此后还改写了3英里、3000米和5000米跑的世界纪录。长跑运动员里斯蒙1971年获得欧洲锦标赛马拉松赛第一名，并在慕尼黑奥运会上获得马拉松赛银牌。1978～1982年间，里斯蒙还在欧洲锦标赛中获得过两枚铜牌。此外，22岁的达姆（Ivo van Damme）在1976年蒙特利尔奥运会上获得了800米和1500米跑的两块银牌，但这位充满希望的运动新星却由于一场车祸而早亡。他的去世令比利时举国哀痛。在80年代，帕尔芒蒂埃（Armand Parmentier）获得了1982年欧洲锦标赛马拉松赛的银牌。迪克（William van Dijck）获得了1987年世界田径锦标赛3000米障碍跑的铜牌和1994年欧洲锦标赛的第三名。穆里特（Mohammed Mourhit）在1999年的世界田径锦标赛中获得5000米跑铜牌。他在同年举行的国际田径邀请赛中还打破了由葡萄牙运动员潘托（Antonio Pinto）创造的1万米跑世界纪录。2001年3月，穆里特在12.3公里赛跑中创造了39分53秒的优异成绩。1945～1980年间，比利时运动员在越野障碍赛跑（12公里）方面曾8次获得奖牌。

在田径项目中，比利时在欧洲处于领先地位。但在20世纪70年代以前，在比利时却没有举办过高水平的田径比赛。1976年12月，为纪念比利时优秀田径运动员达姆，在一些记者的提议下，比利时决定在布鲁塞尔

的博杜安国王体育场举办国际田径邀请赛。1977 年 8 月的第一届邀请赛吸引了众多世界一流的运动员，并创造了不少好成绩。在过去的二十多次邀请赛中，至少有 4 项世界纪录被刷新。比利时公众也对此给予了极大关注，4 万多名观众前往观战。该邀请赛此后每年定期举行，世界高水平的田径运动员都前来参赛。这也给比利时运动员提供了与国际优秀选手比赛的机会，并使他们创造出不少优异成绩。比利时在国际田坛的声誉也显著提高。

为纪念达姆而举办的国际田径邀请赛成为继奥运会之后最重要的国际田径赛事之一。从 1996 年起，比赛的组织水平和规模大为改进。赛前还安排了来自世界各地儿童的接力赛表演。博杜安国王体育场的跑道全部翻修一新，共设有 9 条由合成材料建造的跑道。这为运动员提高成绩创造了有利条件。在 1996 年的比赛中有 20 位奥运会冠军前来参赛，运动员们打破了 1000 米和 1 万米跑两项世界纪录。

赛车运动　比利时赛车运动员在众多国际大赛中为本国取得了巨大荣誉。

布森（Thierry Boutsen）是颇具天赋的一级方程式赛车手。他 1957 年出生于布鲁塞尔，1975 年开始赛车生涯。1980 年布森在三级方程式车赛中获得欧洲亚军称号，1981 年荣获二级方程式欧洲亚军。1983 年，他开始了梦寐以求的一级方程式赛车训练，并在 1989 年获得了加拿大和澳大利亚赛车大奖，在 1990 年获得匈牙利赛车大奖。

伊克斯（Jacky Ickx）是无可争议的赛车运动天才。他于 1945 年出生于布鲁塞尔。1964 年开始赛车生涯，1967 年获得二级方程式欧洲冠军，后来转入一级方程式比赛，并在 1968～1972 年间共赢得 8 次一级方程式赛车大奖，成为比利时赛车运动的骄傲。后来，他转而参加长途赛车，并同样取得了优异的成绩，两次获得世界冠军，取得 6 次 24 小时赛车以及无数其他赛事的胜利。1967～1979 年间，他 11 次赢得比利时冠军赛，还在 1983 年巴黎－达喀尔拉力赛中荣获冠军。为表彰伊克斯的杰出成绩，比利时有关部门将 1968 年体育成就奖授予了他。

斯蒂普里尔（Gilbert Staepelaere）是比利时优秀的汽车拉力赛选手。

他 1937 年生于安特卫普，1996 年去世。1964～1978 年间，他总共取得了 12 项比利时长途赛冠军，并成为职业赛车手。斯蒂普里尔从 1965 年起开始参加国际比赛。1970 年荣获欧洲拉力赛亚军和环比利时赛冠军。在斯蒂普里尔的运动生涯中，他总共获得 89 次国际赛事的冠军。

划船运动 1860 年，比利时首次在列日举办国际划船比赛。最早的划船赛俱乐部是 1860 年成立的“默兹河水上运动协会”。1887 年，全国性的“比利时划船运动协会”成立。如今，该协会已按语言分为法语分会和荷语分会。

比利时的划船运动从 20 世纪初正式开展起来。1900 年的巴黎奥运会设立了划船项目。根特俱乐部获得了 4 人无舵手赛金牌和 8 人赛银牌。1908 年，在伦敦奥运会上，比利时运动员获得了 1 枚银牌。在 1912 年斯德哥尔摩奥运会上，比利时运动员获得了单人艇金牌。但是，第一次世界大战后，比利时的划船运动开始走下坡。到 20 世纪 80 年代之前，比利时运动员只在奥运会上获得过少量奖牌。在 1984 年洛杉矶奥运会上，比利时获得 2 人双桨银牌和单人赛艇铜牌。布雷戴尔（Annelies Bredael）成为 20 世纪 90 年代最著名的单人赛艇女运动员。她于 1991 年获得欧洲锦标赛第三名，1992 年巴塞罗那奥运会上获得铜牌，1994 年获得世界锦标赛铜牌。

自行车运动 自行车运动对比利时公众有很大的吸引力。比利时涌现了众多颇具才华的自行车运动员。在所有运动项目中，比利时在自行车运动中所获得的奥运会奖牌数量最多。比利时自行车运动协会创建于 1882 年。

在 1908 年奥运会上，维尔布鲁克（Joseph Werbrouck）获得 20 公里自行车赛冠军。在 1920 年奥运会上，乔治（Henry George）获得 50 公里自行车赛冠军。在 1924 年奥运会上，赫维内（Henri Hoevenaers）获得自行车公路赛银牌，比利时队获得追逐赛铜牌。在 1936 年的奥运会上，比利时获得团体第三名。第二次世界大战后，比利时队在 1948 年伦敦奥运会上获得自行车公路赛冠军，伍特（Lode Wouters）获得 1 枚铜牌，尼昂（Pierre Nihant）还在 1000 米计时赛中获得第二名。在 1952 年的奥运会上，努瓦埃尔（André Noyelle）荣获自行车公路赛冠军，格隆德雷（Robert Grondelaers）获得亚军。在 1960 年的奥运会上，斯泰克（Leo Sterckx）赢得 1000 米冲刺赛冠军，贝尔根（Willy Van den Berghen）获得公路赛第三名。在 1964 年的奥运会上，塞尔库（Patrick Sercu）赢得 1000 米计时赛金牌，格德弗鲁特（Walter Godefroot）获得公路赛第三名。在 1968 年的奥运会上，比利时运动员获得双人自行车铜牌。1976 年，瓦尔滕（Michel Vaarten）获得奥运会 1000 米计时赛银牌。在 1984 年的奥运会上，比利时运动员获得了 1 枚金牌。在 1992 年的奥运会上，马蒂（Cédric Mathy）获得 1 枚铜牌。在 2000 年的奥运会上，比利时运动员获得了自行车运动的两枚银牌。

足球运动 足球是比利时最有影响的体育运动项目。比利时足球协会联盟拥有成员 47 万名，是最大的体育协会组织。足球运动从 1865 年起开始出现在比利时，当时最先开展这项运动的是布鲁塞尔的英国学校。

比利时最早的足球俱乐部在布鲁塞尔产生。1895 年，比利时田径体育协会联盟建立。该组织 1912 年改名为比利时足球协会联盟。该联盟于 1908 年成为世界足联的成员，1956 年加入欧洲足联。杜格（Michel D'Hooghe）自 1987 年起任比利时足球协会联盟主席，皮特（Jan Peeters）自 1997 年起任联盟秘书长。该联盟的出版物《体育生活》刊登有关足球运动的大量信息和评论。1972 年和 2000 年，比利时举办了欧洲锦标赛的决赛。

比利时国家足球队被称为“红魔”。1906 年，《体育生活》的记者瓦尔基耶（Pierre Walckiers）在一篇文章中写道：“身着红色运动衫的比利时国家足球队员在国际比赛中个个表现神勇，是‘亚赛红色魔怪’。”从此，“红魔”之称便作为比利时足球队的雅号流传开来。比利时足球队从 1920 年开始出名。它在 1920 年安特卫普奥运会上获得了足球比赛的冠军。在决赛中，比利时队迎战捷克斯洛伐克队。这场比赛只进行了 43 分钟：在比利时以 2:0 领先的情况下，捷克斯洛伐克队一名队员因粗暴防守被裁判罚出场。捷克斯洛伐克队不服，随即退场。比利时被宣布获胜。

比利时是足球世界杯赛的联合创始国家之一。其国家队参加了前三届的世界杯比赛，但是输掉了所有的比赛。在 1954 年和 1970 年世界杯上同样因为战绩不佳没能进入第二轮。1972 年的欧洲国家杯在比利时举行，当时这支欧洲“红魔”在半决赛中以 1∶2 输给了当时的联邦德国队而最终排名第三，1980 年比利时再次打入欧洲杯决赛圈并一举杀入决赛，可惜的是他们再次以 1∶2 输给了联邦德国而屈居亚军，不过比利时队也因为这次的出色成绩而被授予了比利时国家体育荣誉奖章。20 世纪 80 年代，以希福和瑟勒芒斯为代表的比利时球员让比利时足球的旗帜在欧洲乃至世界足坛迎风飘扬。高扬的斗志、富于攻击性的战术、昂扬的进取心以及球员们颇富激情的表演组成了比利时足球的内涵和底蕴。比利时队在欧洲属于颇有实力的球队。它从 1982 年开始曾 6 次连续闯进世界杯决赛，与意大利、法国、德国等欧洲超级劲旅并驾齐驱。在 1982 年西班牙世界杯上，比利时“红魔”出人意料地以 1∶0 战胜了当时强大的阿根廷队，从而第一次进入世界杯第二轮。4 年后的墨西哥世界杯上他们在淘汰赛中以 4∶3 战胜苏联队，点球淘汰西班牙队，历史性的首次闯入四强而最终排名第四。这也是比利时国家队至今在世界杯上取得的最好成绩。

比利时足球的水平在近几年里出现了一定程度的滑坡。1988 年、1992 年和 1996 年的欧洲杯赛，比利时队竟然连续三届缺席。特别是在 1998 年的世界杯赛中，比利时队在小组赛中三战三平而被过早地淘汰引起了比利时球迷的不满。在 2002 年世界杯赛上，比利时队再次表现出雄厚的实力。虽然它在 1/8 决赛中以 0∶2 不敌世界劲旅巴西队，比利时全国上下仍对球队的表现大加赞赏。成千上万的球迷聚集在位于首都布鲁塞尔的比利时足球协会所在地前的广场上，用喧天的鼓声、喜庆的号声、震耳欲聋的欢呼声迎接从日本归来的球员。

2014 年，比利时足球队在巴西世界杯比赛中过关斩将，闯入八强，创下了该队近年来在重大比赛中的最好成绩。7 月 7 日，结束世界杯之旅的比利时队回到布鲁塞尔，上万名球迷聚集在王宫前的广场上对他们表示欢迎，并高呼：“红魔”回来了！

比利时的女子足球运动发展较晚。1922 年，比利时足球联盟明令禁止进行女子足球比赛。这项禁令到 1972 年才被撤销。比利时女子足球全国比赛定期举行，全国分为两大赛区，各赛区有 14 个俱乐部队。最强的球队当数列日的标准队。该队已获得十余次全国冠军。

1970 年以后，比利时的室内足球运动迅速发展起来。全国锦标赛包括三大赛区。比利时国家室内足球队在 1983 年的欧洲锦标赛中获得冠军。

柔道 比利时的柔道运动从第二次世界大战后逐步开展起来。1949 年比利时创建了第一个柔道联合会，1959 年该组织扩展为全国性柔道联合会。比利时国家柔道运动队中按语言分为法语队和荷语队。从 19 世纪 70 年代末起，比利时的柔道运动开始具有世界水平，并多次在世界大赛中获得优异成绩。例如在 2001 年慕尼黑国际柔道锦标赛中，比利时选手发挥出色，夺走 2 项冠军。比利时选手英格·克莱门特在女子 52 公斤级决赛中击败日本强手，勇夺冠军。另一名比利时选手塞德里克·泰曼斯在男子 60 公斤级决赛中，力挫西班牙的奥斯卡·佩纳斯，获得冠军。在 14 个项目的角逐中，比利时选手一共获得 3 项冠军，其他 11 个项目的冠军分别被 11 个国家的选手获得。

20 世纪 80 年代最优秀的女子柔道运动员是贝格曼（Ingrid Berghmans)。她曾 8 次被评选为比利时当年最佳女运动员。贝格曼在 1980～1989 年间获得过 6 次世界冠军，9 次欧洲冠军。在 1988 年汉城奥运会上，她技压群芳，荣获了柔道比赛 1 枚金牌，尽管柔道在当时还只是表演项目。90 年代最佳女子柔道运动员是隆巴（Marie-Isabelle Lomba)。她曾在 1996 年亚特兰大奥运会上获得 57 公斤级铜牌，还在 1995 年巴黎巡回赛上荣获第三名，1997 年获得欧洲锦标赛金牌。在 2001 年慕尼黑世界锦标赛上，隆巴在决赛中负于中国运动员，屈居亚军。

拉凯尔（Heidi Rakels）是第一个获得奥运会女子柔道比赛奖牌的比利时运动员。她曾在 1990 年获得世界大学生锦标赛 72 公斤级第二名。在巴塞罗那奥运会上，她参加了 66 公斤级比赛，并获得了铜牌。

王德卡维伊（Gella Vandecaveye）是比利时优秀的柔道运动员。1990～2002 年，她在各种国际大赛上多次获得 63 公斤级柔道奖牌，如

1994 年、1996 年、1998 年、1999 年和 2001 年欧洲锦标赛冠军，1996 年亚特兰大奥运会亚军，2000 年悉尼奥运会铜牌，2001 年世界锦标赛冠军。王德卡维伊意志顽强，虽多次负伤，但仍获得了优异成绩。因此她曾被评为 1997 年最佳女运动员和荣获 1999 年体育职业奖。

维尔布鲁克（Ulla Werbrouck）在 1987 年欧洲锦标赛少年女子组 66 公斤以下级中获得银牌。1989 年获得成年组该级别的第三名，后不久又荣获欧洲锦标赛和世界锦标赛少年 72 公斤以下级冠军。1992～1999 年，她获得欧洲锦标赛 72 公斤以下级的 4 次冠军、2 次亚军，并获得 1995 年和 1999 年世界锦标赛亚军。1996 年，在亚特兰大奥运会上，维尔布鲁克发挥出色，并战胜日本对手，获得冠军。由于她的优异成绩，维尔布鲁克获得了 1998 年比利时体育职业奖。在 2000 年悉尼奥运会的入场式上，维尔布鲁克担当了比利时代表团的旗手。

瓦尔（Robert van de Walle）是 20 世纪 80 年代最优秀的男子柔道运动员。在 1980 年莫斯科奥运会上，他在 95 公斤级决赛中战胜苏联运动员，荣获冠军。在 1988 年汉城奥运会上获得铜牌。此外，他在 1976～1989 年期间的欧洲锦标赛上，还获得过 3 次冠军、5 次亚军和 10 次季军。

巴内维尔德（Harry van Barneveld）是比利时第二个获得奥运会奖牌的男子柔道运动员。他曾在 1989～1996 年的欧洲锦标赛上多次获得奖牌，还在 1996 年亚特兰大奥运会上荣获 1 枚柔道铜牌。

摩托车运动 比利时的摩托车场地障碍赛运动始于 20 世纪初。摩托车爱好者们开始组成各自的俱乐部。1912 年，成立了比利时摩托车联合会。由于机械化的迅速发展，比利时摩托车运动的人数和规模都明显扩大。

从 20 世纪 50 年代起，比利时的摩托车场地障碍赛运动涌现出众多优秀运动员。

贝唐（René Baeten）在 1958 年首次为比利时赢得 500 毫升级世界冠军奖杯。在此之前，他还曾在 1953 年欧洲锦标赛和 1957 年世界锦标赛中获得第二名。

罗贝尔（Joel Robert）是比利时摩托车场地障碍赛的巨星。他在

1964~1972年间共获得6次250毫升级世界冠军称号，以及赢得五十多次摩托车场地障碍赛。

考斯特（Roger de Coster）在1971~1976年间共赢得5次500毫升级世界冠军称号，在1969~1979年的全国摩托车场地障碍赛中6次夺冠。

拉耶（Gaston Rahier）在20世纪70年代后半期成为摩托车场地障碍赛125毫升级的杰出运动员。他在1975~1977年间获得3次世界冠军，并6次获得全国冠军。

哈利·艾维尔（Harry Everts）继罗贝尔之后成为1975年250毫升级世界冠军。1979~1981年，他在125毫升级摩托车场地障碍赛中曾连续3次获得冠军。

马勒伯（André Malherbe）在1980年、1981年和1982年获得3次500毫升级世界冠军。不幸的是，他的运动生涯由于在1988年的巴黎-达喀尔拉力赛中受伤而过早地结束。

热伯尔（Erik Geboers）在1980~1988年中曾获得过125毫升、250毫升和500毫升三个等级的世界冠军。

若贝（Georges Jobé）获得了1980年和1983年250毫升级世界冠军，并在1987年赢得了世界锦标赛500毫升级冠军称号。

在20世纪90年代，新一代优秀的摩托车场地障碍赛运动员纷纷崛起。马尔滕（Jacky Martens）在1993年获得500毫升级世界冠军。施梅特（Joel Smets）在1995年获得500毫升级世界冠军。斯特凡·艾维尔（Stefan Everts）在1995年获得250毫升级世界冠军。

游泳 比利时运动员在游泳运动方面也具有很强的实力。比利时游泳运动联合会成立于1906年，它是1908年成立的国际游泳运动联合会的创始成员。在1900~1990年间，比利时游泳运动员共在奥运会上获得了3枚金牌。在1920年的安特卫普奥运会上，布里茨（Gérard Blitz）首次为比利时赢得1枚100米仰泳铜牌。在4年后的巴黎奥运会上，孔勃（Joseph de Combe）获得了200米自由泳银牌。一直到60年后，在1984年洛杉矶奥运会上，15岁的女运动员朗普勒（Ingrid Lempereur）终于又为比利时赢得1枚200米自由泳铜牌。德布格拉夫是第一位成为奥运会游泳冠军的比利时运动员。在1996年亚特兰大奥运会上，他在预赛中便打破了100米自由泳世界纪录，并在决赛中获得金牌。

网球运动 在网球运动中，比利时最著名的女运动员是克里斯泰尔（Kim Clijsters）和何南（Justine Henin）。克里斯泰尔生于1983年。她曾多次在国际大赛中获得好成绩，并被选为1999年、2000年和2001年比利时最佳女运动员。在2001年的法国罗朗·卡洛斯国际网球决赛中，她负于美国运动员卡布里亚蒂，而获得亚军，成为世界排名第七的网球运动员。不久，她在斯坦福国际网球决赛中战胜了美国运动员达文波特，赢得冠军，因而晋升为世界排名第五的网球运动员。2001年11月，她与比利时其他运动员共同为比利时赢得了网球世界杯赛的团体冠军。因此，她与何南双双获得2001年比利时全国体育成就奖。

何南生于1982年，她于1999年首次参加世界女子网球赛，开始排名第178位，但在比赛中超越72名选手，晋升为第106位。在2001年法国国际网球赛上，她与克里斯泰尔共同进入半决赛，并成为世界排名第九的运动员。在2001年温布尔登网球锦标赛上，何南进入决赛，但最终不敌美国的威廉姆斯（Vénus Williams），获得亚军，并晋升为世界排名第五的网球运动员。

除以上项目外，比利时在铁人三项运动竞赛中也具有一定实力。在该项运动中表现最突出的运动员当数列尔德（Luc van Lierde）。他1969年出生，被誉为世界上最优的铁人三项运动员之一。1997年和1999年列尔德两次被评选为比利时年度最佳运动员。1995年，他在世界铁人三项赛和欧洲锦标赛中均获得了亚军称号。1996年，列尔德再次赢得世界亚军和欧洲冠军，并在最著名的夏威夷铁人三项赛中首次获得第一名，把该项赛事的世界纪录提高了3分钟，成为首次获得这一荣誉的欧洲运动员。1997年，列尔德在尼斯铁人三项赛中获得冠军。1999年，他在夏威夷举行的比赛中再次获得冠军称号。他以8小时17分17秒的优异成绩完成了全程4公里游泳、180公里自行车和42.2公里跑步，超出第二名近6分钟。1997年，列尔德荣获比利时国家体育职业奖。1999年被弗拉芒地区职业记者协会评选为“弗拉芒伟人”，即最佳运动员称号。

令比利时人引以为荣的体育项目还有帆船和女子排球。比利时帆船运动员格德佛罗瓦（Sebastien Godefroid）在1966年亚特兰大奥运会上获得了1枚银牌。在此之前，他曾多次获得欧洲锦标赛的冠军和亚军。2001年，格德佛罗瓦在美国马布尔黑德举行的国际帆船赛中获得了冠军称号。

2001年3月，比利时阿斯特利克斯·凯尔德勒仕（Asterix Kieldrecht）女子排球俱乐部队赢得了欧洲排球冠军杯。这是比利时运动队首次在室内集体项目中获得的欧洲冠军称号。为表彰这一成绩，比利时国王阿尔贝二世还在莱肯宫接见了载誉归来的比利时女子排球运动队。

2010年8月，比利时女排在青年奥运会上以3∶1战胜美国队，荣获冠军称号。

第八章

外　　交

第一节　基本外交政策

比利时属于欧洲发达国家，是北大西洋公约组织和欧洲联盟的成员国。但由于它是小国，所以在国际事务和外交方面不可能像英、法、德等大国那样发挥重要作用。然而，比利时借助自己地处欧洲中心的优越位置，努力开展积极的外交政策，以扩大自己的国际影响。至2014年，比利时已与160个国家建立了外交关系，在130多个国家设有使领馆。

比利时十分重视与欧盟和北约的关系，并主张加强欧盟内部机构改革，通过欧洲一体化，实现超国家的欧洲联合。比利时赞同欧盟以多种速度向前发展并按时间表实现经济和货币联盟，同时强调欧盟的扩大不能妨碍一体化的深化。它还主张扩大欧盟委员会的作用，加强欧洲共同外交与安全政策和欧盟的内部司法合作。在欧盟和北约中，比利时反对大国垄断欧洲事务，要求更多倾听小国的呼声。比利时积极主张建立欧洲独立防务和安全体系，强调通过西欧联盟加强北大西洋公约组织内欧洲支柱的作用，并支持北约东扩和在科索沃问题上对南联盟实行空中打击。

比利时还主张与俄罗斯建立磋商和信任关系，帮助俄罗斯摆脱困境，同时努力加强与东欧国家的交往，积极开展对波、捷、匈等中东欧国家的工作，以促进其加速向欧盟和北约靠拢。1979年，北约决定在欧洲布置导弹后，比利时政府曾试图与东欧国家建立双边接触关系，以便在裁军和缓和东西方关系上发挥一定作用。因此，当马尔滕斯政府决定在比利时布置巡航导弹时，遭到了本国和平主义者的强烈反对。比利时还主张推进中东和平进程，支持国际社会为解决巴以冲突和巴勒斯坦问题所做的努力。

比利时强调联合国在国际关系中的重要地位，主张加强联合国在武器控制、反恐怖主义、金融投机和环境保护等重大问题上的政治监督作用。比利时政府认为，保护人权、经济发展、保护环境、科学与文化、防止战争、金融合作等领域都已成为人类面临的共同问题，联合国在这些方面可以并应当发挥积极的作用。比利时政府表示支持联合国及其各专门机构的工作，同时主张安理会的组成应更具代表性。比利时重视联合国在防止战争和维持和平方面的特殊作用，并以实际行动给予支持，还派遣了本国军人参加联合国维和部队。比利时积极主张建立国际刑事法庭，并继续支持海牙国际法院对战争和反人类罪行的审判行动。比利时政府积极参加国际人道主义行动，把《国际人道法》看成必须遵守的国际义务。比利时政府认为，人道主义行动在国际关系中越来越重要，自然灾害以及战争冲突导致众多平民流离失所、伤残或饥饿，他们应当得到国际人道援助。

在反对武器扩散方面，比利时许诺遵守《武器不扩散条约》，并鼓励拥有核武器的国家遵守限制生产和使用核武器的承诺，主张逐步削减直到最终完全销毁核武器，并建议在联合国内重新启动多边裁军进程。它还主张将北约在欧洲布置的核武器数量减少到最低限度。此外，比利时政府主张各国签订公约，禁止使用生物化学武器和杀伤性地雷，并许诺控制武器贸易。比利时政府在联合国、欧盟、北约等国际组织中努力表明和推行上述这些立场。

在国际事务中，比利时积极倡导民主、人权、法治和男女平等的原则和理念。它同时认为，西方国家不应把自己的价值观和政治模式强加于其他国家；发展中国家也不应当以历史、文化、经济和社会差异为借口，袒护反人权和基本自由的现象。在维护国际人权方面，比利时希望在国际组织中加强多边合作，与有关国家开展双边合作。比利时赞同在欧盟范围取消死刑，并在世界范围禁止对未成年人实施死刑，并主张尽快通过国际刑事法庭章程、签订有关儿童权利的两个国际公约，增加对联合国人权机构的捐助，批准防止歧视妇女的国际公约。

比利时十分关注全球范围的环境保护和可持续发展，积极参与2002年里约热内卢会议和纽约可持续发展委员会会议。它主张通过禁止有机物污染的国际公约，努力遵守联合国关于气候变化的框架性协议和《京都议定书》的规定，逐渐减少核电站的使用，并关注俄罗斯和中东欧国家的环境保护问题。

比利时很重视与发展中国家的合作，主张减轻发展中国家的债务。它相信，随着全球化的深入发展，国家间的合作极为必要，而目前国家间在经济和政治方面的不平等又是导致人类灾难的根源。比利时政府认为，发展中国家的前途不仅在于自身的努力，还在于全人类对共同利益的认同。发达国家向发展中国家提供的“发展合作”是国际合作的组成部分。北方发达国家应当重视对南方国家利益的保护，并为此制定有效可行的政策，以实现受援国的可持续发展。为此，比利时议会1999年5月通过关于国际合作政策的新法律。法律规定“以人类可持续发展为本”，强调了反对贫困、保护环境、防止冲突的重要性，还提出了在全球化环境下尊重与发扬发展中国家的文化特性的原则。比利时政府决定提高发展援助的力度，争取尽早达到经济与合作发展组织提倡的占国内生产总值0.7%的水平。

近年来，为加强自己在国际事务中的影响和作用，比利时政府十分重视树立本国国际形象。为此，政府成立了以外交大臣和外贸国务秘书为首的部间和地区间委员会，以及由文化、经济、科学和体育界著名人士组成的专家委员会。2000年，政府拨款1亿比郎用于宣传比利时是一个现代化的“模范国家”。政府还利用现代通信手段，在国际互联网上设立论坛，利用现代传媒满足各国人士对比利时的兴趣。联邦和各大区政府还增加了奖学金，以鼓励更多外国学生来比利时留学进修。此外，比利时举办了众多有国际影响的重大活动，如2000年欧洲之都布鲁塞尔文化节、欧洲足球赛、查理五世500周年诞辰纪念活动、欧洲商务高峰会议等。比利时还为担任欧盟轮值主席国专门拨款1.2亿比郎。比利时王室也参与到这一活动中。菲利普亲王的结婚典礼大大增强了人们对比利时的兴趣。

1997年，比利时对外交机构进行了改革。1999年，国际合作总司被并入外交部。目前，负责外交、外贸和国际合作的外交部增加了人员数量，同时注重充分开发老外交官的知识和经验，鼓励他们到大学和研究机构发挥指导和咨询作用。退休的大使则可以承担议会的外交顾问。

2015 年，比利时联邦政府用于外交、外贸事务和发展援助的资金为 17 亿欧元。然而，经费不足是比利时外交面临的一大困境。近年来，公共开支预算紧张，外交活动的费用也受到一些影响。

第二节 与美国及北约的关系

比利时于 1832 年 2 月 9 日与美国建交。它很重视保持和发展同美国在政治、经济和军事方面的合作关系。它认为，冷战结束后，美国和北约仍是维护欧洲安全与稳定的重要因素，美国参与欧洲事务具有战略意义，要求欧美共同承担欧洲安全的责任。比利时还认识到，欧美关系正在从政治盟友向经济竞争对手转化。美国是欧洲的第一盟国、战略伙伴和朋友，应当重视加强欧洲与美国的跨大西洋的双边和多边关系。它主张比利时和欧盟应尽力与美国保持最高水平的关系，双方之间存在的分歧应通过适当的方式加以解决，以便保持大西洋两岸的政治稳定和经济稳定。为此，比利时表示愿意成为美国在欧投资的重要基地。除欧盟成员外，美国是比利时最大的贸易伙伴。

近年来，美国在比利时的投资比对其他欧洲国家有所减少，比利时开始对此感到不安。它试图借助比利时位于欧洲中心、拥有高素质的人力资源等优势，并发动各地方当局和专业人员共同努力，大力吸引美国在比利时投资。与此同时，比利时对美国禁止外国公司进入美国市场的“单边国际贸易政策”表示了强烈不满，认为这极大地影响了比利时对美国的出口，并主张欧洲对美实行贸易保护主义，对损害欧洲经济利益的做法采取报复措施。所以，比利时支持欧盟对美国以“赫尔姆斯博顿法”干涉别国内政的行为给予谴责。比利时还认为，美国应当尽快向联合国补交拖欠的会费。比利时还与欧盟其他国家一起敦促美国有关各州废除死刑法律。此外，比利时对美国发展 NMD 和退出《反导条约》感到担忧，认为这会引发新一轮核军备竞赛。

2001 年美国“9・11”事件发生后，比利时对国际恐怖主义表示了严厉谴责，并支持美国政府打击恐怖主义的行动。但是，在 2003 年 3～4 月的伊拉克危机中，比利时与法国和德国坚决反对美、英等国绕过联合国安理会对伊拉克动武。在伊拉克问题上，比利时认为首要目标是消除伊的大规模杀伤性武器，并反对军事打击伊拉克，强调联合国安理会在解决伊问题上的主导作用。伊拉克战争爆发后，比利时有人援引比利时 1993 年颁布的“普遍管辖权法”，以战争罪将美政要告上布鲁塞尔法庭。这一事件引起轩然大波，比美关系骤然紧张。美国向比利时施加强大压力，威胁将北约总部迁出布鲁塞尔，冻结北约新总部修建投资，等等。在比利时政府修改“普遍管辖权法”后，比美关系逐步缓和。美国总统布什 2005 年初访欧，首站即正式访问比利时。比利时则同意参与北约培训伊拉克法官计划，承诺提供 30 万欧元资助，并建议比美两国每年召开两次外长非正式会议，从而使比美关系得到明显改善。

关于北大西洋公约组织，比利时认为它不仅是个集体防御组织，也是西方共同价值的代表。因此，美国和西欧在半个多世纪中建立的跨大西洋合作应当继续保持；北约应当在保卫西方共同利益方面继续发挥重要作用。它认为，北约是西欧国家与美国在安全和国防问题上进行磋商的重要机制，但这种机制也应当与欧盟新建立的防务机制相互协调。比利时政府支持欧盟与北约之间建立必要的磋商机制，并强调保持欧盟的独立性。比利时主张，在与北约合作的同时，欧盟不应忽视与中东欧国家建立相互信任的关系。比利时主张加强北约力量，支持北约东扩，认为北约的扩大保证了大多数欧洲国家的安全，但它同时强调北约东扩无意针对俄罗斯。

第三节　与欧盟和周边国家的关系

比利时是欧盟创始国之一，它一贯积极促进欧洲一体化的发展和深化。欧盟总部以及欧盟经济社会委员会、地区委员会等机构都设在比利时首都布鲁塞尔。欧盟有 25000 名公务员在那里工作。2010 年 1 月，比利

时前总理范龙佩当选为首任欧盟理事会常任主席，成为欧洲在国际舞台上的代表。所以，欧盟在比利时人的政治、经济和社会生活中占有重要地位，并成为他们政治认同的标志之一。

比利时将欧盟看作其外交政策的基础。它看到，第二次世界大战后的西欧联合是保障大小国平等、抵制霸权，以及经济发展和民主制度的必要条件。东欧社会主义阵营瓦解以及两德统一后，欧洲一体化向深度和广度发展。《马斯特里赫特条约》为欧洲联盟的诞生奠定了法律基础和政治基础。欧盟共同安全与外交政策的制定扩大了欧盟的外交权限。欧盟各国还在移民、政治避难、反毒品和反走私等方面加强了合作。1999 年，《阿姆斯特丹条约》开始生效，使欧盟的外交政策更加协调、有效和透明化。比利时对上述欧洲一体化的发展采取了积极支持和参与的立场。它大力支持统一货币——欧元——的推行，因为它相信自己是欧洲一体化的受益者，本国的经济繁荣和国民生活水平的提高与欧盟的健康发展密切相关。在欧盟体制改革、东扩和共同安全防务政策等重大问题上，比利时都积极为增加欧盟的活力、加强民主化基础和深化一体化进程而努力做出贡献。此外，比利时政府还认识到，为充分发挥比利时在欧洲一体化中的积极作用，它必须根据联邦议会、地方权力以及欧盟各权力机构的立场，经常性地调整自己的欧洲政策。

与此同时，比利时认为欧盟有必要进行制度改革，以适应扩大的需要和加强行动的有效性。在政治改革方面，比利时关注欧盟委员会和欧盟执委会以更合理的方式构成，主张欧盟扩大“资格多数同意表决”制度，既要照顾到各成员国的利益，又要考虑到欧盟行动的有效性。比利时主张，在欧盟执委会中，每个成员国至少应有一名委员。关于欧盟委员会的构成和表决方式，比利时反对大国主宰的做法，主张以资格多数和人口多数表决来体现更加公正和民主的原则，并建议将这一原则扩展到欧洲议会的表决中。它认为，在涉及欧盟基本框架和原则的决策上，仍应保留全体一致的表决办法。它尤其主张维持欧盟委员会、执委会和欧洲议会之间权力和关系的平衡。但它也提出，在社会、经济、财政等领域的决策上可实行资格多数表决，认为这样才能既保持欧盟的制度稳定，又增加其活力。

对未来欧盟的制度建设，比利时主张起草基本大法及具体规定两份文件。关于吸收新成员国，比利时不主张对申请国规定达标期限。它建议同申请国分别单独进行入盟谈判。在吸收土耳其入盟的问题上，比利时主张采取谨慎态度，不能降低标准。

在 2001 年下半年担任欧盟轮值主席国期间，比利时全力推进欧洲建设。比利时政府采取了许多积极措施，以使欧盟的规定、标准和法律及时转换为国内法，并加强对各有关部门的监督。为配合欧盟的共同政策，比利时政府采取了扩大就业、促进中小企业发展、打击毒品流通、严格税收制度、保障公民和劳动者权利、改善环境、重视持续发展等积极的社会经济政策。欧盟未来发展模式是近年来欧盟各国间讨论最多的话题。为使扩大后的欧盟正常运转，德国主张建立权力更加集中的“欧洲联邦”，法国则主张建立保持各民族特性的“国家联邦”。比利时政府综合各家之说，努力寻求一条各方都能接受的“中间道路”。为此，它专门成立了由欧盟委员会前主席德洛尔、意大利前总理阿马托等 5 人组成的“贤人委员会”，对欧盟前途进行研究，并提出报告。在 2001 年欧盟 15 国莱肯首脑会议上，比利时等国主张建立一种“欧洲政治空间”，其核心是直接选举欧盟委员会主席，扩大欧盟议会和欧盟委员会的权力。

在 2010 年下半年比利时担任欧盟轮值主席国期间，欧盟领导人通过了内容广泛的经济治理改革方案，推出一系列措施加强金融监管，以应对债务危机。同年 9 月，欧盟正式通过金融监管法案，彻底改写了成员国各自为政的现有监管格局，为建成全球首个带有超国家性质的金融监管体系铺平道路。10 月，欧盟领导人通过了一份内容广泛的经济治理改革方案。根据这套方案，欧盟将通过强化财政纪律、新建宏观经济风险的监测机制、深化经济政策协调和建立永久性危机应对机制等措施严堵债务危机所暴露出的欧元体制性漏洞。在当年最后一次峰会上，欧盟领导人还就如何修改《里斯本条约》以建立一套欧元区永久性危机应对机制达成了一致。因此，总体来看，在比利时任轮值主席国期间，欧盟应对债务危机的表现可圈可点，基本实现了比利时的承诺。欧洲理事会常任主席范龙佩和欧盟委员会主席巴罗佐在峰会后的新闻发布会上表示，比利时在非常困难的政治形势下，成功而富有效率地行使了欧盟轮值主席国的权力。

关于欧盟和西欧联盟的关系，比利时看到，巴尔干危机暴露出西欧国家在政治和防务方面的软弱。尽管欧盟的国防开支总额与美国相差不多，但缺乏防务力量的集中统一导致欧盟在处理国际危机中显得软弱无力。比利时认为，这种状况必须改变。因此，它极力支持欧盟制定独立的欧洲战略和采取共同的安全防务政策。但与此同时，它并不认为欧盟应取代西欧联盟的地位。它强调，应继续发挥西欧联盟成员国在保障欧洲安全方面的作用；欧盟与西欧联盟应继续保持各自的独立性，并取长补短，在制订计划、作战指挥、交换情报和海陆空行动等方面实行密切配合。比利时政府表示愿为促进这两个国际组织在维护欧洲和平方面的联合行动做出贡献。

此外，比利时与其欧洲邻国的关系也十分密切，同荷兰、卢森堡两国的关系尤为特殊。1958 年，三国签署了《比荷卢经济联盟条约》，决定共同协商财政、经济和社会事务政策，在欧共体、世界卫生组织等国际机构中采取共同立场。比利时、荷兰、卢森堡三国之间还签订有防务协定。

《比荷卢经济联盟条约》的有效期是五十年。到 2008 年 6 月，比利时、荷兰、卢森堡三国在海牙签署了《比荷卢联盟条约》，以代替原来的经济联盟条约。新条约从 2012 年 1 月起正式生效。比荷卢联盟的功能和机构设置没有根本性的改变。

第四节　与俄罗斯、东欧的关系

早在 18 世纪初，比利时和俄罗斯之间已经有高层来往，彼得大帝 1717 年在荷兰南部进行了访问。其间，他到访了比利时的布鲁塞尔等城镇。比利时和俄罗斯帝国在 1853 年建立了正式外交关系。目前，俄罗斯在比利时首都布鲁塞尔设有大使馆，又在安特卫普设领事馆，而比利时则在莫斯科设有大使馆及在圣彼得堡设有领事馆。两国皆是欧洲安全与合作组织的正式成员。

俄罗斯出口到比利时的主要商品包括矿物（37%）、宝石（22%）、金属（17%）及化工产品（8%）。比利时从俄罗斯进口的石油和天然气约占进口量的30%；比利时出口到俄罗斯的商品有工业设备（25%）、化工产品及医药（18%）、塑料制品和橡胶（9%）、食品（8%）和运输器具（8%）。2010～2011年度，比利时与俄罗斯的双边贸易额达到136亿欧元。2012年，比利时对俄罗斯的出口额达54亿欧元（约71亿美元），约占其出口总额的1.6%。两国之间亦有抵达对方国家首都的航班，由俄罗斯航空公司和布鲁塞尔航空公司负责运作。

比利时很重视与俄罗斯之间的双边关系，并十分关注俄罗斯政治、经济形势的发展。比利时认为，在苏联解体和冷战结束后，俄罗斯仍然是一个不可忽视的政治和军事大国，在国际战略格局中仍占有重要地位，与它建立和平稳定的关系对欧洲的安全至关重要。因此，比利时主张欧盟和西方国家采取有效措施，在政治、经济方面大力帮助俄罗斯，以使其在稳定的局面中克服种种困难，顺利完成政治和经济上的转轨，并确立“民主制度”。比利时还看到，俄罗斯地大物博，有1.5亿人口的庞大市场，是其潜在的重要贸易伙伴和投资市场。因此，俄罗斯对比利时的企业家具有很大吸引力，已有不少企业开始到俄罗斯投资。此外，比利时政府每年都制定新的行动计划，以便在政治方面和经济方面扩大与俄罗斯的双边关系。

比利时也看到，俄罗斯仍是个军事强国，并与西方集团存在不少矛盾。2014年3月，以美国和欧盟为代表的西方国家以俄罗斯侵占克里米亚为名，对其进行了制裁。比利时和西方国家采取了同样立场。所以，在支持俄罗斯稳定和发展的同时，也应当对其逐渐趋向强硬外交活动保持戒心。为此，比利时主张在稳住俄罗斯的同时，重点开展同东欧国家的合作关系，帮助它们向欧盟靠拢。

比利时积极主张发展同中东欧国家和独联体国家的关系。它认为，乌克兰对欧盟及其成员具有重要的战略意义，有必要加强与乌克兰及其邻国发展政治、经济和贸易关系。为此，比利时和乌克兰两国于1999年在基辅建立了双边经济咨询机制。比利时还认为，中东欧的和平、稳定和繁荣对整个欧洲的前途至关重要，应充分利用现有的国际合作机制，促进东、西欧之间的合作。因此，欧盟对中东欧国家扩大具有战略意义。尽管由于历史、经济和政治传统的原因，这些国家的发展过程将充满曲折，但它们融入西欧势在必行。所以，比利时积极支持中东欧国家加入欧盟和北约，并主张加强与这些国家的多边或双边政治与经济合作关系，其中包括增加贷款和发展援助，鼓励比利时企业到中东欧投资，增加教育和科研方面的交流，等等。在这方面，比利时主张重点做波兰、捷克、匈牙利等国家的工作，推动这些国家按西方模式发展市场经济，推动它们加速向欧盟靠拢。但它同时强调，对中东欧国家加入欧盟必须制定明确标准，各中东欧国家可自行确定加入欧盟的速度。

第五节　与非洲国家的关系

比利时十分重视同非洲国家发展关系。它认为，非洲大部分国家处于经济相对落后、内部冲突频繁的状态，政治稳定与社会和平受到严重威胁。冷战结束后，非洲大陆的战略地位减弱，而世界其他地区普遍进入和平发展时期，并越来越注重民主和人权的建设。这使非洲在国际社会中边缘化的趋势日渐加剧。因此，国际社会，尤其是发达国家应当关注和促进非洲大陆的经济发展和政治稳定。比利时同意联合国秘书长对非洲国家面临问题和未来发展的分析，它计划对非洲增加经济援助和财政援助。近年来，南非和西非一些国家进行了“民主化改革”，并取得了一定成果。比利时对此感到鼓舞。

比利时还十分关注非洲的艾滋病问题，认为这不仅对生命造成严重损害，而且严重影响了非洲未来的发展。它建议欧盟重视和维护非洲国家在国际组织中的利益，采取积极措施帮助非洲国家走出困境。比利时在2000年欧非首脑会议上积极主张对非洲国家进行帮助，保证实现对《洛美协定》的许诺，并把帮助不发达国家促进人权和良好治理定为重要任务。比利时还组织专家开展对非洲国家的裁军、安全结构、建设能力等进行专题研究，并就此提出可行的解决方案。它呼吁国际社会逐渐减免非洲国家的债务。1999～2000年，比利时外交大臣、外交部秘书长先后访问了阿尔及利亚、刚果（金）、利比亚、乌干达、卢旺达、布隆迪、津巴布韦等非洲国家，并提出欧盟与中部非洲建立伙伴关系的倡议，呼吁加强欧洲和非洲两地区在安全、人权、经贸和发展援助方面的合作。

中部非洲大湖地区的刚果（金）、布隆迪和卢旺达是比利时前殖民地，与比利时关系十分密切。在双边关系上，比利时与刚果（金）的关系被放在重要位置。刚果（金）1960 年独立后，两国关系曾一度中断，1961 年 12 月恢复外交关系，但直到 1968 年才将关系正常化。在此期间，比利时曾多次借保卫本国侨民的生命安全和财产安全为由，派军队到刚果（金）实行军事干预。

20 世纪末，非洲大湖地区国家之间及其内部的冲突不断，各方对经济资源的武力争夺致使该地区的政治、经济和社会形势每况愈下。比利时对其前殖民地刚果（金）和中部非洲的动荡局面尤为关注，它努力以财政、外交、发展合作等手段介入和控制那里的冲突和危机，以促进该地区的结构稳定和消除贫困。比利时认为，首先应与这些非洲国家建立合作伙伴关系，以促进它们建立起和平机制；在国家重建时期，应当努力增加国际援助，以促进大湖地区的民族和解、民主建设、经济重建和可持续发展。

在此期间，比利时加强了对卢旺达政府的压力，使其与国内反叛组织实现和平。1994 年 4 月，卢旺达总统哈比亚利同布隆迪总统同时因飞机失事遇难，卢旺达再度爆发了内战。然而，包括比利时在内的国际维和部队却撤出了卢旺达。卢旺达占多数的胡图人对少数民族图西族进行了种族清洗，约 3/4 的图西人被杀，估计超过 50 万人。这是迄今联合国宣布为“反人类罪”的唯一的一桩种族清洗罪行。对卢旺达发生的种族清洗，比利时是西方国家中唯一一个对卢旺达人民表示道歉的国家。2001 年 4 月，比利时司法部还对卢旺达大屠杀的罪犯进行了审判。

中部非洲三国原为比利时发展援助的主要对象。鉴于战乱和冲突不断的形势，比利时将发展援助的方式调整为结构性援助和人道主义援助。10 名比利时士兵被杀事件也使比利时当局调整了向海外派遣维和部队的政策。尽管如此，比利时仍是刚果（金）最大的援助国，同时是卢旺达和布隆迪的主要援助国。它对中非三国的发展援助领域主要是医疗卫生、教育、基础设施和司法改革方面。此外，比利时还对上述国家的难民进行紧急援助和人道主义援助。比利时还希望联合国在解决非洲国家间冲突方面

发挥重要作用，同时主张发达国家加强对非洲国家的经济援助。

1999 年 7 月达成的《卢萨卡协议》为大湖地区的和平和稳定带来了一线希望。该协议承认刚果民主共和国的领土完整，要求恢复原合法政府，国内冲突各方展开谈判，并敦促外国军队撤出。此后，比利时加强了在卢旺达、布隆迪和刚果（金）三国的合作机构，以促进《卢萨卡协议》的落实。它强调，要深刻了解和分析当地形势的复杂性和特点，在解决冲突的过程中注意与非洲统一组织和南非发展共同体等国际组织的协作。比利时还许诺，要积极参加国际社会援助非洲的各种行动，加强与联合国和其他发达国家在中非地区的协调与合作，积极支持联合国和非洲统一组织召开的大湖地区安全与合作会议，以及它们在解决大湖地区难民问题上所做的努力。

比利时对中非三国的基本外交政策是促进其实现社会和平、政治稳定、持续发展和政治体制改革。它强调，为使该地区实现社会和解和持续发展，必须致力于社会经济的结构性稳定，在政治上实施“良好治理”，强调尊重人权。为实现这一目标，首先应保证对《卢萨卡协议》的执行。比利时将与欧盟国家一起，动用人力、物力扶植和支持非洲内部的和平力量，消除引发冲突的因素。在实现稳定的地区努力促进医疗、教育、司法和社会重建，同时扶植非政府组织和民间企业，建立解决冲突的机制，禁止非法武器交易。在此基础上，比利时将恢复与这些国家正常的援助计划，并着手促进非洲国家的政治、经济和社会重建，以使其实现政治民主化和可持续发展。比利时强调，持续和平是持续发展的基础。比利时将首先通过政治改革、司法改革和维护人权，致力于促进社会稳定的实现。比利时认为，南部非洲发展共同体将有助于非洲的稳定和发展，刚果民主共和国的加入将使其发挥更积极的作用。它还鼓励非洲社会的中产阶级尽快成长并发挥越来越大的作用。

鉴于正反两方面的经验，比利时努力通过合作、贸易、金融、外交等多种手段实现上述计划。由于中非地区在比利时外交战略中所占的重要地位，比利时必须谨慎地选择合作对象与手段，从长期战略的观点制定援助政策。为加强在中非地区的外交活动和与各方的对话，比利时政府专门任命一名特使领导和协调在中非的行动，并加强与欧盟等国际组织在解决冲突和提供援助方面的配合。

比利时同样重视开展同东非地区的关系。东非地区是中非通向印度洋的通道，可与印度次大陆和伊斯兰世界加强联系。布隆迪、卢旺达也属东非国家。比利时积极与肯尼亚、乌干达、坦桑尼亚等国开展合作，并希望它们在稳定中非地区方面起到积极的作用。

比利时与南非地区有密切的经济及合作关系，最大的比利时侨民聚集区在南非。它认为，南非的前途对整个非洲有很大影响，南非近年来在经济、政治和社会方面的发展受到国际社会的关注的赞许，也使人们对非洲的前途增加了希望。比利时在参与欧盟多边合作的前提下，积极开展与该国的双边合作。对于安哥拉的动荡和冲突，比利时主张国际社会努力减轻该国人民的苦难，帮助他们实现和平。此外，比利时还加强了与西非的外交、经济和贸易活动。

由于地理上的邻近，比利时希望与阿尔及利亚、摩洛哥、突尼斯 3 个北非国家建立密切关系。比利时在当地的外交机构力求解决比利时来自该地区的众多移民所提出的问题。在阿尔及利亚，比利时将继续谴责恐怖主义和践踏人权的现象，支持民主化与民族和解的努力。在突尼斯，比利时希望政治多元化和民主化逐步实现。它还支持摩洛哥的政治改革和社会改革。

第六节　与其他国家和地区的关系

在北美方面，比利时也把加拿大视为自己和欧洲的重要盟友。比利时与加拿大的双边关系发展良好，它们在许多问题上观点一致。比利时提出，本国企业界应当更加重视加拿大作为投资和开发市场的重要潜力。由美国、加拿大和墨西哥组成的北美自由贸易区应当与欧盟之间建立起正常的跨大西洋关系。

比利时同样重视与拉美和加勒比地区发展关系。它认为，欧洲与该地区存在许多历史渊源和相似性，这种关系应当加强。拉美和加勒比地区大多数国家自 20 世纪 80 年代后逐渐摆脱了专制制度，向民主化和市场化转变。该地区的经济增长也出现了令人瞩目的成就。但是，这种进步仍不稳固，这一地区大多数国家在社会平等方面仍存在很多问题。在 1999 年里约热内卢会议上，欧盟与拉美国家加强了对共同利益的意识，并表现出相互加强交往的意愿。欧盟国家与拉美和加勒比地区国家在不同框架内展开了政治对话。比利时对此给予完全的支持和积极的参与，并主张与古巴也展开全面对话。比利时认为，欧盟应当为促进哥伦比亚内战各方的和解贡献力量，并有责任为限制非法种植和贩卖毒品，支持民主化、法治国家、自由贸易、实现该地区一体化和尊重人权的事业做出努力，但比利时政府同时提出，在鼓励欧盟与拉美和加勒比地区开展自由贸易的同时，不应使比利时农民的利益受到损害。

比利时支持中美洲和安第斯山国家创建共同市场的努力，认为这对该地区的稳定颇有裨益。1997 年底，欧盟与墨西哥签订了经济合作、政治合作伙伴关系框架协议。比利时继续支持欧盟与该国在平等互利的基础上展开全面合作谈判。欧盟和比利时也十分重视巴西、墨西哥、阿根廷、智利等国在政治上的重要作用，并主张加强与这些国家的关系。比利时对拉美与加勒比地区国家的双边政策包括：继续支持强化民主制度和尊重人权；鼓励本国的大学和研究机构接收和培训这些国家的行政干部和经济专家，并加强对这些国家的了解和研究；保持和加强与拉美国家的双边政治对话。1998 年，比利时向拉美市场的出口占 1.2%，比 5 年前增长了 50%。从 1990 年起，拉美市场共吸收了比利时 51 亿美元的直接投资。比利时政府鼓励工商界重视拉美地区，并定期组织商贸代表团前往举行经济会谈。

比利时积极促进欧洲地中海合作关系的发展，支持制定欧洲地中海和平稳定宪章，将这一地区建成一个和平、稳定和繁荣的地区。比利时政府相信，在这一地区实现自由贸易将促进该地区的经济现代化和社会进步。比利时政府表示，将在这一进程中支持该地区所有国家在促进公民社会和民主化和经济发展方面所做的努力。

比利时非常重视同中东国家和阿拉伯世界的关系，主张促进该地区的稳定，支持中东和平进程和欧洲地中海合作伙伴关系。比利时鼓励这些地区的国家实行“政治开放”，建立法治国家、尊重人权，并努力与其建立相互信任的政治关系和经济关系。在海湾地区，比利时注重加强与海湾合作委员会成员国的交往。在伊拉克问题上，比利时主张执行联合国安理会的有关决议，它一方面对伊拉克人民所受的苦难表示同情，另一方面对以萨达姆为首的伊拉克当局穷兵黩武的政策提出谴责。伊拉克战争爆发前，比利时与法国、德国对美、英等国超越联合国，擅自对伊拉克动武的行为提出了尖锐批评。对于伊朗，比利时愿意鼓励哈塔米总统当选后出现的“温和潮流”，并希望伊朗与欧盟的谈判带来积极成果。此外，比利时还努力与埃及、约旦等国发展关系。

与欧盟其他成员国一样，比利时也十分关注在中东地区实现和平，同时也明白解决这一问题的难度。比利时相信，最终解决中东地区的阿以冲突是实现该地区和平稳定的前提。为此，应当在联合国安理会决议和以领土换和平原则的基础上实现持久和全面的和平。巴勒斯坦问题的解决要求巴以双方进行实质性的谈判，并最终确定巴勒斯坦领土的地位。比利时认为，建立一个自主、民主、和平的巴勒斯坦国是对以色列安全的最终保障，并可使以色列成为这一地区国家的合法伙伴。比利时十分关注巴以双方的谈判进程，主动协助巴勒斯坦当局加强机构建设，促进教育事业和社会稳定。比利时将继续对联合国重建和援助巴勒斯坦的努力给予资助。比利时对迄今巴以达成的和平协议表示欢迎，主张国际社会继续为解决巴勒斯坦问题做出努力。它同时强烈谴责发生在巴以领土上的恐怖活动。

在亚洲方面，比利时十分重视亚洲在国际事务中的作用，认为亚洲是世界经济中发展最快的地区，21 世纪将是“亚洲的世纪”，亚洲的崛起对比利时既是机遇又是挑战。比利时认为，亚洲已经从 1997 年的金融危机中走出，开始恢复经济活力，并进行了货币改革和金融改革。亚洲是具有希望的庞大市场。而且，亚洲在政治方面出现了明显进步，不少国家加速了民主化的进程，实行了普选产生议会和民选政府的做法。所以，比利时应当对亚洲的潜力给予足够的重视，大力拓展亚洲市场，以便使比利时企业能够参与这一世界人口最多地区的经济发展。因此，比利时商界人士十分看好亚洲市场，并积极发展同亚洲国家的经贸关系，推动对亚洲国家的出口。目前，比利时对亚洲的出口超过了对北美的出口。比利时政府也积极参加亚欧会议，主张促进同亚洲国家的合作，并加强了比利时驻亚洲国家的外交机构。

在东北亚，比利时与日本保持着良好的双边关系。日本是比利时在亚洲最大的产品和服务出口国，它也是比利时企业最好的投资地。不少日本企业也把比利时选作进入欧洲的基地。比利时采取了许多措施，努力为日本企业改善投资环境。近年来，比利时加强了同韩国的关系，它与韩国签订了《共同行动纲领》，以确定今后加强特殊关系的计划。比利时和韩国共同举办了庆祝两国交往100周年的活动。这表明比利时对韩国伙伴作用的重视。比利时同样重视同朝鲜发展关系。2001年1月，比利时与朝鲜民主主义人民共和国建立了大使级外交关系。它是与朝鲜建立外交关系的第九个欧盟成员国。

比利时支持东南亚联盟扩大成员国的做法。它认为，这一地区还存在着许多困难和问题，例如柬埔寨的经济困难和缺乏民主机制；缅甸当局违反人权的行为；等等。这些因素使东南亚联盟仍较为脆弱。比利时政府支持印度尼西亚向民主化过渡，关注东帝汶的局势，并要求印度尼西亚当局解决难民安置问题。比利时主张加强欧盟与东盟的合作关系，尤其呼吁欧盟对东南亚地区给予足够的重视。

在印度次大陆，比利时认为印度是“世界上最大的民主国家”，它在某些科技领域达到了很高水平，因此应当成为比利时的重要对话伙伴。比利时政府鼓励本国企业在印度发展。印度与巴基斯坦在克什米尔地区的争端持续了数十年，目前仍没有解决的希望。双方在争端中公开以核武器相威胁。比利时认为，巴基斯坦在该地区也具有重要作用，它呼吁印度和巴基斯坦双方建立信任，解决冲突危机。

第七节　与中国的关系

一　历史的回顾

早在比利时国家形成以前，中国人和比利时人之间已有交往。17世纪来华的欧洲传教士中便有比利时人，其中最著名的当数南怀仁。弗拉芒地区的耶稣会士南怀仁（Ferdinant Verbierst，1623－1688）从1660年至1688年在华传教。由于他博学多才，受到中国朝廷的赏识。他曾作为天文学家和工程师在清宫奉职，并被康熙帝任命为钦天监正，并以其对地理勘测的专业知识参与了中俄两国边界划定的谈判。南怀仁向中国引进了许多工程技术，并参与兴建了北京古观象台。他死后葬于北京城内（现市委党校内），被誉为中比文化和科技交流史上的先驱。

1840年鸦片战争后，西方列强用坚船利炮打开了中国的大门。19世纪60年代，列强为寻求各自的经济利益和政治利益，大力在华扩张。比利时也积极开展了在亚洲和非洲的殖民扩张。在此期间，它在中国设立了领事机构，并开始对华贸易活动。在清政府与比利时签订了通商条约后，比利时向香港和上海派遣了2名“商务”领事。1865年，中比两国签订不平等条约后，比利时在北京设立了公使馆。1896年，清朝大臣李鸿章访问比利时，受到比利时国王利奥波德二世的接见，并参观了安特卫普港及瓦隆工业区。

19世纪末20世纪初，在比利时国王利奥波德二世的倡导下，许多比利时工业企业家把目光投向中国，他们在中国从事各种矿产开采。由比利时工业家斯托克雷（Stoclet）主持设计的京汉铁路于1905年建成。这项工程在当时被视为技术上的创举，而今它在中比两国的工程史上仍然有着重大影响。该铁路全长1214公里，沿途设有125个站点，沿途修建了多个隧道和100座桥梁，其中还包括1座横跨黄河、全长3公里的大桥。与此同时，比利时有关公司在天津建造了有轨电车，在河北开平参与煤矿开发。1902年在上海成立了第一家比利时银行——华比银行。1908年，比利时国王利奥波德二世赞助建成拉肯的中国宫，用以收藏中国的文物和艺术品，由皇家艺术和历史博物馆负责管理。

西方列强在中国的扩张和瓜分活动激起了中国人民的极大不满和强烈反抗。义和团运动失败后，比利时曾迫使清政府在天津出让国土，建立租界。第一次世界大战后，欧洲列强受到削弱，中国人民更加觉醒。1928年，比利时和中国签订《贸易友好条约》，以取代1865年的《华比贸易协定》。1929 年，阿尔贝国王决定将 1902 年占据的天津租界归还中国。第一次世界大战后，有众多中国革命青年、知识分子、艺术家赴欧洲寻求革命真理和科学文化知识，其中也有不少人到比利时留学，其中最著名的有周恩来、吴作人等。

新中国成立后，在东西方冷战的背景下，比利时受美国的影响，未承认中华人民共和国，并继续与中国台湾地区保持“外交关系”。尽管如此，两国的民间交往并未中断。在此期间，曾有不少比利时学者、艺术家、工商界人士来华访问。应比利时工业联合会的邀请，中国一商业代表团于 1954 年访问了比利时。值得一提的是，1961 年比利时伊丽莎白王太后不顾联帮政府的反对，以私人身份访华，并与毛泽东主席和周恩来总理进行了会面。

1971 年 10 月 25 日，在中国恢复了在联合国的合法席位之际，比利时正式承认中华人民共和国，并与中国建立了外交关系。

二　比中关系健康发展

比中两国相隔遥远，社会制度不同，文化传统各异，但两国之间无历史遗留问题，也无直接利害冲突。相反，两国在推动世界多极化、维护世界和平、促进人类发展等重大问题上有许多相同看法。比利时政府认为，中国在国际舞台上占有越来越重要的地位，并将成为亚洲地区的“领袖国家”；中国改革开放 30 多年来在经济上得到了令人惊叹的发展，但在政治方面还应进一步实行开放。比利时在过去一直注重与中国保持良好的双边关系，相信中国将在世界舞台上发挥重要作用。欧盟近年来与中国在人权问题上开展了建设性的对话。比利时积极参与了这种对话。近年来，两国双边互利合作关系一直保持良好的发展势头，高层接触与互访逐渐增多，经贸关系稳步发展。两国在科技、文化、教育及军事等领域的交流与合作富有成果。

政治关系方面。建交以来，两国领导人多次互访，从而为两国关系的健康发展打下了坚实的基础。2000 年以来，中国访问比利时的领导人主要有：朱镕基总理（2000 年、2001 年）、司马义·艾买提国务委员（2002 年）、温家宝总理（2004 年、2010 年）、曾培炎副总理（2006 年）、习近平副主席（2009 年）、李克强副总理（2012 年）、刘延东国务委员（2012 年）、吉炳轩副委员长（2013 年）、马凯副总理（2013 年）、习近平主席（2014 年）等；比利时访华的领导人有：王储菲利普亲王（2000 年、2004 年、2007 年、2008 年来华出席北京奥运会开幕式、2010 年 6 月来华出席上海世博会比利时国家馆日活动、2011 年 10 月率经贸代表团访华并出席两国建交 40 周年庆祝活动）、参议长德戴克尔（2003 年）、首相伏思达（2002 年）、首相莱特姆（2008 年 8 月来华出席北京奥运会闭幕式，10 月来华出席第七届亚欧首脑会议，2010 年 5 月参观上海世博会）、国王阿尔贝二世（2005 年 6 月）、副首相兼财政大臣雷德尔斯（2006 年 10 月、2008 年 8 月来华出席北京奥运会闭幕式）、副首相兼外交与体制改革大臣瓦讷克尔（2010 年 4 月、2011 年 10 月随菲利普王储访华）、众议长德克罗（2006 年 10 月）、副首相兼外交大臣雷德尔斯（2012 年 5 月）、弗拉奥众议长（2013 年 5 月）、迪吕波首相（2013 年 9 月）马蒂尔德王后（2013 年 12 月）。

双边经贸关系和经济技术合作方面。比利时是中国在欧盟的第六大贸易伙伴。2011 年，中比贸易额为 291.1 亿美元，同比增长 31.5%。2014 年，中比贸易额为 272.8 亿美元。两国双向投资不断扩大。截至 2014 年底，比利时在华直接投资项目有 393 个，实际投入 14.4 亿美元。其中 2014 年，比在华投资项目 18 个，实际投入 1.08 亿美元。截至 2013 年底，中国对比利时直接投资 3.15 亿美元。2014 年，中国对比利时非金融类直接投资 1.58 亿美元。中国从比利时主要进口钻石、机电设备、塑料制品、纺织机械、医药制品等，向比利时主要出口机电产品、纺织品、服装及珠宝、家具等。

比利时在华投资多为高科技企业，其中西安杨森制药公司最为成功。比利时弗拉芒大区还设立了“亚洲基金”，鼓励其企业对亚洲国家，尤其是对中国投资。比利时富通银行（FORTIS）所属的富通基金管理公司与中国海通证券公司筹建的合资证券基金管理公司于 2003 年 5 月正式挂牌营业。中外首个产业投资基金——中比直接股权投资基金于 2004 年 11 月底在比利时王储菲利普访华期间正式启动，2005 年 1 月开始实质性资产

运作。2012 年 5 月李克强副总理访问比利时期间，中比直接股权投资基金（“镜子基金”）正式启动。2007 年，海航收购 SODE 等三家比利时酒店，2011 年，海航投资扩建 SODE 酒店，将其打造为比利时第一家中资五星酒店。截至 2014 年，中国从比利时共引进技术 836 项，累计合同金额 37.6 亿美元。

发展援助方面。1983 年中国、比利时两国政府签订了《合作发展议定书》，到 2003 年，比利时对华援助项目共 31 项，总金额约 4000 万美元，涉及运输、邮电通信、能源及人员培训等领域。“中比陕西社会经济综合扶贫发展项目”是两国进行的发展合作项目，比利时向我国提供 1000 万欧元的无偿援助。

财政合作方面。比利时是最先向中国提供政府无息贷款的西方国家。截至 2004 年底，中国与比利时政府共签订政府贷款协议金额 2.28 亿美元，累计生效金额 2.27 亿美元，实施项目 35 个。2004 年底，中比直接股权投资基金（规模为 1 亿欧元）启动后，比方以此取代以往对中国提供政府优惠贷款的财政合作形式。

科技合作方面。1979 年中比两国签订《发展经济、工业、科学和技术合作协议》。双方科技合作主要涉及土壤改良、育种、农药、选矿、环保、水文地质、风能、核能等领域。迄今，双方已召开 17 届科技混委会，共执行 400 多个合作项目。1993 年比利时实行联邦制后，中国科技部已先后与比弗拉芒大区、瓦隆大区、布鲁塞尔首都大区建立科技合作关系。2011 年，中比签署政府间科技合作项目 5 个，涉及农业领域、生物领域、环境领域、能源领域和地质领域。2012 年 4 月，中国科技部与弗拉芒大区政府签署了关于加强在微电子领域创新合作的谅解备忘录。2013 年，武汉东湖高新技术创业中心同鲁汶大学签署合作协议，共建中国第一个海外企业孵化器，为两国科技型中小企业提供科技成果转化和创业服务平台。2013 年，中国野生动物保护协会与比利时天堂公园在大连签订合作研究大熊猫协议。2014 年 2 月，中国大熊猫“星徽”和“好好”已运抵比利时。

文化交流方面。20 世纪 80 年代，中比两国签订文化合作协议。中国在比曾举办出土文物、民族服饰、工艺美术等展览，比利时在华举办过挂毯、木刻、油画照片展等。双方多次互派文艺团体访问演出。2009 年 10 月至 2010 年 2 月在比利时举办的“欧罗巴利亚 - 中国艺术节”共组织 500 多场活动，扩大了中国文化在比利时和欧洲的影响。2011 年，在庆祝中比建交 40 周年的框架下，双方举办了一系列文化交流活动，内蒙古乌兰木齐艺术团、中国残疾人艺术团先后访演比利时，中比青年音乐会在布鲁塞尔皇家音乐学院音乐厅成功举行，“中国面孔”文化周、“中国故事”图片展、“比利时人唱中国歌”等活动先后在比利时举行。2012 年 2 月，中国文化部分别与比利时弗拉芒大区、法语区政府签署新的文化交流执行计划。2013 年 10 月，中国驻比利时大使和比利时外交部秘书长代表两国政府签署了《中比关于在比利时设立中国文化中心的谅解备忘录》。

教育交流方面。中比教育合作主要在中国与弗拉芒大区之间进行，双方 1994 年签订了教育合作协议，目前协议执行情况总体良好。自 2005 年起，中国先后在布鲁塞尔、列日、鲁汶工程联合大学、西弗拉芒大学建立了四所孔子学院。2007 年，比利时鲁汶大学与清华大学互办“鲁汶周”与“清华周”。2008 年，比利时政府首次以政府资助方式支持比学者来中国进修，鲁汶大学等 4 所综合性大学在中国设立办公室。2011 年 9 月，比利时法语区启动“中国语言文化项目”，在 9 所中小学开设汉语和中国文化课程。首届中国高等教育展暨中比工程教育论坛在比利时大学城鲁汶举办。2012 年 4 月，我国教育部与弗拉芒大区政府签署教育交流协议。2013 年 5 月，中国教育部和国家留学基金委率 38 家高校负责人访问比利时。截至 2013 年底，在比利时有中国留学生约 1891 人，多为硕士生或博士生，比利时在华留学生 300 余人。

航空方面。2006 年 4 月，我国海南航空公司开通每周四班的上海—北京—布鲁塞尔航班，2012 年 7 月增至每天一班。2006 年 8 月，中比签署关于扩大两国航空运输安排的谅解备忘录，比利时 TNT Airways 航空公司于 11 月开通了列日—上海货航，每周两班。2010 年 9 月，列日—重庆直达国际货运航线正式开通。目前，比利时与中国已实现陆海空全面互通。渝新欧铁路可直接通往比利时。中国是安特卫普港第四大贸易伙伴，比利时每年往来中国的货物达600万吨。2013年4月，中国最大的集装箱华轮“中远－比利时”号首航安特卫普。

军事交流方面。2000年5月，比利时海军参谋长费尔霍斯特访华；同月，比利时海军“万德拉尔”号导弹护卫舰访问上海。2001年3月，中国空军司令员刘顺尧访问比利时；9月，中国南京军区司令员梁光烈率团访问比利时。2002年10月比利时国防大臣弗拉奥访华。2004年10月，中央军委副主席、国务委员兼国防部部长曹刚川上将访比。2005年6月，比利时国防参谋长范德勒访华。10月，比国防大臣弗拉奥再次访华。

近年来，中国和比利时签署的重要双边协议及文件包括：《商标注册互惠协议》（1975年）、《海运协议》（1975年4月）、《发展经济、工业、科学和技术合作协议》（1979年11月）、《政府贷款协议》（1979年11月）、《投资保护协议》（1984年3月）、《避免双重征税协定》（1985年）、《民事司法协助协定》（1987年11月）、《关于相互承认驾驶执照的协议》（1994年）、《环境合作谅解备忘录》（2002年）、《中国－比利时直接股权投资基金的谅解备忘录》（2002年）、《中比加强政治对话联合声明》（2004年）、《关于相互促进和保护投资的协议》（2005年）、《关于电子电器设备废弃物和清洁发展机制的协议》（2006年）、《比利时－中国直接股权投资基金的谅解备忘录》（2007年）、《对所得避免双重征税和防止偷漏税的协定》（2009年）、《中华人民共和国与比利时法语区政府关于合作拍摄电影的协议》（2012年）、《中国质检总局和比利时食品链安全局关于检疫和卫生条件议定书》（2012年）、《比中镜子基金认购协议》（2012年）、《比中镜子基金股东协议》（2012年）、《比牛精液输华协议》（2012年）、《比利时雄蜂出口中国协议》（2012年）、《中华人民共和国和比利时王国关于深化全方位友好合作伙伴关系的联合声明》（2014年）等。

与此同时，中比两国的地方合作也在蓬勃发展。目前，两国已建立友好关系的省、市共有26对：北京市同布鲁塞尔首都大区、上海市同安特卫普市、陕西省与安特卫普省、湖南省同埃诺省、福建省同列日省、河南省同瓦隆地区、河北省同东弗拉芒省、江苏省与那慕尔省、四川省同布鲁塞尔大区、安徽省同瓦隆布拉班省；四川省成都市同马林市、河南省安阳市同布鲁塞尔首都大区斯哈尔贝克市、河北省承德市同维尔萨姆市、湖南省衡阳市同图尔内市、湖南省长沙市同蒙斯市、陕西省汉中市同特恩豪特市、广东省深圳市与瓦隆布拉班省、北京市朝阳区和布鲁塞尔首都大区圣皮埃尔市、江苏省泰州市同列日省惠市、江苏省扬州市和林堡省布雷市，黑龙江省与卢森堡省、成都市与比利时布拉班省、重庆市和安特卫普省、江苏省常州市和比利时林堡省罗穆尔市、湖北省和瓦隆大区、威海市和根特市。

目前，在比利时的华侨有 3 万多人，他们以经营中小规模商业为主，其中以餐饮业为大宗。比利时全国有中国餐馆超过 500 家。此外，华人在比利时开办的杂货店有 50 余家，贸易商行 30 余家，服务业 10 余家。影响较大的华侨社团是比利时华侨联合总会，又称旅比华侨联合会，1973 年成立，会址在安特卫普市，1992 年有会员 300 人。凡居住在比利时的华侨、华人，只要承认该会会章，并参加活动，均可入会。其宗旨是：发扬团结互助精神，维护侨胞权益，提高华侨和华人的经济地位、政治地位，弘扬中华民族文化，促进中比两国人民的友谊。积极开展各种有利于侨胞的文化、体育、文娱及其他方面的活动，帮助会员解决各种困难，为华裔青年就业问题提供协助。1986 年，该组织在当地创办了第一所华文学校——华联小学。

2001 年底，位于安特卫普市中心地带的“唐人街”正式揭幕。这是在比利时被正式命名的第一条唐人街。比利时的艾克兴市还有一条象征中比友好的“钱夫人”路。原籍中国的钱秀玲女士 1912 年出生在江苏宜兴，1929 年到比利时留学，后同比利时人葛利夏结为夫妻。他们在海尔德蒙镇开办了一家诊所。第二次世界大战期间，钱女士曾多次利用社会关系营救抵抗德国占领军的人士。第二次世界大战结束后，比利时政府表彰了钱秀玲女士的义举，并授予她“国家英雄”的勋章。艾克兴市把市中心的一条大道命名为“钱夫人路”。

比利时在北京设有大使馆，在上海、广州和香港设有总领馆。比利时大使馆的地址是：北京市朝阳区三里屯路 6 号。中国在比利时首都布鲁塞尔设有大使馆，地址是：443 –445 Ave. de Tervuren，1150 Woluwe Saint-Pierre。

三　习近平访比为两国关系揭开新篇章

中国国家主席习近平于2014年3月30日抵达布鲁塞尔，对比利时进行国事访问。这是自李先念1987年访比以来，中国国家元首时隔27年再访比利时。比利时首相迪吕波到机场迎接。当天上午，习近平主席会见了比利时国王菲利普。会见前，菲利普国王在王宫广场为习近平主席举行隆重欢迎仪式。习近平和夫人彭丽媛在比利时皇家马队护卫下抵达检阅台前，菲利普国王和玛蒂尔德王后热情迎接。欢迎仪式后，两国元首夫妇进行了亲切友好的交谈。

习近平主席表示，中比关系发展良好，比利时王室是先行者、奠基者和推动者，我们对此表示高度赞赏。比利时是欧盟总部所在地，是欧洲心脏，也是中国在欧盟的重要合作伙伴。这是我就任中国国家主席后首次访问比利时和欧盟总部，具有特殊意义。我希望通过这次访问，推动中比、中欧关系进一步发展。

菲利普国王表示，习近平主席是他就任比利时国王后接待的首位对比利时进行国事访问的外国国家元首，比利时深感荣幸。他读了习近平主席在比利时《晚报》发表的署名文章，感受到习近平主席对比利时和欧盟高度重视。比利时王室和政府将一如既往地奉行对华友好政策，愿为促进欧中关系发挥独特作用。

当天，习近平主席还向比利时无名战士墓敬献了花圈，稍后和比利时国王菲利普共同出席了比利时天堂公园大熊猫园开园仪式。

31日，习近平主席同比利时首相迪吕波举行会谈。两国领导人就新形势下发展中比关系及共同关心的问题交换意见，达成广泛共识。双方决定，将两国关系提升为全方位友好合作伙伴关系。习近平表示，建交43年来，两国关系发展顺利，双方在核心利益问题上相互尊重、相互信任，为中比务实合作深入开展提供了强有力的政治保障。习近平强调，中方高度重视中比关系，愿同比方在现有良好关系基础上，建立全方位友好合作伙伴关系，推动各领域合作加速发展。一是政治上坚持长期友好。双方要从战略高度和长远角度看待两国关系，不仅要算经济账，也要算政治账。

二是共促经济、科技、人文合作“三驾马车”齐头并进。扩大相互投资，推动中小企业合作，加强在科技创新、生物制药、现代农业、海洋、极地等领域合作，鼓励两国企业、高校、科研机构加强联合，扩大互派留学生规模，便利人员往来。中方将在布鲁塞尔设立中国文化中心。三是希望比利时继续发挥“欧洲心脏”的独特地位和中欧合作促进器作用，积极推动中欧关系发展。

迪吕波表示，比利时高度赞赏中国的建设成就及在国际社会发挥的重要作用，对发展两国关系有强烈意愿。在欧盟内部，比利时愿做中国的好朋友，积极促进欧中关系发展。比方希望同中方就国际事务保持密切沟通和协调，共同维护世界和平稳定。

会谈后，习近平同迪吕波共同见证了多项双边合作文件的签署，涉及经贸、科技、电信、教育、司法等领域。双方发表了《中华人民共和国和比利时王国关于深化全方位友好合作伙伴关系的联合声明》。

4 月 1 日上午，习近平主席在比利时国王菲利普陪同下参观了沃尔沃汽车公司根特工厂。习近平和菲利普国王共同为公司出口中国的第 30 万辆汽车揭幕。根特工厂是沃尔沃在瑞典以外规模最大的汽车总装厂，2010 年被中国吉利集团收购，产量稳步增长，增加了当地就业。

在比利时期间，中国国家主席习近平还会见了欧盟委员会主席巴罗佐、欧洲理事会主席范龙佩和欧洲议会议长舒尔茨。这是中国国家元首首次访问欧盟总部。习近平还在比利时布鲁日欧洲学院发表了重要演讲。他强调，要从战略高度看待中欧关系，将中欧两大力量、两大市场、两大文明结合起来，共同打造中欧和平、增长、改革、文明四大伙伴关系，为中欧合作注入新动力，为世界发展繁荣做出更大贡献。

大事纪年

公元前 57 ~ 51	恺撒统率罗马军队征服了这里的克尔特部落，并将其作为罗马的行省——贝尔吉卡行省。恺撒将当地居民称为“比利奇人”（Belgae，Belges），意为“联合者”。
公元 232 ~ 406	法兰克、撒克逊等蛮族入侵。
公元 481 ~ 511	罗马帝国灭亡后，当地建立起撒利克法兰克人的统治，克洛维成为法兰克王国国王。
公元 6 世纪	墨洛温王朝时期，比利时成为其组成部分。
公元 7 世纪	王权削弱，宫相逐渐取而代之，丕平家族势力崛起。
公元 687	奥斯特拉西亚的丕平掌握王国大权。
公元 716	丕平的私生子查理·马特在权力斗争中获胜。
公元 741	矮子丕平任宫相，公元 751 年创立加洛林王朝。
公元 800	丕平之子查理曼受教皇加冕，被封为“罗马人的皇帝”。加洛林王朝的黄金时期，其影响波及欧洲大部地区。
公元 843	《凡尔登条约》签订。查理曼的帝国陷于分裂，其三个孙子将帝国一分为三，各自为王。查理获得了弗拉芒和法兰西；路易获得了德意志；洛塔尔则获得了荷兰和比利时的中部和东部，史称洛塔林吉亚。

公元9世纪	经过长期的诸侯战争，比利时西部（弗兰德伯爵领地）归西法兰克，东部归东法兰克。
公元11世纪	在弗拉芒和布拉班地区自公元10世纪起出现最早的城市，自1071年起发展成欧洲第一批城市公社。
1096	第一次十字军东征：布永的戈弗雷（Godefroid de Bouillon）公爵率领德意志西部十字军1099年7月攻陷耶路撒冷并建立了耶路撒冷王国。由于他拒不称王，而甘愿为“圣墓守护者”，所以在基督教徒中享有盛誉，并成为比利时的英雄。
1214	布文战役后，比利时的弗拉芒地区被法国国王控制。
1280	弗拉芒地区的布鲁日、伊珀尔以及其他城市爆发起义，城市贵族为镇压起义而求助于法王菲利普四世，结果使该地区并入法国。
1302	7月11日，在“金马刺战役”中，手工业者和城市步兵联合弗拉芒地区的农民在科特赖克附近打败了法国的骑士军。
1338	英法百年战争爆发后，根特贵族首领雅克·范·阿特凡尔德与英国结盟。
1345	雅克·范·阿特凡尔德遇刺。
1356	女公爵珍妮在其父亲死后成为布拉班公爵，避免了领地分裂。
1369	法王之子勃艮第公爵菲利普与弗兰德公爵之女玛格丽特结婚。勃艮第公国开始扩张。
1382	法王查理六世打败菲利普·冯·阿特凡尔德领导的军队和弗拉芒民兵，法国与弗拉芒之间的战争结束。
1386	勃艮第公爵菲利普对弗拉芒实行绥靖政策。

1407 “大胆”菲利普的继任者“无畏的”约翰开始把荷兰语作为弗拉芒地区官方用语。

1419 “无畏的”约翰遇刺身亡，菲利普三世即位后实行中央集权化，执政至 1467 年，其主要辅佐大臣为尼古拉·罗兰。

1467 继菲利普三世之后，“大胆”查理继任勃艮第公爵，与法国国王路易十一重开战争。

1473 “大胆”查理试图建立勃艮第王国，并寻求神圣罗马帝国皇帝弗雷德里克三世的支持，但未能如愿。

1477 “大胆”查理在南锡战役中战死，把勃艮第建成仅次于法兰西和神圣罗马帝国的第三强国的梦想破灭。其女玛丽嫁给了弗雷德里克三世之子马克西米利安大公：比利时从此受哈布斯堡家族的控制。

1496 “美男子”菲利普娶西班牙公主“疯女”胡安娜为妻。

1500 查理五世出生。荷兰文艺复兴开始，勃艮第王朝加强，并形成拥有 17 个省的政治实体。

1523 在布鲁塞尔首次发生对新教教徒的迫害，宗教裁判所开始出现。

1555 查理五世禅位于其子，即西班牙国王菲利普二世，并将勃艮第 17 省的统治权交付给他。比利时所在地尼德兰成为西班牙的一部分。

1566 西班牙总督残酷镇压当地贵族和民众并激起强烈反抗，八十年战争开始。

1572 奥伦治亲王领导武装暴动，尼德兰北部各省逐步摆脱西班牙统治。

1579 尼德兰形成南北分裂局面。

1695	南部尼德兰成为列强争夺的对象和战场，民众饱受战乱之苦。
1713	《乌特勒支合约》签订：由西班牙统治的南部尼德兰改由奥地利的哈布斯堡家族统治。
1789～1790	在法国大革命影响下，爆发了短暂的“布拉班革命”，革命者成立了比利时合众国，但很快被奥地利军队镇压。
1794	法国军队在弗勒吕斯战役打败奥地利并将其赶出比利时。法国开始占领比利时。
1815	拿破仑一世兵败滑铁卢，维也纳会议决定将比利时交由荷兰统治。
1830	布鲁塞尔爆发反对荷兰统治者的“九月革命”并建立临时政府。11月，比利时国民大会宣布比利时独立。
1831	利奥波德亲王被国民大会推选为比利时国王。比利时王国得到英国、法国和普鲁士的承认，但遭到荷兰反对。荷兰国王派兵入侵比利时。
1839	经过与比利时和法国的军事冲突，荷兰国王不得不承认比利时独立。
1865	利奥波德一世去世，利奥波德二世继位。比利时开始参与欧洲列强对非洲的殖民扩张。
1886	在社会危机的压力下，政府开始采取保护劳工的措施。
1898	荷兰语被承认为官方语言，与法语享有平等地位。
1908	刚果成为比利时的殖民地。
1909	利奥波德二世去世，其侄子阿尔贝一世继位。阿尔贝一世在第一次世界大战中领导军队抗击德国入侵，并享有“骑士国王”的称号。
1919	比利时颁布新法律，21岁以上的男子享有普选

权，但比利时妇女只能享有地方选举权。

1921　比利时与卢森堡结成经济联盟。比利时从德国手中夺回两个殖民地：卢旺达和布隆迪。

1929　根特大学成为第一所使用荷语的大学。

1934　阿尔贝一世去世，其子利奥波德三世继位。

1944　由于利奥波德三世在战争中向德军妥协，在伦敦流亡的比利时政府指定其弟查理亲王为摄政王。比利时、荷兰、卢森堡三国流亡政府在伦敦签订关税同盟协定。

1951　博杜安一世取代其父利奥波德三世成为比利时国王。

1958　比利时加入欧洲经济共同体。布鲁塞尔国际博览会。

1960　比利时承认刚果独立。此后，卢旺达和布隆迪相继宣布独立。

1968　因语言纠纷，鲁汶大学一分为二，其法语部被迫南迁，到奥蒂尔建立新校。

1970　开始联邦制改革，创立大区和语言区，修改宪法诸多条款，以平息语言冲突。

1985　“海瑟尔体育场惨案”导致欧洲冠军杯足球赛观众死亡 39 人，伤 400 余人。

1988 ~ 1889　布鲁塞尔成为单独大区，并使用双语。

1993　国王博杜安一世去世，其弟阿尔贝二世继位。

1994　参众两院修改宪法，比利时正式成为联邦制国家。

2002　欧元成为欧盟统一货币，取代比利时法郎。

2004　议会通过法律，给予非欧盟国家外籍居民市镇选举权。

2010　4 月，由语言纷争造成的政治危机再度出现，并使比利时陷入前所未有的“无政府”状态。经过各党派之间反复协商，直到 2011 年 12 月 6 日，比利时才组成新一届联邦政府，结束了长达 540 多天的危机。

2011　比利时最大的德克夏银行倒闭并被拆分。

2012　为反对政府的财政紧缩政策，比利时多地举行大罢工，导致交通瘫痪。

2013　参众两院通过第六个国家改革法案。阿尔贝二世宣布退位，由其子菲利普一世继承王位。

2014　布鲁塞尔犹太人博物馆发生恐怖袭击事件，死亡 4 人。

参考文献

一　中文文献

〔苏〕奥加尔科夫：《军事百科词典》，群众出版社，1984。

〔苏〕包德纳尔斯基等：《比利时·卢森堡》，商务印书馆，1958。

财政部“税收制度国际比较”课题组：《荷兰·比利时·卢森堡税制》，中国财政经济出版社，2000。

〔英〕弗兰克·E. 哈格特：《现代比利时》，江苏人民出版社，1973。

江伙生：《比利时法语诗歌》（译著），武汉大学出版社，1997。

李海燕、魏丽军：《比利时的市场经济》，人民出版社，1992。

李夏：《比利时生活工作法律常识手册》，布鲁塞尔，2012。

〔比〕让·东特：《比利时史》，南京大学外文系法文翻译组译，江苏人民出版社，1973。

日本大宝石出版社：《走遍全球——荷兰·比利时·卢森堡》，中国旅游出版社，2001。

《世界知识年鉴》，世界知识出版社，2014。

世界经济年鉴编辑委员会：《世界经济年鉴》，经济科学出版社，2001/2002。

张林初：《比利时》，军事谊文出版社，1994。

《中国大百科全书》，中国大百科全书出版社，1982。

二 外文著作

Bartier, J. , Baudhuin, F. , Haag, H. , Pirenne, J. – H. , Stengers, J. , Wanty, E. et Willequet, J. , *Histoire de la Belgique Contemporaine*, 1914 – 1970, Bruxelles, 1974.

Berg, Ch. , Halen, P. , Angelet, Ch. , *Littératures belges de langue française. Histoire et Perspectives* (1830 – 2000), Bruxelles, 2000.

Blampain, Daniel, *Le Français en Belgique: une langue, une communauté*. Louvain-la-Neuve, 1997.

Boyer, J. C. , *Pays-Bas*, *Belgique*, *Luxembourg*, Paris, 1994.

Brassine, J. , *La Belgique fédérale*, Bruxelles, 2002.

Cattoir, P. , De Bruycker, P. , Dumont, H. , Tulkens H. et Witte, E. (dir.), *Autonomie, solidarité et coopération. Quelques enjeux du fédéralisme belge au xxie siècle*, Bruxelles, 2002.

Dayez-Burgeon, Pascal, *Belgique*, *Nederland*, *Luxembourg*. Paris, 1994.

Delpérée, F. , *Le Droit constitutionnel de la Belgique*, Bruxelles-Paris, 2000.

Delwit, P. , De Waele, J. – M. et Magnette, P. (dir.), *Gouverner la Belgique. Clivages et compromis dans une société complexe*, Paris, puf, 1999.

d'Haenens, Albert, *La Belgique. Sociétés et cultures depuis* 150 *ans*. 1830 – 1980. Bruxelles, 1980.

d'Haenens, Albert, *La Belgique. Un pays raconté par les siens*. Bruxelles, 1991.

Direction générale Statistique et Information économique, *Chiffres clés*, *aperu statistique de la Belgique*, 2013, Annie Versonnen, Bruxelles, 2013.

Dumont, Georges-Henri, *La Belgique*, P. U. F. 《Que sais-je?》, 2011.

Dumont, H. , *Le Pluralisme idéologique et l'autonomie culturelle en droit public*, Vol. 2, Bruxelles, 1996.

Erbe, Michael, *Belgien*, *Niederlande*, *Luxemburg*: *Geschichte des niederl? ndischen Raumes*. Stuttgart, 1993.

Frickx, R. , Trousson, R. , *Lettres françaises de Belgique*: *dictionnaires des oeuvres*. Paris, 1988 – 1994.

Genicot, L. (dir.), *Histoire de la Wallonie*, Toulouse, 1973.

Hasquin, H. (dir.), *La Wallonie. Le pays et les hommes*, Vol. 5, Bruxelles, 1975 – 1979.

Knabe, Peter-Eckhard, *Das Königreich Belgien: Geschichte und Kultur*. Köln, 1988.

Lagasse, Ch. E., *Les Nouvelles Institutions de la Belgique et de l'Europe*, Louvain-la-Neuve, 1999.

Leroy, M., *De la Belgique unitaire à l'état fédéral*, Bruxelles, 1997.

Mabille, X., *Histoire politique de la Belgique. Facteurs et acteurs de changement*, Bruxelles, 1986.

Mabille, Xavier, *Histoire politique de la Belgique. Facteurs et acteurs de changement*. 4. verb. Aufl. Bruxelles, 2000.

Pirenne, H., *Histoire de Belgique*, *des origines à nos jours*, Vol. 4, Bruxelles, 1948 – 1953.

Stengers, J., *Les Racines de la Belgique. Histoire du sentiment national en Belgique*, *des origines à* 1918, t. I, Bruxelles, 2000.

Stengers, Jean, *Les racines de la Belgique des origines jusqu'à la Révolution de* 1830. Bruxelles, 2000 .

Uyttendaele, M., *Précis de droit constitutionnel de la Belgique. Regard sur un système institutionnel paradoxal*, Bruxelles, 2001.

Witte, E. et Craeybeckx, J., *La Belgique politique de* 1830 *à nos jours*, Bruxelles, 1987.

Witte, E., Doehaerd, R., Blockmans, W., Soly, H. et Craeybeckx, J., *Histoire de la Flandre des origines à nos jours*, Bruxelles, 1983.

三　比利时官方公报

Chiffres Clés, *Aperu Statistique de la Belgique*, *2015*, Direction générale Statistique, éditeur responsable: Nico Waeyaert.

Chiffres Clés de L'agriculture, 2015, Direction Générale Statistique, éditeur Responsable: Nico Waeyaert.

Rapport Annuel 2014, Spf Sécurité Sociale, éditeur Responsable : Frank Van Massenhove.

Vade Mecum des Données Financières et Statistiques de la Protection Sociale en Belgique Période 2008 – 2014, Service public fédéral Sécurité sociale, éditeur responsable:

Jan Bertels.

La Sécurité Sociale, *Tout ce Que vous Avez Toujours Voulu Savoir*, Janvier 2014, Service Public Fédéral de Sécurité Sociale, éditeur Responsable: Frank van Massenhove.

Un APERÇU 2014, *la Coopération Belge au Développement*, Service Public Fédéral, Affaires étrangères, Commerce Extérieur et Coopération au Développement.

四　相关网站

http: //www. belspo. be/belspo/home/links/liens_ fr. stm#1.

http: //www. oecd. org/fr/belgique/gouvernementbelgeliensutiles. htm.

http: //www. statistiques-mondiales. com/belgique. htm.

http: //statbel. fgov. be/fr/statistiques/chiffres/.

http: //www. cleiss. fr/docs/regimes/regime_ belgique_ s0. html.

http: //www. belgium. be/fr/sante/soins _ de _ sante/services _ medicaux/organisation_ des_ soins/.

http: //fr. wikipedia. org/wiki/Belgique.

http: //www. belgium. be/fr/.

http: //www. mil. be/fr/.

http: //be. mofcom. gov. cn/.

http: //finance. sina. com. cn/worldmac/nation_ BE. shtml.

http: //www. cnki. net/.

索　引

A

B

D

E

F

G

H

J

K

L

M

N

O

P

Q

R

S

T

W

X

Y

Z

新版《列国志》总书目

亚洲

阿富汗
阿拉伯联合酋长国
阿曼
阿塞拜疆
巴基斯坦
巴勒斯坦
巴林
不丹
朝鲜
东帝汶
菲律宾
格鲁吉亚
哈萨克斯坦
韩国
吉尔吉斯斯坦
柬埔寨
卡塔尔
科威特
老挝
黎巴嫩
马尔代夫
马来西亚
蒙古
孟加拉国
缅甸
尼泊尔
日本
塞浦路斯
沙特阿拉伯
斯里兰卡
塔吉克斯坦
泰国
土耳其
土库曼斯坦
文莱
乌兹别克斯坦
新加坡
叙利亚
亚美尼亚
也门
伊拉克
伊朗
以色列
印度
印度尼西亚
约旦

越南

非洲

阿尔及利亚
埃及
埃塞俄比亚
安哥拉
贝宁
博茨瓦纳
布基纳法索
布隆迪
赤道几内亚
多哥
厄立特里亚
佛得角
冈比亚
刚果共和国
刚果民主共和国
吉布提
几内亚
几内亚比绍
加纳
加蓬
津巴布韦
喀麦隆
科摩罗
科特迪瓦
肯尼亚
莱索托
利比里亚
利比亚
卢旺达
马达加斯加
马拉维
马里
毛里求斯
毛里塔尼亚
摩洛哥
莫桑比克
纳米比亚
南非
南苏丹
尼日尔
尼日利亚
塞拉利昂
塞内加尔
塞舌尔
圣多美和普林西比
斯威士兰
苏丹
索马里
坦桑尼亚
突尼斯
乌干达
西撒哈拉
赞比亚
乍得
中非

欧洲

阿尔巴尼亚
爱尔兰

爱沙尼亚
安道尔
奥地利
白俄罗斯
保加利亚
比利时
冰岛
波黑
波兰
丹麦
德国
俄罗斯
法国
梵蒂冈
芬兰
荷兰
黑山
捷克
克罗地亚
拉脱维亚
立陶宛
列支敦士登
卢森堡
罗马尼亚
马耳他
马其顿
摩尔多瓦
摩纳哥
挪威
葡萄牙
瑞典
瑞士
塞尔维亚
圣马力诺
斯洛伐克
斯洛文尼亚
乌克兰
西班牙
希腊
匈牙利
意大利
英国

美洲

阿根廷
安提瓜和巴布达
巴巴多斯
巴哈马
巴拉圭
巴拿马
巴西
玻利维亚
伯利兹
多米尼加
多米尼克
厄瓜多尔
哥伦比亚
哥斯达黎加
格林纳达
古巴
圭亚那
海地
洪都拉斯
加拿大
美国
秘鲁

图书在版编目(CIP)数据

比利时／马胜利编著．--2版．--北京：社会科学文献出版社，2016.12
（列国志：新版）
ISBN 978-7-5097-9630-6

Ⅰ.①比… Ⅱ.①马… Ⅲ.①比利时-概况 Ⅳ.①K956.4

中国版本图书馆CIP数据核字（2016）第205479号

·列国志（新版）·
比利时（第二版）

编　　著／马胜利

出 版 人／谢寿光
项目统筹／张晓莉
责任编辑／赵怀英

出　　版／社会科学文献出版社·列国志出版中心（010）59367200
地址：北京市北三环中路甲29号院华龙大厦　邮编：100029
网址：www.ssap.com.cn
发　　行／市场营销中心（010）59367081　59367018
印　　装／三河市尚艺印装有限公司

规　　格／开　本：787mm×1092mm　1/16
印　张：19.5　插　页：1　字　数：288千字
版　　次／2016年12月第2版　2016年12月第1次印刷
书　　号／ISBN 978-7-5097-9630-6
定　　价／79.00元

本书如有印装质量问题，请与读者服务中心（010-59367028）联系